国家精品课程配套教材

遗传学综合实验教程

王金发　戚康标　何炎明　主编

科学出版社
北　京

内 容 简 介

本书根据近年来遗传学科的迅速发展和实验教学改革的需要，将原《遗传学实验教程》（2008年出版）重新修订，改版为《遗传学综合实验教程》。本书在实验内容的取舍方面，注重对遗传学规律的分析与体验、基本操作技能的训练、学生实验设计能力及科学研究应用能力的培养；同时也更加注重学生对现代遗传学实验的适应性和遗传学实验综合质量水平的提高。

全书共有44个实验，内容丰富，涵盖面广。主要特色是：基础与经典实验精炼，综合性、研究性实验紧跟学科发展前沿，方法先进，内容新颖，实用性强。对每个实验的目的、原理、实验步骤等介绍清楚明晰，实验知识重点突出，技术方法成熟，图文丰富，操作简便，效果明显。每个实验后面附有具体的作业或思考题；书的最后有附录部分，介绍常用的试剂配制方法、培养基配制配方、统计检测表等，方便查找和使用。

本书所选实验精练，易读实用，可供综合性大学、农林、医学、师范院校本科生和研究生的遗传学实验课教学使用，也可作为相关科研技术人员的参考书。

图书在版编目（CIP）数据

遗传学综合实验教程/王金发，戚康标，何炎明主编. —北京：科学出版社，2012

国家精品课程配套教材

ISBN 978-7-03-035788-5

Ⅰ.①遗… Ⅱ.①王…②戚…③何… Ⅲ.①遗传学-实验-高等学校-教材 Ⅳ. ①Q3-3

中国版本图书馆CIP数据核字（2012）第243648号

责任编辑：席 慧 刘 畅 刘 丹 / 责任校对：宋玲玲

责任印制：张 伟 / 封面设计：迷底书装

科 学 出 版 社 出版

北京东黄城根北街16号

邮政编码：100717

http://www.sciencep.com

北京凌奇印刷有限责任公司 印刷

科学出版社发行 各地新华书店经销

*

2012年10月第 一 版 开本：787×1092 1/16

2022年 8 月第七次印刷 印张：13 3/4

字数：343 000

定价：45.00 元

（如有印装质量问题，我社负责调换）

编者名单

王金发
戚康标
何炎明
王宏斌
刘　兵
冯冬茹

前　　言

遗传学是一门历史悠久而又发展迅猛的新兴前沿学科，在生命科学领域中占有十分重要的位置。遗传学的实践性很强，很多基本理论和基础知识必须通过对实验结果的观察与分析才得以理解。因此要学好遗传学，实验教学起着十分重要的作用。我们在多年的实验教学中体会到，要使老师教得好，学生学得好，就必须要有一本好教材，因此，编写一本好的遗传学实验教材一直是我们的心愿。

我们已于 2008 年编写了《遗传学实验教程》，这本教材出版几年以来，受到了广大师生的欢迎，各地高校也在不同程度上推进开放式研究性实验教学。随着遗传学科的迅速发展和实验教学的不断改革，我们发现原教材存在不足的地方，尤其是在实验方法和内容上需要进行补充，一些综合性、研究性和实用性好的内容较少，学生在进行开放式研究性实验时，教材在指导和启发上未能发挥最大的作用。因此我们将原《遗传学实验教程》重新修订，改版为《遗传学综合实验教程》。新书除保留原有经典教程和实用性强的内容外，对部分内容进行了删减，同时新增了十多个综合创新性实验，这些实验是由中山大学生命科学学院细胞与遗传综合实验室的研究生和本科生，在科研与能力训练中自主设计，并经反复实践证明具有明显效果的实验项目。我们期望，修订改版后的《遗传学综合实验教程》，能更加适应现代遗传学实验的需要，提高遗传学实验的综合质量水平。

本书高度凝聚了以国家级教学名师王金发教授为带头人的国家级教学团队（中山大学细胞生物学与遗传学研究性教学团队）多年来的教学经验与成果。全书共有 44 个实验，内容精练，涵盖面广，实用性强。在编写过程中，我们尽量做到每个实验的技术方法成熟、操作简便、效果明显。在实验内容的安排上，既注重对遗传学规律的体验与基本技能的训练，又注重对学生实验设计能力和科学研究应用能力的培养。

本书的出版得到“中山大学生命科学学院教材改革项目”的大力支持，在此表示衷心感谢！对于本书可能存在的问题和错误，恳请广大读者批评指正。

编　者

2012 年 6 月于康乐园

目　录

彩版可扫码查看

实验1

概率原理

实验目的

1. 能以一个实例说明随机概念的含义。
2. 用概率原理解决相关问题。
(1) 相容独立事件。
(2) 二项式展开式。
(3) 多项不相容事件。
3. 应用概率原理分析人类系谱，预测系谱中某些近亲结婚产生遗传缺陷后代的概率。
4. 加深对孟德尔遗传基本定律的理解。

实验原理

本实验将介绍概率的基本数学概念，并围绕基于孟德尔遗传基本定律而建立的概率原理展开工作。工作中的大部分问题将由概率解决。实验将观察研究同时发生的、相容的独立事件及两个或两个以上互斥事件出现的概率。学习二项式（$a+b)^n$ 及其展开式计算某些交互事件的概率。然后，可以用概率原理劝说可能生育异常孩子的双亲，并进一步制订有理论依据的生育方案。最后，研究一个系谱，从中测定某些配对的后代出现遗传缺陷的概率。

方法与步骤

(一) 概率的概念

首先，以掷钱币为例说明概率。一枚钱币掷起、翻滚、回落、静止全过程涉及很多因素，通常不可能预测和控制。钱币静止时是正面还是反面向上，最终出现结果是出于概率。当把一枚钱币抛掷多次，可以期望大约一半次数正面向上，一半次数反面向上。

1. 把一枚钱币抛掷 24 次，记录结果如表 1-1 所示，计算正、反面出现的期望值（E）并测定观察值（O）与期望值之差（$O-E$）。标明每个偏差的正负值。那么，偏差的总和是多少？

表 1-1 抛掷钱币 24 次的结果

结果	观察值（O）	期望值（E）	偏差（$O-E$）
正面向上			
反面向上			
合计	24		0

2. 如果偏差值（$O-E$）小，你可以认为是偶然概率。如果偏差值大，必定认为出于某些其他原因，而不是概率。当你掌握卡平方测验之后，再回过头检验表 1-1 的数据资料，看看它们的偏差是否过大，不能只认为是偶然概率。

3. 抛掷一枚钱币有 50∶50 的预期值，而相当数量的生物学现象都和抛掷钱币的情况是一样的，概率与生物学、遗传学的现象有什么关系？可以用概率来表明以下的问题：在一个家系中，期望生男孩的概率是多少？生女孩的概率是多少？如果随机选择 100 个只有一个孩子的家庭，其中有多少家庭有男孩？多少家庭有女孩？如果两个亲本 Aa×aa 交配，子代基因型 Aa 的概率是多少？基因型 aa 的概率是多少？

（二）同时发生的独立事件

现在，两枚钱币一起抛掷 36 次，把结果记录在表 1-2。计算每一类型的期望值，前提是无论两枚或多枚钱币一起抛掷，每一枚钱币是独立的，并且，正面向上（H）或反面向上（T）的机会是相等的。以一系列数目的钱币一起抛掷，最后可以概括为这样的假设：两个或多个独立事件同时发生的概率为各个独立事件概率的乘积。

表 1-2　两枚钱币抛掷 36 次的结果

结果	组合	观察值（O）	期望值（E）	偏差（$O-E$）
两枚均为正面	HH			
一正一反	HT			
两枚均为反面	TT			
合计	4	36		

1. 如果两枚钱币一起抛掷，每一钱币正面向上的概率是 1/2，反面向上的概率也是1/2，那么：

两枚钱币都是正面向上的概率是______；

第一枚钱币正面向上，第二枚钱币正面向下的概率是______；

另一种形式是第一枚钱币正面向下，第二枚钱币正面向上的概率是______；

两枚钱币均反面向上的概率与两枚钱币正面向上的概率是______。

总之，把两枚钱币一起抛掷很多次，期望正、正向上的大约次数是______；

正、反（或反、正）向上的次数是______；

反、反向上的大约次数是______。

以比率代替频数，期望的结果是______。

2. 这种状况与单杂合杂种相似，当 Aa 产生配子时，含 A 配子的概率是 1/2，其余 1/2 含 a。当 Aa 雌性和 Aa 雄性交配，有 1/4 概率由 A 卵子和 A 精子结合产生 AA 后代。同样产生 1/2Aa 和 aa 后代。在研究单杂合杂交时，你可以认为是同时发生的独立事件（不同配子的结合）。于是，就建立一个基于孟德尔第一定律的概率原理。

3. 以两枚钱币抛掷实验计算期望比率的概率原理也适用于 3 枚、4 枚或多枚钱币一起抛掷的实验。

（1）例如，计算 3 枚钱币一起抛掷的期望结果，以 H 代表一枚钱币的正面，T 代表同一钱币的反面，以 3 枚钱币一起抛掷 64 次的结果完成于表 1-3。

表 1-3 同时抛掷 3 枚钱币的期望结果

分类	组合	各类型发生概率	观察值 (O)	期望值 (E)	偏差 (O−E)
3H	HHH	1/2×1/2×1/2=1/8		8	
2H; 1T	HHT, HTH, THH				
1H; 2T					
3T					
合计			64		

实验显示各种可能组合和出现的概率，第一个组合（3H）只能以一种形式出现，也就是 3 枚钱币均以正面向上。以此为例，把 3 枚钱币抛掷 64 次，并记录每一类型出现的频数。计算期望值和偏差。

（2）当你研究有 3 个孩子的家庭时可观察到与之平行的现象。在有 3 个孩子的家庭中，随机选择 160 个家庭，可以预期其中有多少家庭 3 个全是男孩？多少家庭 2 个男孩和 1 个女孩？多少家庭 1 个男孩和 2 个女孩？多少家庭 3 个全是女孩？

4. 计算同时抛掷 4 枚钱币的预期结果，完成表 1-4，展示不同组合的出现概率。

以字母 H 和 T 代表钱币的正、反面组合，计算同时抛掷 4 枚钱币时，每一类型的概率。

表 1-4 同时抛掷 4 枚钱币的概率结果

类型	组合	每一类型出现概率
4H	HHHH	1/2×1/2×1/2×1/2=1/16
3H∶1T		
2H∶2T		
1H∶3T		
4T		

5. 假定生男孩的概率是 1/2，生女孩的概率同样是 1/2，回答以下问题。

（1）如果 4 个婴儿同一天在指定的医院出生，4 个全是男孩的概率是多少？

（2）3 个男孩 1 个女孩的概率是多少？

（3）2 个男孩 2 个女孩的概率是多少？

（4）4 个婴儿组合中，多少男孩和多少女孩的组合出现最多？为什么？

（5）如果第 5 个婴儿出生，是男孩的概率是多少？是女孩的概率是多少？

（三）二项式展开式

在一指定大小（n）的群体中各种组合的期望值可以通过计算获得。孟德尔的以及其他一些已知的组合都可以由二项式的展开式 $(a+b)^n$ 计算出来。这里，n 是群体的大小，a 是第一事件的概率，b 是互斥事件的概率，并且 $a+b=1$。以上述婴儿为例，a=生女孩的概率=1/2 和 b=生男孩的概率=1/2。现在，如果你要解答在指定医院同一天出生 4 个婴儿的问题，请展开 $(a+b)^n$：于是，$(a+b)^4=a^4+4a^3b+6a^2b^2+4ab^3+b^4$。

生 4 个女孩的期望值$=a^4=(1/2)^4=1/16$

3 个女孩 1 个男孩的期望值$=4a^3b=4(1/2)^3(1/2)=4/16=1/4$

2 个女孩 2 个男孩的期望值$=6a^2b^2=6\ (1/2)^2\ (1/2)^2=6/16=3/8$

1 个女孩 3 个男孩的期望值$=4ab^3=4\ (1/2)\ (1/2)^3=4/16=1/4$

生 4 个男孩的期望值$=b^4=\ (1/2)^4=1/16$

1. 如果 5 个婴儿同一天在指定医院出生，那么：

(1) 5 个全是男孩的概率是多少?

(2) 4 男 1 女的概率是多少?

(3) 3 男 2 女的概率是多少?

(4) 2 男 3 女的概率是多少?

(5) 1 男 4 女的概率是多少?

(6) 5 个全是女孩的概率是多少?

要回答这个问题，展开二项式 $(a+b)^5=a^5+5a^4b+10a^3b^2+10a^2b^3+5ab^4+b^5$，并设定 $a=1/2$，$b=1/2$。然后，依次回答下列问题。

(1) ________________ (2) ________________ (3) ________________

(4) ________________ (5) ________________ (6) ________________

以下的公式可以满足计算任意指定群体某一组合的概率的需要：

$$P=\frac{n!}{x!(n-x)!}p^x q^{n-x}$$

这里 P 是需要计算的概率；$n!$ 是样本中变数总数目的阶乘，$n!=[n\times(n-1)\times(n-2)\times(n-3)\times\cdots\times1$，即如果一个样本由 5 个变数组成（如本节第 1 题中提到的 5 个婴儿），$n!=5\times4\times3\times2\times1=120]$；$x!$ 是一种类型（p）中变数数目的阶乘；$(n-x)!$ 是其余类型（q）变数数目的阶乘；p 是一种类型出现的概率（如上述的男孩）；q 是其余类型出现的概率（如上述的女孩）。注意，0 的阶乘（0!）=1 以及任意数的 0 次方=1。

2. 如果某医院同一天有 6 个婴儿出生，其中 2 个是男孩，4 个是女孩的概率是多少？代入公式：

$$P=\frac{n!}{x!(n-x)!}p^x q^{n-x}=\frac{6\times5\times4\times3\times2\times1}{(2\times1)(4\times3\times2\times1)}\left(\frac{1}{2}\right)^2\left(\frac{1}{2}\right)^4=15\times\frac{1}{4}\times\frac{1}{16}=\frac{15}{64}$$

现在，以同样计算方法，计算某一天某一医院出生 6 个婴儿当中：

(1) 1 男孩 5 女孩的概率；

(2) 3 男孩 3 女孩的概率；

(3) 6 个全是女孩的概率。

3. 人类的白化病是由隐性基因（c）控制的，两个色素表现正常的携带者（Cc）结婚，假定这样的婚姻（Cc×Cc）生下 4 个孩子，请计算出以下情况出现的概率：

(1) 4 个孩子全都正常的概率是多少?

(2) 3 个正常，1 个白化的概率是多少?

(3) 2 个正常，2 个白化的概率是多少?

(4) 1 个正常，3 个白化的概率是多少?

(5) 4 个全都白化的概率是多少?

（四）两者选择其一（互斥事件）

另一个概率原理应用于解决某些问题：一个或另外两个互斥事件出现的概率是各独立事

件的概率的总和。

以下两个例子显示这一原理与遗传学研究关系密切。

1. 基因型 Cc 的个体产生 C 或者 c 配子的概率是多少？

显然，答案必定是 1（也就是 100%）；那是因为，Cc 只能产生包含 C 或包含 c 的两种配子。基于现有原理，包含 C 的配子的概率＝1/2，包含 c 的配子的概率＝1/2。进而，包含 C 或者 c 的配子的概率是 1/2＋1/2＝1。

2. 如果 Aa 与 Aa 交配，子代中包含基因型 AA 或基因型 Aa 的概率是多少？

AA 的概率＝1/4，Aa 的概率＝1/2，因而，1/4＋1/2＝3/4＝AA 或 Aa 的总概率。以下的例子显示两个（相容事件和互斥事件的）概率原理可以结合起来解决遗传学问题。

概率原理是预测双杂合杂交及三杂合杂交结果的有用工具。例如，在组合 AaBb×AaBb 可期望子代有 1/4AA、2/4Aa 和 1/4aa，或者从 3/4A_到 1/4aa；同样，可期望 1/4BB、2/4Bb和 1/4bb，或者从 3/4B_到 1/4bb。现在，如果 A（a）和 B（b）基因独立分配，可以期望 3/4×3/4＝9/16 的子代是 A_B_，1/4×1/4＝1/16 的子代是 AAbb，如此类推。以此途径解答以下问题。如果 AaBb 和 AaBb 交配，子代会出现什么样的概率？

（1）表现型 aaB_或基因型 AAbb 的概率是多少？

（2）基因型 aabb 或基因型 AaBb 的概率是多少？

（3）表现型 A_Bb 或基因型 AABB 的概率是多少？

（4）表现型 A_B_或基因型 aabb 的概率是多少？

（五）概率与遗传学劝喻

多数情况咨询师会为家庭或家族制备系谱，依据族谱上存在的特性（如白化）预测每个人的表现型和基因型。然后，咨询师应用概率原理预测某些婚配后代中产生白化个体的概率。

为说明如何应用这些原理，请看图 1-1 所示白化遗传的系谱。图 1-1 中假定有 4 个成员是白化的：第一代的女性是白化的，她的第三个女儿（个体 9、10、和 11 的母亲），以及第三代中个体 6 和 12。现在，由你当遗传学咨询师，以这家族中第三代的第 1 号个体和第 10 号个体的身份来问你：“如果我们结婚生下一个白化小孩的概率是多少？”

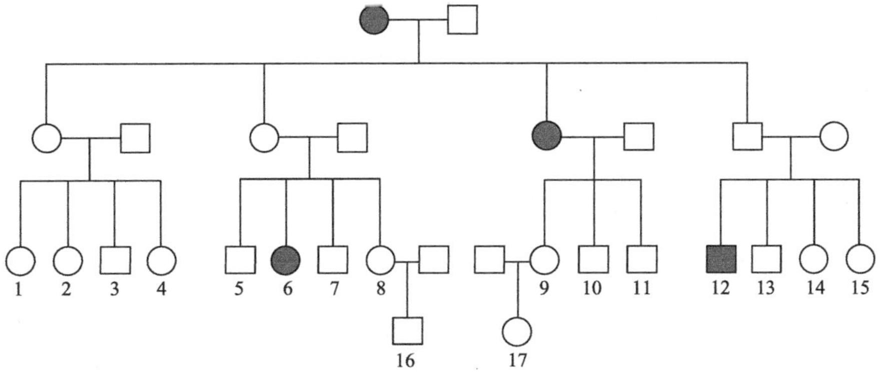

图 1-1　人类白化遗传四代系谱

圆形代表女性，方形代表男性

首先，咨询师要估算 1 号和 10 号个体携带白化隐性基因的概率，再估算两个杂合体婚配产生纯合隐性小孩的概率。1 号的母亲必定是杂合体（Cc），因为她的外婆是一个白化体。1、2、3、4 号的表现型正常，可以推测 1 号个体的父亲是纯合正常（CC）的。于是，1 号个体是杂合体的概率是 1/2。10 号个体是杂合体的概率是 1（也就是 100%），因为 10 号个体的母亲是白化体（cc）。两个杂合体结婚生下白化（cc）孩子的概率是 1/4。

最后，遗传学咨询师可以劝说 1 号和 10 号个体，如果他们结婚生下一个白化孩子的概率是 1/2×1×1/4=1/8，这是三个独立事件同时发生的概率。

图 1-1 中，12 号个体的双亲必定是杂合体。现在问，“他们的表现型正常子女中，是杂合体的概率是多少?”我们知道，Cc×Cc 的交配后代的期望概率是 1CC∶2Cc∶1cc，期望中 3 份（1CC+2Cc）表现型正常的后代中有 2 份是杂合体。于是，杂合体双亲产下杂合体的概率是表现型正常子女中的 2/3。

利用该图，仍然是原来那 4 个白化体，计算以下婚配组合出现白化后代的概率（展示计算过程）。

（1）4×5；（2）6×10；（3）7×14；（4）2×10；（5）16×15；（6）16×17；（7）2×12。

参 考 文 献

杜荣骞. 1999. 生物统计学［M］. 北京：高等教育出版社

Thomas R M, Robert L H. 2001. Genetics Laboratory Investigations［M］. 12th ed. New Jersey: A Division of Pearson Education Opper Saddle River

（戚康标）

实验2

卡平方测验

实验目的

1. 以提供的数据练习计算 χ^2 值，并测定其是否近似理论假设的期望比值。
2. 依据相应自由度，检验计算所得 χ^2 值。
3. 熟练掌握 χ^2 值的计算和利用 χ^2 值评估实验结果。

实验原理

卡平方（χ^2）测验的目的是以吻合度断定所获得的资料与理论上期望的比值是否满足或近似；也就是 χ^2 测验可以测定所得数据是否偏离吻合概率。显然，如果偏差小是因为偶然机会，偏差大则不是出于偶然机会。卡平方 χ^2 测验试图为我们解决这个问题："偏差小到何种程度才可以认为只是出于偶然机会。" 卡平方 χ^2 的公式如下：

$$\chi^2 = \sum (O-E)^2/E$$

这里 O 是特定表现型个体的观察数目；E 是这一表现型在理论上期望的数目；$\sum$ 是各种表现型 $(O-E)^2/E$ 的累加值。

例如，高茎番茄和矮茎番茄杂交，F_1 全部高茎，F_2 有 102 株高茎和 44 株矮茎。这些资料是否符合 3∶1 比率？回答这个问题必须计算 χ^2 值，把计算过程综合整理于表 2-1。

表 2-1　番茄杂交实验的 χ^2 值的计算

表现型	基因型	O	E	$(O-E)$	$(O-E)^2$	$(O-E)^2/E$
高茎	T^-	102	109.5	−7.5	56.25	0.5137
矮茎	T^+	44	36.5	7.5	56.25	1.5411
合计		146	146.0			$\chi^2=2.0548$

计算所得 χ^2 值为 2.0548，χ^2 值意味着什么呢？如果实际观察值（O）精确相等于理论期望值（E），χ^2 值为 0，是一个完满的好适度。于是 χ^2 值小，表明观察结果接近期望比率；χ^2 值大，表明观察结果与期望比率存在明显差异。一般统计学家把 $P=1/20$ 或 $P=0.05$ 定为显著水平。

当两组变数自由度为 1 时，卡平方值 $\chi^2=3.841$ 的概率为 1/20 或 0.05。如果假定成立，由偶然机会同样获得卡平方 χ^2 值为 3.841 的概率是 0.05。当 χ^2 值超过 3.841 可以认为偏差是由于偶然机会引起的概率小于 0.05，观察值与期望值相抵触。在刚才的实例中，$\chi^2=$

2.0548，它小于允许最大值 $\chi^2=3.841$，$P>0.05$。因而可以认为偏差只是偶然机会，实验数据符合 3∶1 比率的假设。

表 2-2 是一个由统计学家列出的 χ^2 值表，表头的（P）值是概率值，df 是自由度（degrees of freedom）。

表 2-2　χ^2 值表

df	P=0.99	0.95	0.80	0.50	0.20	0.05	0.01
1	0.000 157	0.003 93	0.0642	0.455	1.642	3.841	6.635
2	0.0201	0.103	0.446	1.386	3.219	5.991	9.210
3	0.115	0.352	1.005	2.366	4.642	7.815	11.345
4	0.297	0.711	1.649	3.357	5.989	9.488	13.277
5	0.554	1.145	2.343	4.351	7.289	11.070	15.086
6	0.872	1.635	3.070	5.348	8.558	12.592	16.812
7	1.239	2.167	3.822	6.346	9.803	14.067	18.475
8	1.646	2.733	4.594	7.344	11.030	15.507	20.090
9	2.088	3.325	5.380	8.343	12.242	16.919	21.666
10	2.558	3.940	6.179	9.342	13.442	18.370	23.209
15	5.229	7.261	10.307	14.339	19.311	24.996	30.578
20	8.260	10.851	14.587	19.337	25.038	31.410	37.566
25	11.524	14.611	18.940	24.337	30.675	37.652	44.341
30	14.953	18.493	23.364	29.336	36.250	43.773	50.892

方法与步骤

（一）实例 1　对一批有颜色的菜豆种子进行卡平方测验

图 2-1　从有色品种和白色品种等量混合物大容器中抽样

现对一批有颜色和白色的菜豆进行精选，使它们具有相同的大小及统一的形状。实验菜豆每种颜色的数量相等，经充分混合后，放入同一容器中。

从混合的菜豆中随机抽样（从中抽取满满一塑料杯）。抽样状况见图 2-1。

分离和计数不同颜色的菜豆，把数据记录在表 2-3，然后依样本大小计算期望值，完成表 2-3 并计算 χ^2 值。

表 2-3　从有色和白色菜豆等量混合物大群体中抽样计算 χ^2 值

表现型	观察值（O）	期望值（E）	偏差（$O-E$）	$(O-E)^2$	$(O-E)^2/E$
有色的					
白色的					
合计					χ^2=

1. 检测 χ^2 值的自由度是多少?
2. 根据表 2-3 数据计算 χ^2 值，用表 2-2 检测，依次把使用的自由度值列于表 2-4。
3. 根据表 2-4 所列，该 χ^2 值的概率是多少?
4. 简单描述你计算的 χ^2 值。
5. 把你计算的 χ^2 值填写在表 2-4 中（填在相应 P 值之下）。

表 2-4　各组从含有白色、有色菜豆大群体中抽样计算的 χ^2 值

df	P=0.99	0.95	0.80	0.50	0.20	0.05	0.01

表 2-4 和表 2-2 是一样的，但是表 2-4 是提供全班所有成员记录各人所计算的 χ^2 值的。完成该表可以看到全班的整个实验计算的 χ^2 值分布。于是，尽管已知受试群体是等量的白色菜豆和有色菜豆混合物，随机抽样的总体结果大体接近1∶1 的期望比值。然而，仍然期望有大约 5%样本等于或接近 3.841。

（二）实例 2　对实验 1 抛掷钱币进行卡平方测验

把实验 1 的表 1-1 抛掷钱币的数据资料抄录到表 2-5，并计算 χ^2 值。接下来依次列出与你计算的 χ^2 值相关的自由度（df）及相应 P 值，讨论你的资料是否接近或满足期望比率。

表 2-5　以实验 1 的数据计算 χ^2 值（数据来源于表 1-1）

结果	O	E	$O-E$	$(O-E)^2$	$(O-E)^2/E$
正面向上					
反面向上					
合计	24				χ^2=
df					
P 值					

请判定，（接受/否定）该数据资料接近期望的 1∶1 比值。

把实验 1 中的表 1-2 的数据资料抄录到表 2-6，计算 χ^2 值，并作简要说明。

表 2-6　以实验 1 的数据计算 χ^2 值（数据来源于表 1-2）

结果	O	E	$O-E$	$(O-E)^2$	$(O-E)^2/E$
两枚正面向上					
一正面向上					
一反面向上					
两枚反面向上					
合计	36				χ^2=
df					P 值

请判定，(接受/否定）该数据资料接近期望的 1∶1 比值。

(三) 实例 3　使用计算器计算 χ^2 值并回答问题

手持计算器，实际操作方法略。

练习题：

1. 表 2-7 是双杂合杂种 F_2 的数据资料，这些资料支持独立分配的假说吗？完成表 2-7，计算 χ^2 值，依据你的计算结果回答问题。

表 2-7　双杂合杂种 F_2 的数据 χ^2 测验

表现型	O	E	$O-E$	$(O-E)^2$	$(O-E)^2/E$
A_B_	406				
A_bb	149				
aaB_	162				
aabb	51				
合计					$\chi^2=$

(1) 简要说明这一 χ^2 值，这组数据的自由度是______。

(2) 依据测定结果接受或否定这些双杂合杂种分离比值资料接近或符合独立分配假说。

(3) 什么只是由机遇引起的偏差？

(4) 用提供的资料完成以下填空，测定每对基因的行为是否符合孟德尔第一定律3∶1比率。

假设	χ^2 值	P 值	接受/否定假设
3A_∶1aa	______	______	____________
3B_∶1bb	______	______	____________

2. 表 2-8 是双杂合杂种的测交资料，这些资料符合独立分配的期望比率吗？完成表2-8，计算 χ^2 值，并回答与计算相关的问题。

表 2-8　双杂合杂种的测交数据 χ^2 测验

表现型	O	E	$O-E$	$(O-E)^2$	$(O-E)^2/E$
A_B_	132				
A_bb	86				
aaB_	90				
aabb	126				
合计					$\chi^2=$

(1) 简要说明这一 χ^2 值，这组数据的自由度是______。

(2) 依据测定结果接受或否定这些双杂合杂种分离比值资料接近或符合独立分配假说。

(3) 什么只是由机遇引起的偏差？

(4) 用提供的资料完成以下填空，测定每对基因的行为是否符合孟德尔第一定律1∶1比率。

假设	χ^2 值	P 值	接受/否定假设
1Aa∶1aa	______	______	__________
1Bb∶1bb	______	______	__________

3. 一些研究资料显示，美国白人群体 ABO 血型的大致频率是：41%A，9%B，3%AB 和 47%O。完成表 2-9，计算 χ^2 值，依据你的计算结果回答问题。

表 2-9　美国白人群体 ABO 血型出现频率 χ^2 测验

表现型	O	E	$O-E$	$(O-E)^2$	$(O-E)^2/E$
A	326				
B	82				
AB	27				
O	404				
合计					$\chi^2=$

（1）简要说明这一 χ^2 值，这组数据的自由度是______。

（2）依据测定结果接受或否定美国白人群体血型分布频率的假设。

（3）什么只是由机遇引起的偏差？

4. 依据概率理论和二项式展开式，由 4 个孩子组成的家庭，其中的 1/16 会有 4 男孩；4/16 会有 3 男孩，1 女孩；6/16 会有 2 男孩，2 女孩；4/16 会有 1 男孩，3 女孩；和 1/16 会有 4 个女孩。以这些资料完成表 2-10，计算 χ^2 值，依据你的计算结果回答问题。

表 2-10　家庭男、女孩出生概率 χ^2 测验

家庭性别比	O	E	$O-E$	$(O-E)^2$	$(O-E)^2/E$
4 男孩	235				
3 男 1 女	898				
2 男 2 女	1317				
1 男 3 女	841				
4 女孩	181				
合计					$\chi^2=$

（1）简要说明这一 χ^2 值，这组数据的自由度是______。

（2）依据测定结果接受或否定这些双杂合杂种分离比率资料接近或符合独立分配假说。

（3）什么只是由机遇引起的偏差？

（4）用以上提供的数据检测 50∶50 性比率的假说，以这些资料完成表 2-11，计算 χ^2 值。

表 2-11　按男女出生是 50∶50 的性比率计算 χ^2 值

性别	O	E	$O-E$	$(O-E)^2$	$(O-E)^2/E$
男					
女					
合计					$\chi^2=$

(5) 接受/否定______；df =______；P =______。

5. 如果双亲具有 Aa 基因型，他们生下 4 个小孩，依二项式的展开式预测，获得不同表现型组合的概率是：81/256 为全部 A_；108/256 为 3A_ ∶ 1aa；54/256 为 2A_ ∶ 2aa；12/256为 1A_ ∶ 3aa；和 1/256 全部为 aa。在以下一例中，大量的家庭全由 4 个 A_表现型的孩子组成，他们的双亲都是 Aa，这些资料符合期望的分布吗？以这些资料完成表 2-12，计算 χ^2 值，依据你的计算结果回答问题。

表 2-12 双亲具有 Aa 基因型而生下 4 个小孩表现型组合的概率 χ^2 值计算

家庭表型比	O	E	$O-E$	$(O-E)^2$	$(O-E)^2/E$
全部 A_					
3A_ ∶ 1aa					
2 A_ ∶ 2aa					
1 A_ ∶ 3aa					
全部 aa					
合计					$\chi^2=$

(1) 要说明这一 χ^2 值，这组数据的自由度是______。

(2) 依据测定结果接受或否定这些分离比率资料接近或符合上述建议的比率。

(3) 什么只是由机遇引起的偏差？

6. 依据二项式展开式，有 5 个孩子的家庭其中有 1/32 全部是男孩；5/32 有 4 男孩和 1 女孩；10/32 有 3 男孩和 2 女孩；10/32 有 2 男孩和 3 女孩；5/32 有 1 男孩和 4 女孩；及 1/32 全部为女孩。表 2-13 提供的资料符合理论分布吗？以这些资料完成表 2-13，计算 χ^2 值，依据你的计算结果回答问题。

表 2-13 χ^2 值计算

家庭性别比	O	E	$O-E$	$(O-E)^2$	$(O-E)^2/E$
全部男孩	76				
4 男 ∶ 1 女	307				
3 男 ∶ 2 女	588				
2 男 ∶ 3 女	535				
1 男 ∶ 4 女	269				
全部女孩	49				
合计					$\chi^2=$

(1) 要说明这一 χ^2 值，这组数据的自由度是______。

(2) 依据测定结果接受或否定这些分离比值资料接近或符合上述建议的比值。

(3) 什么只是由机遇引起的偏差？

(4) 用以上提供的数据检测 50 ∶ 50 性比率的假说，以这些资料完成表 2-14，计算 χ^2 值。

表 2-14　χ^2 值计算

性别	O	E	$O-E$	$(O-E)^2$	$(O-E)^2/E$
男					
女					
合计					$\chi^2=$

（5）接受/否定______；df =______；$P=$______。

参 考 文 献

杜荣骞 . 1999. 生物统计学［M］. 北京：高等教育出版社

Thomas R M，Robert L H. 2001. Genetics Laboratory Investigations［M］. 12th ed. New Jersey：A Division of Pearson Education Opper Saddle River

（戚康标）

实验3 果蝇的生活史及遗传性状观察

实验目的

1. 了解果蝇生活史中各阶段的形态特征。

2. 区分♀、♂果蝇，观察鉴别几种常用突变型的性状特征。

3. 掌握果蝇的饲养管理及实验处理的方法和技术，为后续的果蝇杂交系列实验做好技术准备。

实验原理

黑腹果蝇（*Drosophila melanogaster*）属双翅目昆虫，具有完全变态。作为实验材料具有如下优点。

（1）生长迅速快，周期短，在25℃条件下，10～12d可完成一个世代。

（2）繁殖能力较强，每只雌果蝇可产卵400～500枚，因而可以在短时间内获得多数子代，有利于做遗传学统计分析。

（3）饲料简便易得，容易饲养，成本低，实验所需空间较小，条件简单，易管理。

（4）突变性状多达400个以上，并且多数是形态变异，便于观察和统计分析。

（5）染色体数目少，突变基因容易在染色体上定位。

由于果蝇在实验上具有以上优点，所以T. H. Morgen能够以果蝇为实验材料验证了孟德尔的分离定律和自由组合定律，并且发现了连锁遗传定律。直至今日，用果蝇为材料进行的各种遗传学研究，寻找遗传学的各种内在规律，仍然很普遍。因此果蝇作为遗传学研究的模式生物，已被广泛认可，并积累了许多成功的经验，为开展系列的遗传学实验提供了有利条件。

实验仪器和试剂

1. 仪器与用具

恒温培养箱，广口瓶，滴瓶，试管，瓷板，毛笔，棉塞，双目解剖镜，显微镜，烧杯，电磁炉，微波炉，镊子。

2. 试剂

乙醚，丙酸，酵母，麸皮，红糖，琼脂，乙醇。

实验材料

利用黑腹果蝇来验证三大遗传定律所做的系列杂交实验中，共需要5个品系，它们分别是2号品系、6号品系、18号品系、22号品系和e品系，本实验需要准备以上5个品系。

方法与步骤

1. 果蝇的生活史

果蝇的生活史包括卵→幼虫→蛹→成虫（图3-1）。

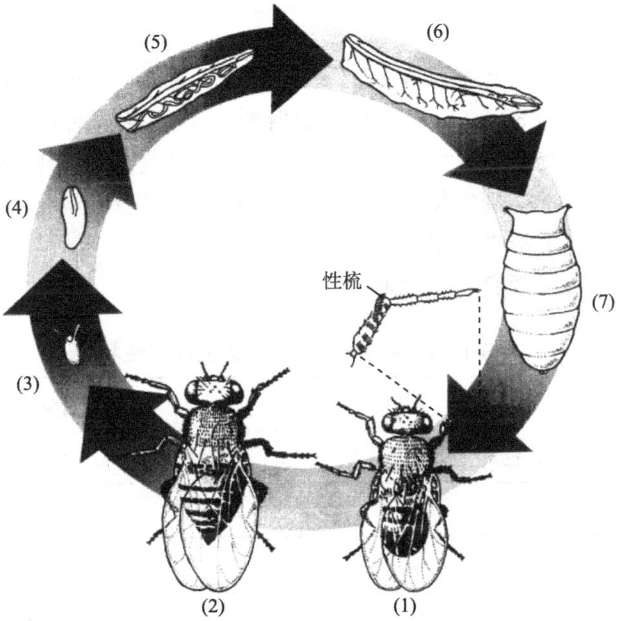

图3-1 果蝇生活史及雌雄鉴别

雄性（1）一般比雌性（2）小；雄性腹部末端钝圆、黑色，雌性腹部末端尖长有条纹；雄性第一对足的跗节上有黑色刚毛组成的性梳，雌性没有。果蝇属完全变态昆虫，有卵（3）、幼虫期（4、5、6）和蛹（7）到成虫（1、2）

卵：♀果蝇羽化后12h内不能交配，所以选处女蝇必须在这12h内进行。超过12h开始交配，2d后开始产卵，每只雌果蝇一生中可产卵400～500枚，卵长0.5mm，椭圆形，腹面稍扁平，表面有六角形花纹，在背的前方伸出一对纤丝，使卵平稳地固定在食物或管壁上，不至于被移动或受损。

幼虫：受精卵经1～2d孵化成幼虫，一龄幼虫经4～5d 2次蜕皮成为三龄幼虫，三龄幼虫的体长可达4～5mm。用肉眼可以看出一端稍尖，并有一黑点的为头部。通过体壁，还可以看到身体后半部的上方两侧有一对生殖腺，精巢较大，有一明显的黑点，卵巢黑点不明显，借此可以鉴别雌雄。通常一、二龄幼虫在培养基上活动，幼虫贪吃，在培养基上作沟、穿孔，如果培养基上的沟、孔很多，表明这一代发育完好，幼虫密度大。幼虫到了三龄后，食量减少，并爬到瓶壁上准备化蛹。

蛹：幼虫成三龄后，附在培养瓶内壁较干的地方化蛹。蛹梭形，最初柔软而白色，以后逐渐变硬、淡黄色至黄褐色。

成虫：蛹期约4d开始羽化，一般傍晚羽化的比黎明羽化的多。刚羽化的成虫体形较长，颜色较淡，翅不平展，体表因未完全几丁质化（chitinous）而显得较软。

果蝇全部生活史所需的时间，常因饲养温度和营养条件等而有所不同。当营养条件适宜时，在20℃下饲养，由卵至幼虫期平均需要8d，蛹至成虫期需要6.3d，由卵至成虫期约需要15d；若在25℃下饲养，卵至幼虫期平均需要5d，蛹至成虫仅需要4.5d，从卵到成虫约需要10d；当温度在15℃时，由幼虫到成虫期需要18d；温度低至10℃时，果蝇的生活周期将延长至57d以上，而且生活力明显降低；如果高于30℃时将会引起不育和死亡。因此果蝇培养的最适温度为20～25℃。

2. 鉴别5个品系

逐一把各品系果蝇转移入麻醉瓶中，将果蝇拍至瓶底，迅速抽出棉塞，并在其内侧滴几滴乙醚，随即塞紧瓶口，经30～60s，果蝇便被麻醉。适度麻醉时，果蝇不能攀附瓶壁，此时其双翅紧贴腹部背面；当麻醉过度即终身麻醉时则双翅展开并竖起与中轴呈45°。实验要求将果蝇适当麻醉，然后把果蝇倾倒在白瓷板上，移到解剖镜下观察。观察过程只能用毛笔拨动果蝇，不能用镊子或手指夹取果蝇，以免损伤蝇体。

区别5个品系主要通过观察相对性状（表3-1）进行。

表3-1 野生型与突变型果蝇的相对性状

类别	复眼	体色	翅型	刚毛
野生型	红色	灰黄	长	直
突变型	白色	黑檀	残、短	卷

5个品系中，有1个为野生型，其余4个为突变型，逐一观察以上9个相对性状在5个品系中的分布，就可以确定哪一个是野生型，哪些是突变型，进而可以根据后续实验的目的自行设计相应的杂交组合。

3. 雌雄果蝇的鉴别

第一性征：雌果蝇外生殖器外观较简单，无几丁质化黑点；雄果蝇外生殖器外观较复杂，有几丁质化黑点。

副性征：

(1) 腹部末端：一性别钝圆，另一性别稍尖长。

(2) 腹部背面：一性别有5条黑色条纹，另一性别只有3条黑色条纹。

(3) 腹部腹面：一性别有6个腹片，另一性别只有4个腹片。

(4) 性梳：一性别第一对足的附节前端有黑色鬃毛状性梳（sex comb），另一性别相应部位无性梳。

(5) 体型：一性别体型相对较大，另一性别体型相对较小。

4. 果蝇培养基的配制

果蝇在水果摊或果园里常可见到，成熟的柔质水果，如葡萄、香蕉等，特别是成熟过度开始发酵的水果，常会招致大量果蝇，但它不是以水果为生，而是以果汁上的酵母菌为主要食物。因此根据果蝇的生活习性，在实验室可以用一些发酵的基质作为果蝇的饲料，目前常用的培养基及配方见表3-2。

表 3-2　果蝇培养基配方

培养基	水 /mL	琼脂 /g	红糖或白糖/g	香蕉肉 /g	麦麸 /g	玉米粉 /g	丙酸 /mL	酵母 /g
香蕉	478.0	15.0		500.0			7.0	适量
玉米粉	1000	10.0	90.0			100.0	7.0	10.0
麦麸、玉米粉	1000	10.0	90.0		80.0	20.0	7.0	10.0

(1) 香蕉培养基。香蕉培养基的配制方法：将琼脂加入水中加热煮沸至溶解，将完全成熟的香蕉去皮并捣碎成果泥，把果泥倾入琼脂水中搅拌煮沸，加入丙酸，再煮沸几分钟停火，趁热加入酵母搅拌均匀。

(2) 玉米粉培养基。玉米粉培养基的配制方法：①将琼脂、红糖加入水中煮沸至完全溶解；②用少量水把玉米粉调至糊状，倾入①中并不断搅拌，连续煮沸 20min；③加入丙酸，再煮几分钟停火；④趁热加入酵母并搅拌均匀。

(3) 麦麸、玉米粉培养基。麦麸、玉米粉培养基的配制方法：方法步骤基本与玉米粉培养基相同，稍有不同的是在②中把麦麸和玉米粉一起加水调成糊状。

将上述配好的培养基立即倒入经煮沸消毒过的容器（烧杯）中，并分装到培养瓶，装瓶时要防止培养基粘在瓶口上，以免造成污染。

在以上 3 种培养基中，根据我们多年实验的结果，认为麦麸、玉米粉培养基的效果较好，主要是由于该培养基质地松软适中，营养较全面，有利于果蝇的生长发育。

作业

1. 把观察鉴别 5 个品系 9 个相对性状的结果整理后填入表 3-3。

表 3-3　5 个品系果蝇形状鉴别结果

品系	复眼	体色	翅形	刚毛
2#				
6#				
18#				
22#				
e				

2. 把鉴别雌、雄果蝇的第一性征、副性征填入表 3-4。

表 3-4　雌、雄果蝇形状特征鉴别结果

性别	外生殖器	腹部末端	腹部背面	腹部腹面	性梳	体型大小
♀						
♂						

3. 回答问题：

(1) 在观察的 5 个品系中哪个品系是野生型？

(2) 用肉眼挑处女蝇时，应抓住哪些主要特征？

参考文献

贺竹梅. 2011. 现代遗传学教程［M］. 2 版. 广州：中山大学出版社
刘祖洞，江绍慧. 1987. 遗传学实验［M］. 2 版. 北京：高等教育出版社
卢龙斗，常重杰. 2010. 遗传学实验技术［M］. 修订版. 北京：科学出版社
Thomas R M，Robert L H. 2001. Genetics Laboratory Investigations［M］. 12th ed. New Jersey：A Division of Pearson Education Opper Saddle River

（戚康标）

实验4

果蝇的单因子杂交

实验目的

1. 掌握果蝇的杂交技术。
2. 记录杂交结果和掌握统计分析方法。
3. 通过实践去分析和理解分离定律的原理。

实验原理

分离定律（law of segregation）亦称“孟德尔分离定律”。一对基因在杂合状态下不互相影响，各自保持相对的独立性，而在形成配子时，就互相分开，并按原样分配到不同的配子中。

在一般情况下，理论上其配子的分离比是1∶1，子二代（F_2）基因型分离比是1∶2∶1，若显性完全，F_2 表型分离比是3∶1。杂种后代分离出来的隐性基因纯合体和原来隐性亲本在表型上是一样的，隐性基因并不因为和显性基因在一起而改变它的性质。

单因子杂交是指一对等位基因间的杂交。野生型果蝇是长翅（+/+），其翅长超出腹部末端约 1/3。残翅果蝇的双翅已退化，只留下少量残迹（vg/vg），无飞翔能力。vg 的基因座位于第二染色体 67.0。对长翅（+）完全隐性。

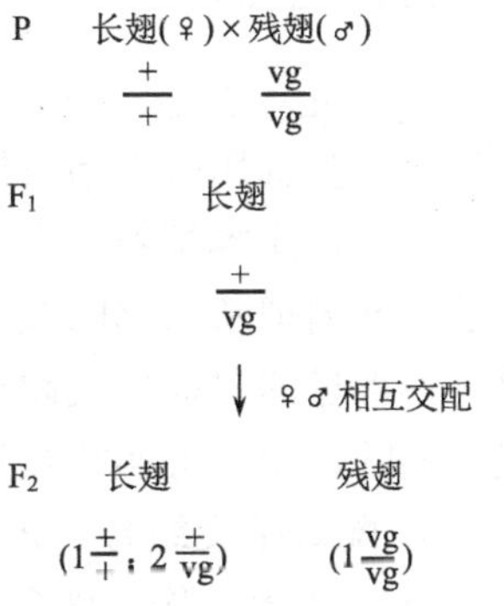

图 4-1　果蝇双翅形状的遗传

用长翅果蝇与残翅果蝇杂交，子一代（F_1）都是长翅。子一代系内交配，子二代产生性状分离，长翅∶残翅为 3∶1，如图 4-1 所示。

从图 4-1 中得到果蝇基因型，F_1 所示。基因型为$\frac{+}{vg}$（长翅），雌雄均可以产生两种配子+和 vg，并且各占$\frac{1}{2}$。用棋盘格表示杂交实验的配子（表 4-1），由于长翅对残翅完全显性，在表 4-1 中基因型$\frac{+}{+}$和$\frac{+}{vg}$的表型都是长翅，基因型$\frac{vg}{vg}$则显残翅，所以在 F_2 群体中，长翅与残翅的理论比值为 3∶1，F_2 群体数越大越接近理论比值。但要知道实测数值是否符合理论比值，需要进行 χ^2 测验。

表 4-1　果蝇杂交实验的配子及双翅形状的遗传

F_1♀配子 / F_1♂配子	$\frac{1}{2}+$	$\frac{1}{2}$vg
$\frac{1}{2}+$	$\frac{1}{4}+/+$ 长翅	$\frac{1}{4}+/vg$ 长翅
$\frac{1}{2}$vg	$\frac{1}{4}+/vg$ 长翅	$\frac{1}{4}vg/vg$ 残翅

实验仪器和试剂

1. 仪器与用具

恒温培养箱，培养瓶（或平底试管），烧杯，麻醉瓶，白瓷板，毛笔，毛巾，镊子。

2. 试剂

乙醚，酒精棉，麸皮，琼脂，红糖，酵母，丙酸。

实验材料

黑腹果蝇（*Drosophila melanogaster*）长翅品系（＋/＋），残翅品系（vg/vg）。

方法与步骤

1. 确定杂交亲本，挑选处女蝇

本实验选用野生型长翅和突变型残翅果蝇为杂交亲本。雌蝇一定要选处女蝇。处女蝇的挑选方法：亲本饲养 2 周后，提前 10～12h 把培养瓶内所有活的成虫倒干净，然后在倒掉成虫的 12h 内把新羽化的成虫倒出来，装进消毒过的培养瓶或平底试管进行适度麻醉，麻醉后放在消毒过的白瓷板或硬纸板上把雌、雄蝇分别挑出，雌蝇即为处女蝇。根据实验所需处女蝇数量的多少，可连续收集 2～3d，但一般不要超过 3d。

2. 配好杂交组合，进行正、反杂交

正交组合：野生型长翅（♀）×突变型残翅（♂）。用消毒过的毛笔把 3～4 只长翅处女蝇扫入培养瓶中，然后把培养瓶水平放置，以免麻醉状态下的果蝇沾到培养基或水珠被闷死，随即用同样方法扫入 3～4 只残翅雄蝇，塞紧棉塞，贴好标签，保持水平放置直至果蝇苏醒，移入 25℃恒温培养箱中培养。

反交组合：组合与杂交方法和正交组合相同，只是把亲本的性别反过来就可以了。

3. 贴上标签

正　交	反　交
P：（♀）$\frac{+}{+}$ ×（♂）$\frac{vg}{vg}$	P：（♀）$\frac{vg}{vg}$ ×（♂）$\frac{+}{+}$
杂交日期：	杂交日期：
班级：　　姓名：	班级：　　姓名：

4. 培养7d后把亲本果蝇成虫全部倒出处死。

5. 再过7d F_1 成蝇出现，把 F_1 成蝇转移到经过消毒的空瓶进行适度麻醉，观察 F_1 翅形变化，并把观察结果填入表4-2。在观察时要注意白瓷板、毛笔、麻醉瓶的消毒，因为 F_1 还要转移到新培养瓶饲养。把5～6对适度麻醉的 F_1 成虫转入另一培养瓶，标签上标明F_1(♀)品系号×(♂)品系号。正、反交各转一瓶。

表4-2　正、反交 F_1 果蝇翅形观察结果记录表

观察结果 / 统计日期	长翅♀×残翅♂		残翅♀×长翅♂	
	长翅数	残翅数	长翅数	残翅数
合计				

6. 过7d，把 F_1 成虫全部倒出处死，已有卵和幼虫的培养基放回培养箱中继续培养。

7. 再过7d，F_2 成虫出现，开始观察，可以连续观察7d左右，往后可能有 F_3 的成虫出现，所以一般观察不要超过8d。把观察结果填入表4-3，观察过的成虫应集中处死。

表4-3　正、反交 F_2 果蝇翅形观察结果记录表

观察结果 / 统计日期	长翅♀×残翅♂		残翅♀×长翅♂	
	长翅数	残翅数	长翅数	残翅数
合计				

实验结果

根据 F_1 和 F_2 观察的结果进行统计：

1. 统计正、反交 F_1 代果蝇的表型状况和个体数，并把正反交的结果作比较，分析单因子杂交实验的基因间的显隐性关系。

2. 统计正、反交 F_2 代果蝇的表型状况和个体数，计算不同表型之间的比例，根据实验观察和计算结果作 χ^2 测验（表4-4）。

表4-4　实验结果 χ^2 测验表

观察结果	长翅（+）正交、反交合并	残翅（vg）正交、反交合并	合计
实验观察数（O）			
预期数 3 : 1（C）			
偏差（$O-C$）			
$\frac{(O-C)^2}{C}$			

$$\chi^2 = \sum \frac{(O-C)^2}{C}$$

自由度 $= n-1$

查 χ^2 表，若 $P>0.05$，两者之间无显著差异，说明观察值与理论值之间的偏差是没有意义的，也就是说观察值符合假设。若 $P<0.05$，则两者之间差异显著，说明实验观察值不符合假设。

参考文献

刘祖洞，江绍慧. 1987. 遗传学实验 [M]. 2 版. 北京：高等教育出版社
贺竹梅. 2011. 现代遗传学教程 [M]. 2 版. 北京：高等教育出版社
卢龙斗，常重杰. 2010. 遗传学实验技术 [M]. 修订版. 北京：科学出版社

（戚康标）

实验5

果蝇两对基因的自由组合

实验目的

1. 掌握涉及两对基因杂交的方法。
2. 记录交配结果和掌握统计分析方法。
3. 加深认识两对基因自由组合的原理。

实验原理

由非同源染色体上的两对基因所决定的两对相对性状，在杂种第二代是自由组合的。根据孟德尔第二定律，一对基因的分离与另一对（或另几对）基因的分离是独立的。一对基因所决定的性状在杂种第二代是 3∶1，两对不连锁的基因所决定的性状，在杂种第二代就呈 9∶3∶3∶1。黑檀体果蝇（e）的体色乌黑，e 的基因座位于 3 号染色体 70.7；与 e 相对应的野生型性状是体色灰黄。残翅果蝇（vg）的双翅几乎没有，只能看到少量残迹，vg 的基因座位于 2 号染色体 67.0；与 vg 相对应的野生型是长翅。由于 e 和 vg 在非同源染色体上，两对基因杂种在形成生殖细胞时，会产生 4 种不同类型的配子，其比例为1∶1∶1∶1。如子一代系内近交，4 种♂配子和 4 种♀配子可形成 16 种组合的合子，其中 9 种组合为灰身长翅，3 种组合为黑身长翅，3 种组合为灰身残翅，1 种组合为黑身残翅。如下所示：

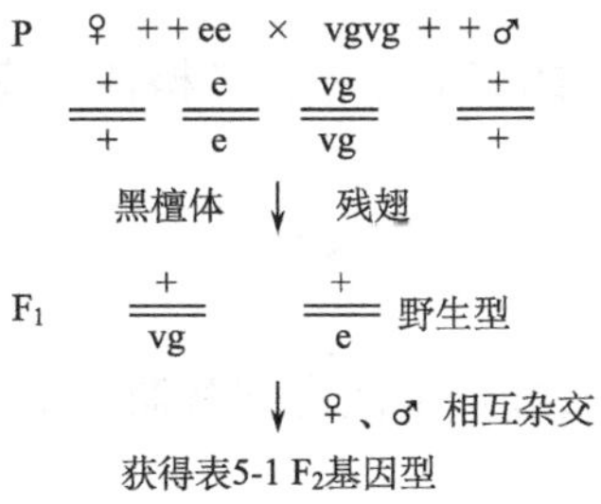

将表 5-1 F_2基因型整理后共有 4 种表型：

表 5-1 F_2基因型

♂配子 / ♀配子	$\underline{+}\ \underline{+}$	$\underline{+}\ \underline{e}$	$\underline{vg}\ \underline{+}$	$\underline{vg}\ \underline{e}$
$\underline{+}\ \underline{+}$	$\frac{+}{+}\ \frac{+}{+}$	$\frac{+}{+}\ \frac{+}{e}$	$\frac{+}{vg}\ \frac{+}{+}$	$\frac{+}{vg}\ \frac{+}{e}$

续表

♂配子 / ♀配子	+ +	+ e	vg +	vg e
+ e	+//+ +//e	+//+ e//e	+//vg e//+	+//vg e//e
vg e	+//vg +//+	+//vg e//+	vg//vg +//+	vg//vg +//e
vg e	+//vg +//e	+//vg e//e	vg//vg +//e	vg//vg e//e

(1) 灰身长翅，共有 9 种基因型：

1 +//+　+//+；2 +//+　+//e；2 +//+　+//vg；4 +//e　+//vg

(2) 灰身残翅，共有 3 种基因型：

1 +//+　vg//vg；2 +//e　vg//vg

(3) 黑身长翅，共有 3 种基因型：

1 e//e　+//+；2 e//e　+//vg

(4) 黑身残翅，共有 1 种基因型：

e//e　vg//vg

实验仪器和试剂

1. 仪器与用具

恒温培养箱，培养瓶，麻醉瓶，白瓷板，毛笔，镊子，双目解剖镜。

2. 试剂

乙醚，丙酸，酒精棉，琼脂，酵母，红糖，麸皮。

实验材料

黑腹果蝇（*D. melanogaster*）的突变品系：黑檀体突变型 ebony（e），残翅突变型 vestigial（vg）。

方法与步骤

1. 分别挑选 e、vg 品系的处女蝇，要注意麻醉瓶、毛笔、白瓷板的消毒（烘箱 60℃烘 4h 以上）。

2. 把 vg♀和 e♂ 放在一培养瓶中，e♀和 vg♂ 放在另一培养瓶中。被麻醉未苏醒的果蝇要水平放置，以免果蝇沾到培养基或水珠窒息死亡。以上两瓶杂交组合，就成为正交、反交两个处理。然后贴好标签，标签写法如下：

正　交
P：（♀）品系号　×（♂）品系号
杂交日期：
班级：　　姓名：

反　交
P：（♀）品系号　×（♂）品系号
杂交日期：
班级：　　姓名：

3. 过 7d 后可见 F_1 幼虫出现，把亲本倒干净处死。

4. 再过 7d，检查 F_1 成虫的性状。如果杂交成功，正、反交 F_1 成虫均是灰身长翅。若性状不符，则为假杂种。成功的组合，可挑选 5～6 对 F_1 成蝇转到新的培养瓶中继续培养。

5. 过 7d 后倒出 F_1 代成虫并处死。

6. 再过 7d，F_2 代成虫出现，麻醉后倒在白瓷板上观察统计，可持续观察约 7d。太迟会出现 F_3 代成虫，使统计数据失去准确性。

7. 把每次观察统计的各性状分别填入表 5-2 中进行统计：

表 5-2　果蝇两对基因杂交 F_2 性状观察结果（正、反交合并）

观察结果 / 统计日期	灰身长翅	黑身长翅	灰身残翅	黑身残翅
合计				

8. 最后进行 χ^2 测验统计，并作分析（表 5-3）：

表 5-3　χ^2 测验统计

观察结果	灰身长翅	黑身长翅	灰身残翅	黑身残翅	合计
实验观察数（O）					
理论数（9∶3∶3∶1）（C）					
偏差（$O-C$）					
$\frac{(O-C)^2}{C}$					

$$\chi^2 = \sum \frac{(O-C)^2}{C}$$

$$\text{自由度} = 4 - 1 = 3$$

若 $P > 0.05$，说明实验符合两对因子自由组合的假说。

若 $P < 0.05$，说明这个实验的数据不能用两对因子的自由组合来解释，也就是否定了原来的假说，即不能认为是自由组合。

参考文献

贺竹梅. 2011. 现代遗传学教程 [M]. 2 版. 北京：高等教育出版社

刘祖洞，江绍慧. 1987. 遗传学实验 [M]. 2 版. 北京：高等教育出版社

卢龙斗，常重杰. 2010. 遗传学实验技术 [M]. 修订版. 北京：科学出版社

（戚康标）

实验6

果蝇的伴性遗传

实验目的

1. 进一步了解伴性遗传和连锁遗传，认识伴性遗传正、反交的差别。
2. 掌握伴性遗传的实验和统计方法。

实验原理

在很多生物中都有性染色体，而性别与这些性染色体有密切的关系，如果基因位于染色体上，那么在性染色体上也会有基因，这些基因的遗传方式就会与性别有关。遗传学上，将位于性染色体上的基因所控制的性状遗传方式叫伴性遗传（sex-linked inheritance）。果蝇的性染色体属于XY型，雄蝇为XY，是异配性别；雌性为XX，是同配性别。通过果蝇眼色遗传的研究，可以观察到果蝇眼色性状的遗传与性别有着密切的关系，因此可以知道控制果蝇眼色的基因位于X染色体上。

本实验用野生型红眼和突变型白眼果蝇杂交结果如下：

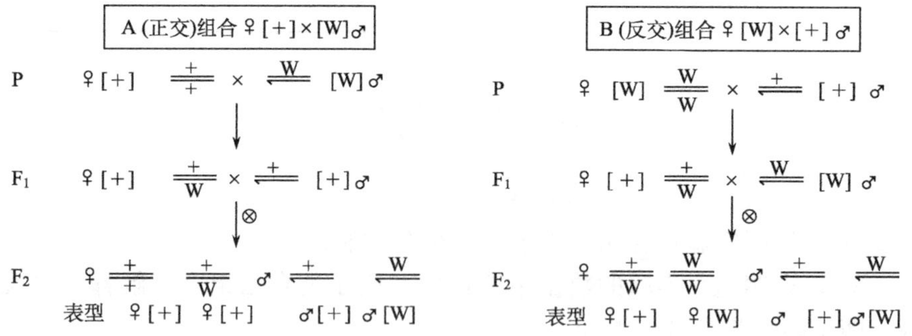

由上述图解可以得到如下结果：

A 正交：P 代雌性（♀）野生型［+］与雄性（♂）白眼［W］杂交，F_1♀、♂全为野生型红眼［+］，F_1 系内近交得 F_2，♀全是野生型红眼［+］，♂野生型红眼［+］和白眼［W］各占一半，比例为1∶1。

B 反交：P 代雌性（♀）白眼［W］与雄性（♂）野生型［+］杂交，F_1 代♀为野生型红眼［+］而♂为白眼［W］，此现象又称为绞花式遗传（lriss-cross inheritance）。F_1 系内近交得 F_2 代，♀野生型红眼［+］∶白眼［W］＝1∶1，♂同样也是野生型红眼［+］∶白眼［W］＝1∶1。

由此可以看出，正交和反交后代（F_1、F_2）的性状表现是不同的，这反映出性染色体和常染色体基因的遗传方式的差别，从上述正、反交结果的染色体的遗传可以看出，子代雄性个体的 X 染色体均来自母本，而父本的 X 染色体总是传递给子代雌性个体，这是伴性遗传的一个重要特征。

在进行伴性遗传实验时，也会出现一些例外个体，如在 B 杂交组合中，F_1 代中出现不应该出现的雌性白眼，原因是由于两条 X 染色体不分离而造成的，不过这种极为罕见的情况出现的概率很低，大约几千个个体中才发现一个。

实验仪器和试剂

1. 仪器与用具

恒温培养箱，培养瓶，麻醉瓶，白瓷板，毛笔，镊子，双目解剖镜。

2. 试剂

乙醚，酒精棉，琼脂，丙酸，酵母，红糖，麸皮。

实验材料

黑腹果蝇（*D. melanogaster*）野生型（红复眼品系）wild type（+），突变型（白复眼品系）white eye（W），该基因在 X 染色体上。

实验步骤

1. 挑选和收集雌性（♀）红眼［+］处女蝇，雌性（♀）白眼［W］处女蝇。瓷板和毛笔要用酒精棉擦过晾干。麻醉瓶要在 60℃烘过。

2. A 杂交组合：把雌性（♀）红眼［+］处女蝇和雄性（♂）白眼［W］各 3～4 只，放在同一培养瓶内，贴上标签：

A组合 (正交)
P:　(♀)++ × WY(♂)
杂交日期：
班级：　　姓名：

B 杂交组合：把雌性（♀）白眼［W］处女蝇和雄性（♂）红眼［+］各3～4 只，放在另一培养瓶内，贴上标签：

B组合 (反交)
P:　(♀)WW × +Y(♂)
杂交日期：
班级：　　姓名：

3. 把配好的 A、B 杂交组合放在 25℃培养箱中培养，7d 后见到 F_1 幼虫出现，即倒干净亲本果蝇（成虫）并处死。

4. 再过 7d，观察 F_1 成虫性状（注意瓷板、毛笔及麻醉瓶要消毒），把观察结果分别记录在相应的表中（表 6-1 至表 6-4），注意分析正、反交后代眼色和性别的关系。A、B 组合各挑 3～5 对成虫转入新的培养瓶中饲养。

5. 7d 后倒干净 F_1 的成虫并处死。

6. 再过 7d 后 F_2 成虫出现，把成虫转到另一空瓶，麻醉后观察眼色和性别，把观察结果记录到相应的 F_2 表中。可连续观察和累积 7d 的数据。

实验结果

表 6-1　F_1　A 组合（正交）　♀++×WY♂ 观察结果

观察结果 观察日期	♀红眼［+］	♂红眼［+］

表 6-2　F_1　B 组合（反交）　♀WW×+Y♂ 观察结果

观察结果 观察日期	♀红眼［+］	♂红眼［W］

表 6-3　F_2　A 组合（正交）

观察结果 观察日期	♂红眼［+］	♂白眼［W］	♀红眼［+］
合计			

表 6-4　F_2　B 组合（反交）

观察结果 观察日期	♂红眼［+］	♂白眼［W］	♀红眼［+］	♀白眼［W］
合计				

χ^2 测定：

$$\chi^2 = \sum \frac{(\text{观察值}-\text{理论值})^2}{\text{理论值}}$$

$$自由度=n-1$$

查 χ^2 表，若 $P>0.05$，说明观察值与理论值无显著差异。可以认为实验观察结果符合伴性遗传的假设。

参 考 文 献

刘祖洞，江绍慧. 1987. 遗传学实验［M］. 2 版. 北京：高等教育出版社

卢龙斗，常重杰. 2010. 遗传学实验技术［M］. 修订版. 北京：科学出版社

（戚康标）

实验7

果蝇的三点测交与遗传作图

实验目的

1. 学习和掌握用“三点测交”进行基因定位的方法。
2. 了解绘制遗传学图的原理和方法。
3. 加深对重组值、遗传学图、双交换值、并发率和干涉等概念理解。

实验原理

位于不同条染色体上的两对基因，它们所决定的两对相对性状在 F_2 是自由组合的。而位于同一条染色体上的基因则是连锁的，同源染色体的基因之间可以发生交换（crossing-over），使子代出现一定数量的重组型，重组型出现的多少反映出基因间发生交换的频率的高低。根据基因在染色体直线排列的原理，基因间距离越远，期间发生交换的可能性越大，即交换频率越高；反之则小，交换率就低。因此交换值（crossing-over value）的大小就可以用来表示基因间距离的长短。但交换值无法直接测定，而只有通过基因之间的重组来估计所发生交换的频率，所以通过计算重组值的大小，就能反映基因间距离的大小。

基因图距是通过重组值的测定而得到的。如果基因座相距很近，重组率与交换率的值相等，可以根据重组率的大小作为有关基因间的相对距离，把基因顺序地排列在染色体上，绘制出基因图。但在基因间相距较远的情况下，两个基因间往往会发生两次以上的交换，这时如果简单地把重组率看作交换率，就会低估了交换率，图距也会随之缩小，因此需要利用实验数据进行校正，以便正确估计图距。根据这个道理，可以确定一系列基因在染色体上的相对位置。

本实验通过对同一染色体上 3 个非等位基因的交换行为来验证基因在染色体上呈直线排列。先用野生型果蝇（$\frac{+\,+\,+}{+\,+\,+}$长翅、直刚毛、红眼）与三隐性果蝇（$\frac{a\,b\,c}{a\,b\,c}$白眼、短翅、焦刚毛）杂交，制成三因子杂种（$\frac{a\quad b\quad c}{+\quad +\quad +}$），再把雌性杂种与三隐性个体测交，在测交后代中由于基因间的交换可得到 8 种不同的表型，经过数据处理，绘制出遗传学图，这样一次实验便可测出 3 个连锁基因在染色体上的距离和顺序，就叫做三点测交或三点试验。

三隐性果蝇（m sn^3 w）具有短翅（m 翅长至腹部末端）、卷刚毛（sn^3）和白色复眼（w），这 3 个基因都在 X 染色体上。

把三隐性雌蝇与野生型雄蝇杂交，所得 F_1 的雌蝇是三因子杂种$\frac{m\ \ sn^3\ \ w}{+\ \ +\ \ +}$，雄蝇是 $\dfrac{m\ sn^3\ w}{}$

(横线“——”表示 X 染色体，箭头横线“———→”表示一条 Y 染色体)，F_1 雌、雄果蝇相互交配，得测交后代，如图 7-1 所示。

F_1 的雌蝇表型是野生型，雄蝇是三隐性。得到的测交后代，其中多数个体与原来亲本相同。同时也会出现少量与亲本不同的个体，称为重组型。重组型是基因间发生交换的结果（图 7-2)。

F_1 雌蝇是三因子杂种，可形成 8 种配子，而 F_1 雄蝇是三隐性个体，它们进行同系近交，即测交，F_2 可得到 8 种表型。根据 8 种表型的相对频率可以计算重组值，并确定三基因的排列顺序。

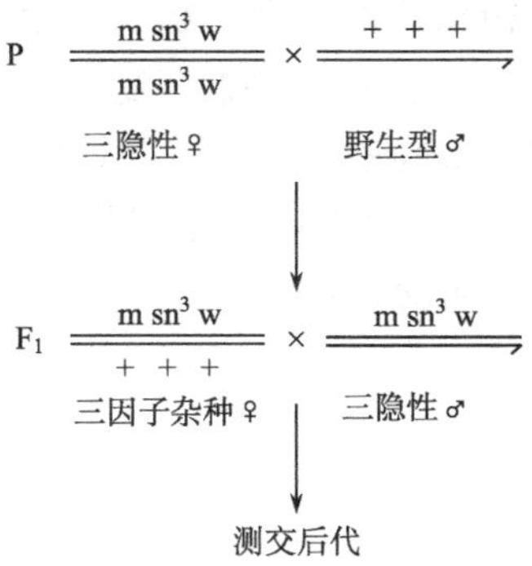

图 7-1　三点测交的交配方式

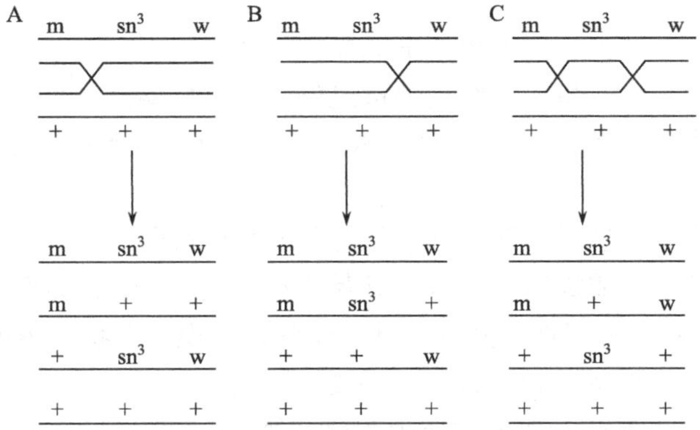

图 7-2　三因子杂种中基因发生交换产生的 8 种不同配子

A. 交换可以发生于 m～sn^3 间；B. 可以发生在 sn^3～w 间；C. 也可以同时发生在 m～sn^3 间和 sn^3～w 间

因为重组值是表示基因间的交换频率，而图距表示基因间的相对距离，通常是由两个邻近的基因图距相加得来的，所以图距往往不等同于重组值。图距可以超过 50%，重组值只会逐渐接近而不会超过 50%，只有基因相距较近时，图距才和重组值相等。

实验仪器和试剂

1. 仪器与用具

恒温培养箱，电炉，培养瓶，麻醉瓶，解剖镜，毛笔，镊子。

2. 试剂

乙醚，丙酸，酒精棉，琼脂，酵母，红糖，麸皮。

实验材料

黑腹果蝇（*D. melanogaster*）品系：野生型果蝇（＋＋＋）红眼、长翅、直刚毛；三隐性果蝇（ m sn^3 w ）短翅、卷刚毛、白眼。

方法与步骤

1. 收集和挑选三隐性品系处女蝇，同时也收集和挑选野生型雄蝇。在挑选过程中，注意麻醉瓶、白瓷板、毛笔等用具要提前用烘箱干热（60℃烘 4h 以上）消毒，使用时用酒精棉球擦拭白瓷板、毛笔，且晾干后方可使用，以防污染。

2. 把挑选到的三隐性雌蝇和野生型雄蝇，各 3～5 只，用毛笔扫进空白培养瓶中杂交，注意果蝇还没有苏醒前，瓶子要水平放置，以免在麻醉中的果蝇沾到培养基或水珠而被闷死。贴好标签，放在 25℃培养箱里培养。

杂交标签：

$$P:\ \frac{m\ sn^3\ w}{m\ sn^3\ w} \times \frac{+\ +\ +}{}$$

（♀）品系号 （♂）品系号

杂交日期：

班级： 姓名：

3. 经 7～8d 出现 F_1 幼虫，倒干净亲本成虫并处死。

4. 再 7d，F_1 成蝇出现，将成蝇倒进消毒过的空瓶适度麻醉，可以观察到 F_1 雌蝇全部是野生型表型，雄蝇都是三隐性。然后选 20～30 对 F_1 果蝇，放到新的培养瓶中继续杂交。每瓶 5～6 对。

5. 7d 后 F_2 幼虫出现，这时要把 F_1 成蝇全部倒出并处死。

6. 再继续培养 7d，F_2 成蝇出现，可以开始观察。先把 F_2 成蝇倒进空瓶进行适度麻醉（如果深度麻醉会令长翅、短翅难于分辨），依 F_2 各种表现型性状，用体视显微镜检查眼色、翅形和刚毛并做好记录，观察可以持续 7d，再迟 F_3 成蝇可能出现，此时不能继续观察，以免影响实验的准确性，本实验一般要求至少观察和统计约 250 只果蝇。

实验结果

1. 将实际观察到的测交后代 8 种表型的果蝇数量，按表 7-1 所列顺序填写和计算（本表所列数字为举例数字）。

表 7-1 三点测交试验 F_2 性状观察和统计

测交后代表型	观察数	重组发生在		
		m～sn^3	m～w	w～sn^3
sn^3 w m	372			
+ + +	285			
+ w +	95		+	+
sn^3 + m	97		+	+
sn^3 + +	4	+		+
+ w m	4	+		+
+ + m	91	+	+	
sn^3 w +	52	+	+	
总计	1000	151	335	200
重组值/%		15.1	33.5	20.0

先把实际所得到的 F_2 代 8 种表型观察数填上，计算总数。

填写"基因重组发生栏"并作统计。在实验中，由于测交亲本是三隐性，如果基因间有交换，在表型上就能显示出来，所以，通过测交后代的表型就能够推断某两个基因是否发生重组。

2. 计算基因间的重组值

m～sn^3 间的重组值$=\frac{151}{1000}\times100\%=15.1\%$

m～w 间的重组值$=\frac{335}{1000}\times100\%=33.5\%$

w～sn^3 间的重组值$=\frac{200}{1000}\times100\%=20.0\%$

3. 画遗传学图（图 7-3）

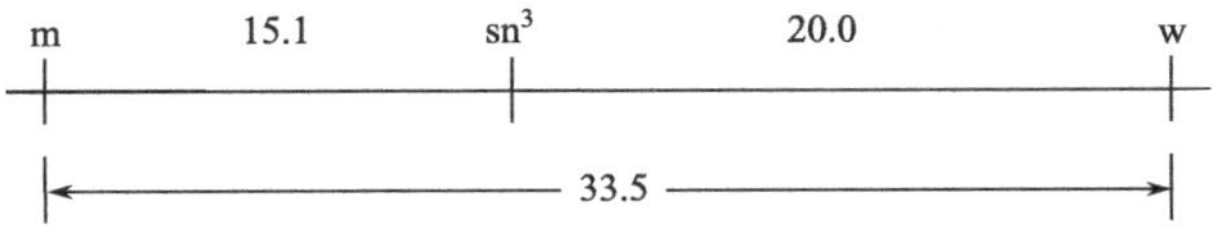

图 7-3　X 染色体上三基因的定位

从图 7-3 的遗传学图中发现，m～w 间的重组值小于 m～sn^3 间和 sn^3～ w 间的重组值之和，为什么会出现这种情况？通过计算双交换值就会发现：这是因为两个相距较远的基因发生了双交换的结果。而这种发生了双交换的果蝇在基因顺序还没弄清楚，也就是遗传学图还没有画出时，是难以确定的。当遗传学图画出来后，就能明显看到 m～w 间发生了双交换，并产生了两种表型的果蝇：m＋w（小翅、直刚毛、白眼）和＋sn^3＋（长翅、卷刚毛、红眼）。这两种果蝇计有8 只，由于在计算 m～w 间的重组值时这个值没有被计算进去，所以两个相距较远的基因的重组值被低估了。

由此在这里可以把被低估的值计算出来：

$$8/1000\times100\%=0.8\%$$

因为是双交换，所以要乘以 2，得 $0.8\%\times2=1.6\%$，这就是校正值，把校正值加m～w 间的重组值所得的和画图，就是实际的基因图距（图 7 4）。

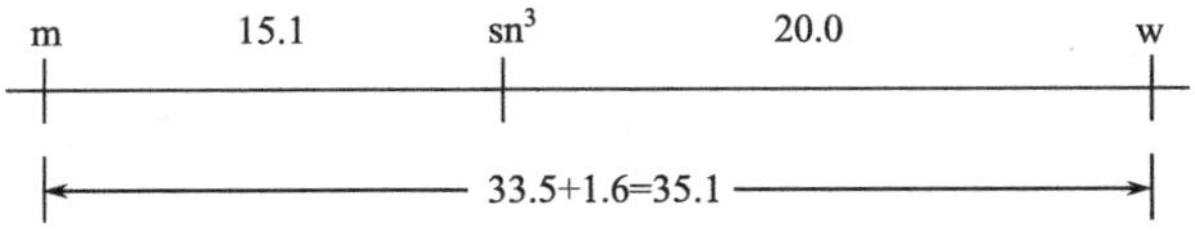

图 7-4　加双交换值（校正值）后的遗传学图

m～w 间重组值等于 m～sn^3 与 sn^3～w 间重组值之和

如果两个基因间的单交换并不影响邻近两个基因的单交换，那么预期的双交换频率应等于两个单交换频率的乘积。但实际上观察到的双交换频率往往低于预期值。因为每发生一次单交换，它邻近也发生一次交换的机会就减少一些，这叫做干涉。一般用并发率来表示干涉的大小。

计算并发率和干涉：

$$并发率=\frac{观察到的双交换频率}{两个单交换频率的乘积}$$

$$干涉=1-并发率$$

在上例中：

$$并发率=\frac{0.8\%}{15.1\%\times 20.0\%}=0.26$$

$$干涉=1-0.26=0.74$$

参 考 文 献

贺竹梅. 2011. 现代遗传学教程［M］. 2 版. 北京：高等教育出版社
刘祖洞，江绍慧. 1987. 遗传学实验［M］. 2 版. 北京：高等教育出版社
孙勇如. 1989. 遗传学手册［M］. 长沙：湖南科学技术出版社

（戚康标）

实验8

粗糙链孢霉的分离和交换

实验目的

1. 用粗糙链孢霉的赖氨酸缺陷型和野生型进行杂交，并观察杂交所得后代的子囊孢子的分离和交换现象。

2. 掌握顺序排列的四分体的遗传学分析方法，进行有关基因与着丝粒距离的计算和作图，加深理解基因分离和连锁交换规律。

实验原理

粗糙链孢霉（*Neurospora crassa*），又称红色面包霉，在分类学上属于真菌中的子囊菌纲、球壳目、脉孢菌属，目前已知有4～5种。利用粗糙链孢霉进行遗传学分析有如下优点：①个体小，生长快，容易培养；②既可进行有性繁殖，又可进行无性繁殖，一次杂交可产生大量后代；③染色体与高等生物一样，研究结果可广泛应用于遗传学上；④无性世代是单倍体，没有显隐性，基因型可以直接在表型上反映出来；⑤一次只需分析一个减数分裂的产物，就可以观测到遗传结果，简单易行。而二倍体合子是两个不同减数分裂产生的配子相互结合的结果，需要通过测交实验才能分析减数分裂的结果，过程繁琐。因此粗糙链孢霉是进行基因分离和连锁交换遗传分析的好材料。

粗糙链孢霉的营养体是由单倍体（$n=7$）的多细胞菌丝体和分生孢子所组成，生活方式有有性和无性两种。菌丝经有丝分裂直接发育成菌丝体，称无性生殖。而两种不同接合型细胞结合产生有性孢子的过程称有性生殖。

无性繁殖过程由菌丝顶端断裂形成分生孢子。分生孢子有两种，小型分生孢子中只含有一个核，大型分生孢子有几个核。分生孢子萌发成菌丝，可以再生成分生孢子，周而复始。

在有性生殖过程中，粗糙链孢霉的菌株有两种不同接合型（mating type），它们受一对等位基因控制。不同接合型菌株的细胞接合产生子囊果及子囊孢子。有性生殖以两种方式进行。

（1）当两种接合型的菌丝在有性生殖用的杂交培养基上增殖时，就会产生许多原子囊果，内部附有产囊体，若另一接合型的分生孢子落在原子囊果的受精丝上时，分生孢子的细胞核进入受精丝，到达原子囊果的产囊体中，形成接合型基因的异核体。进入产囊体中的分生孢子的核发生分裂，并进入产囊菌丝中，被隔膜分成一对细胞，形成称为原子囊的钩状细胞。原子囊顶端细胞的两个核形成合子，合子核再进行减数分裂，成为4个单倍体核，也就是四分体。随后再进行一次有丝分裂，形成按原有顺序排列在一个子囊中的八个核。原子囊果在受精后增大变黑成为子囊果。成熟的子囊孢子呈橄榄球状，长 30～40μm，一个子囊果中有 30～40 个子囊。子囊孢子经过适宜的条件，如经 60℃处理 30～60min，便又会发芽，长出菌丝，再度开始无性繁殖（图 8-1）。

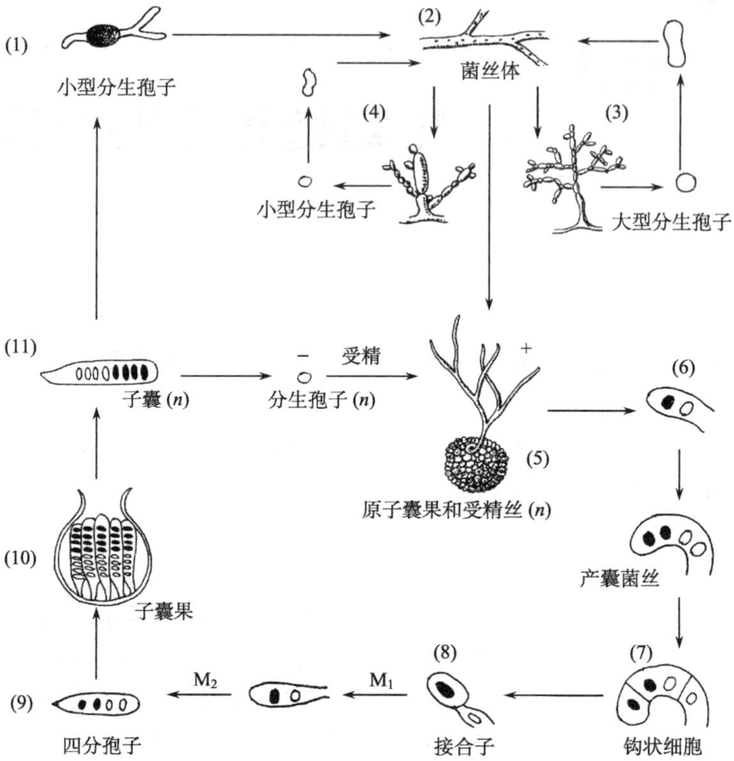

图 8-1　粗糙链孢霉的生活史

(1)～(4) 为无性繁殖；(5)～(10) 为有性繁殖

（2）不同接合型的菌株的菌丝连接，两种接合型的细胞核发生融合形成合子，产生子囊果。

粗糙链孢霉的子囊孢子是单倍体细胞，由它发芽长成的菌丝体也是单倍体。所以由一对等位基因决定的性状在 F_1 就能分离。并且，它的一次减数分裂产物包含在一个子囊中，可以直接观察到基因分离，并证明基因在染色体上。同时，再一次有丝分裂后 8 个子囊孢子有顺序地排列在子囊中，就可以测定着丝粒距离和发现基因转变（gene conversion）。

本实验用赖氨酸缺陷型（Lys^-）与野生型（Lys^+）杂交，F_1 每一子囊中将有 4 个子囊孢子是黑色的（+），另外 4 个是灰色的（−），分离比例是 1∶1；黑色孢子是野生型，灰色孢子是赖氨酸缺陷型，由于赖氨酸缺陷型的成熟较迟，所以呈灰色。子囊孢子中黑色与灰色的排列顺序一般有 6 种类型（图 8-2），即非交换型子囊（1）、（2）和交换型子囊（3）、（4）、（5）、（6），其子囊中子囊孢子“+”与“−”的比例为“4∶4”。但由于基因转换，有时也会出现一些异常的比例，如 6∶2、2∶6 或 5∶3 和 3∶5 的类型。

子囊类型的（1）和（2）在第一次减数分裂（M_1）时，带 Lys^+ 的两条染色单体移向一极，而带 Lys^- 的两条染色单体移向另一极，Lys^+/Lys^- 这对基因在第一次减数分裂时分离，称第一次分裂分离（first division segregation）。子囊类型（3）和（4）的形成，由于 Lys

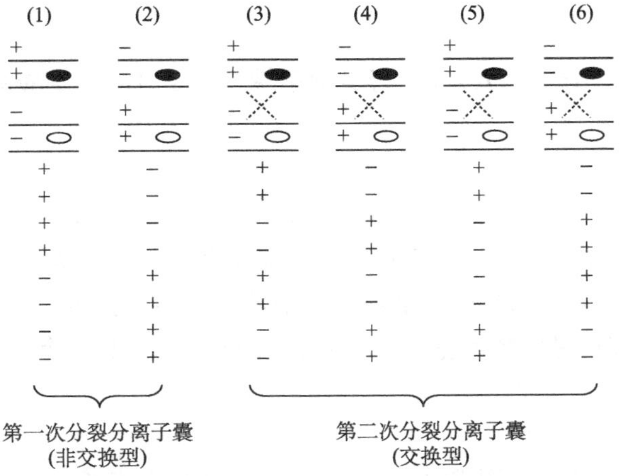

图 8-2　粗糙链孢霉的基因交换发生位置及子囊孢子的排列顺序

基因与着丝粒之间发生了交换，交换发生在 2、3 染色单体之间，Lys^+/Lys^- 在第一次减数分裂时没有分离，到第二次减数分裂（M_2）时 Lys^+/Lys^- 才相互分离，所以称为第二次分裂分离（second division segregation）。然后再经一次有丝分裂，形成 4 对子囊孢子。(5) 和 (6) 子囊类型在第一次减数分裂（M_1）时，1，3 或 2，4 染色单体之间发生交换。Lys^+/Lys^- 也在 M_2 才分开。

交换型子囊的出现是由于核基因与着丝点之间发生了一次染色体片段交换的结果，即由第一次分裂分离形成的子囊为非交换型子囊，第二次分裂分离形成的子囊为交换型子囊，因而第二次分裂分离的子囊数量越多，表明有关基因和着丝粒的距离越远。根据第二次分裂分离子囊的频数，就可以计算出某一基因和着丝粒间的距离，这一距离称为着丝粒距离（locus-to-centromere distance）。由于交换只发生在二价体的 4 条染色单体中的 2 条之间，当每发生一次交换时，便产生一个第二次分裂分离子囊，所以交换型子囊中仅有一半子囊孢子属于重组类型，因此必须将第二次分裂分离子囊的百分率除以 2，就是某一基因与着丝粒间的重组值，计算公式如下：

$$\text{着丝粒和基因间的重组值}=\frac{\text{第二次分裂分离子囊数}}{\text{子囊总数}}\times\frac{1}{2}\times100\%$$

重组值除去%，即为图距

$$\text{某基因的着丝粒距离}=\frac{\text{第二次分裂分离子囊数}}{\text{子囊总数}}\times\frac{1}{2}\times100\ \text{图距单位}$$

实验仪器和试剂

1. 仪器与用具

显微镜，镊子，解剖针，接种针，载玻片，试管，酒精灯，滤纸。

2. 试剂

$CaCl_2$，NaCl，NH_4NO_3，$MgSO_4\cdot7H_2O$，KH_2PO_4，蔗糖，酒石酸铵，生物素，赖氨酸，5%次氯酸钠，5%石炭酸，3%来苏尔，蒸馏水，苯酚，琼脂，马铃薯，玉米粒。

3. 培养基

各种培养基配制方法见附录 3。

实验材料

粗糙链孢霉（*Neurospora crassa*）野生型菌株（Lys^+），赖氨酸缺陷型菌株（Lys^-）。

方法与步骤

1. 菌种活化

进行杂交实验前，要先把冷冻保存的菌种活化。把野生型和缺陷型菌种分别斜面接种到各自的试管培养基上，置于28℃恒温培养箱中培养5～7d，直至菌丝上部有分生孢子产生，长好的菌株在菌丝上部可见红粉状孢子。菌种保存与活化可用马铃薯培养基，其配制方法见附录3。

2. 接种杂交

在无菌条件下，先将接种环挑取Lys^-菌株的菌丝或分生孢子，团块直径3～6mm，接种于杂交培养基（杂交培养基有两种，任选其中一种，配制方法见附录3）上，再挑取Lys^+菌株的菌丝或分生孢子，团块直径1～2mm，接种在同一杂交培养基上（杂交实验的操作步骤可参考图8-3），让其杂交。接种时，试管口应靠近火焰，以防污染，并贴上标签。

标签　$Lys^- \times Lys^+$
杂交日期：
班级：　　姓名：

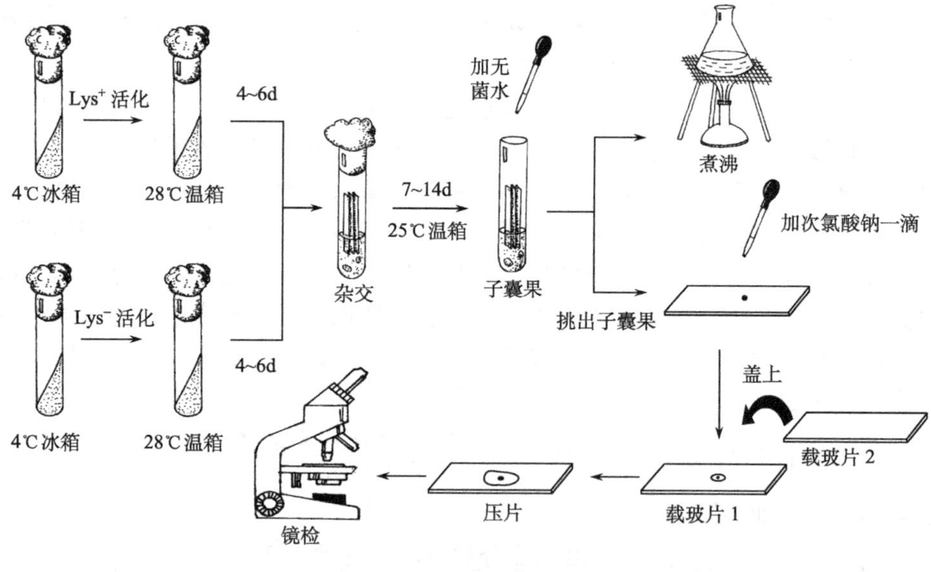

图 8-3　粗糙链孢霉杂交实验步骤示意图

然后放在25℃恒温培养箱中培养，经14d左右，可看到棕黑色的成熟子囊，此时即可在显微镜下观察分析。观察时要注意掌握好孢子的成熟程度，如过早，子囊中的孢子尚未成熟而呈白色，若偏迟，则孢子全为黑色，对交换型和非交换型孢子难于区别。要掌握适宜的观察时期，最好是在子囊壳开始变黑时，每天取几个子囊果压片观察，当看到适合时即置于4～5℃冰箱中，可保存3～4周，延长观察时间。

3. 压片观察

将附有子囊果的滤纸条放入3%来苏尔溶液中处理10min，杀死孢子，以防孢子飞扬污染实验室。取一载玻片，滴一滴3%来苏尔溶液，然后用接种针挑出子囊果放在载玻片上，用镊子柄平压，或盖上另一载玻片，用手指压片（这里用载玻片盖上压片而不是用盖玻片，因为子囊果很硬，盖玻片易被压碎，见图 8-3），压片时要适当用力压破子囊果，使子囊呈放射状逸出（图 8-4）。

但要注意不能让分生孢子散出，一个子囊果中会散出 30～40 个子囊。压片时最好一次一个子囊果，多了压不好。片子压好后，置于 100× 显微镜下观察，观察时要顺时针方向观察，自中心向外确定子囊类型，计数并做好记录。此过程无需无菌操作，但也要注意对观察过的载玻片、用过的镊子和解剖针等用具都需放入来苏尔溶液中浸泡后取出洗净，以免污染实验室。

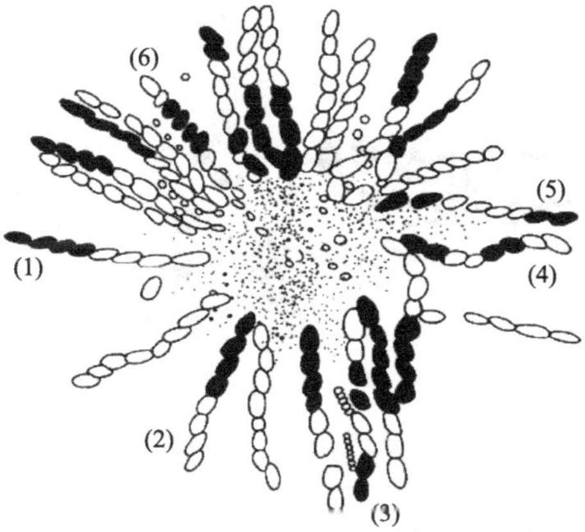

图 8-4　粗糙链孢霉 Lys^+ 与 Lys^- 杂交子囊孢子的排列方式

图中（1）、（2）为非交换型子囊；（3）、（4）、（5）、（6）为交换型子囊

作业

1. 观察一定数目的子囊果，记录每个完整子囊的类型，按不同的子囊类型计数填入表 8-1，计算 *Lys* 基因与着丝粒间的距离。

表 8-1　粗糙链孢霉性状遗传的杂交实验结果

子囊类型		孢子排列方式	观察数	合计
非交换类型（第一次分离分裂）	1	＋＋＋＋－－－－		
	2	－－－－＋＋＋＋		
交换类型（第二次分离分裂）	3	＋＋－－＋＋－－		
	4	－－＋＋－－＋＋		
	5	＋＋－－－－＋＋		
	6	－－＋＋＋＋－－		

2. 分析粗糙链孢霉的子囊孢子分离和交换现象与高等动物、高等植物的性状分离和交换有什么不同，本实验结果说明了什么？

3. 根据在显微镜下观察到的杂交子囊绘图。

参 考 文 献

贺竹梅. 2011. 现代遗传学教程［M］. 2 版. 北京：高等教育出版社

季道藩. 1992. 遗传学实验［M］. 北京：中国农业出版社

刘祖洞，江绍慧 . 1987. 遗传学实验［M］. 2 版. 北京：高等教育出版社

Thomas R M，Robert L H. 2001. Genetics Laboratory Investigations［M］. 12th ed. New Jersey：A Division of Pearson Education Opper Saddle River

（戚康标）

实验9

果蝇数量性状遗传实验

实验目的

1. 以黑腹果蝇腹板上着生的小刚毛数为研究对象，了解数量性状遗传的特点与规律。
2. 学习运用数理统计和数学分析的方法，掌握实现遗传率的计算。

实验原理

在生物中的有些性状，可用某种尺度来测量，并可用数字形式来描述的，如果蝇的身体大小、生长速度、小刚毛数量的多少等，这样的性状都是数量性状（quantitative character）。一个显示数量性状的个体，其表型是受到多个不同等位基因的作用，而每个基因对表型的贡献很小，但相关的基因数目很多，另外，其表型也受到环境因素的影响。因此，数量性状的变异由遗传变异和非遗传变异组成。对影响数量性状的单个等位基因的分离，以及用普通遗传学方法去追查各个基因的行为都是困难的，因此通常不能用孟德尔的分析方法进行分析，而是用数理统计的方法来进行分析。

1. 统计遗传学原理

用统计学方法处理数量性状时，作为基础的模型由（9-1）式表示

$$P = G + E \tag{9-1}$$

个体的表型值（P）可由基因型值（G）与环境影响（E）之和表示，即上式中 P 是个体的表型值，G 是基因型值，E 为环境效应值；式中 E 是随机效应，群体的平均是零；也就是说，表型值的群体平均与基因型值的群体平均是一致的。

通常直接观察的是表型值和它的方差，根据这些数值就可以估算基因型值。假定基因型值与环境效应之间没有相互作用，那么根据上面的模型可得式（9-2）

$$V_P = V_G + V_C \tag{9-2}$$

式（9-2）中表型方差（V_P）是基因型方差（V_G）与环境方差（V_C）之和。

根据前面的假设，表型值与基因型值的慢方差［$C_{OV(G \cdot P)}$］与基因型方差相一致：

$$\begin{aligned} C_{OV}(G \cdot P) &= C_{OV}[G(G+E)] \\ &= C_{OV}(G \cdot G) + C_{OV}(G \cdot E) \\ &= C_{OV}(G \cdot G) = V_G \end{aligned}$$

由此可考虑基因型值对表型值的线性回归，其回归系数由下式表示：

$$b_{GP} = \frac{C_{OV}(G \cdot P)}{V_P} = \frac{V_G}{V_P} \tag{9-3}$$

这个回归系数称为广义遗传率，用 H^2 表示。从式（9-3）可知，这是基因型方差在表型方差中所占的比例，从而 $0 \leqslant H^2 \leqslant 1$。如采用某种方法可以知道 H^2，那么根据某个体的表型值就可以由下面的回归式（9-4）估计其基因型值：

$$(G-\overline{G}) = b_{GP}(P-\overline{P}) = H^2(P-\overline{P}) \tag{9-4}$$

在式（9-4）中，$\overline{G}$、$\overline{P}$ 分别表示基因型值与表型值的群体平均。在这里，必须假定表型值与基因型值间是线性关系；但由于等位基因间的显隐性关系，不可能是这样简单。下面为方便计算，把基因型值分割为二，一为相加效应（A），其表型效应与基因数成比例，另一为显性偏差（D），是与相加效应的差数。这样可将式（9-1）和式（9-2）分别表示如下：

$$P = A + D + E \tag{9-5}$$

$$V_P = V_A + V_D + V_E \tag{9-6}$$

这里，相加的遗传方差（V_A）对表型方差的比例（V_A/V_P）称作狭义遗传率（heritability in the narrow sense），用 h^2 表示。通常单称遗传率时，是指狭义遗传率，是数量遗传学中的重要参数之一。

在禽畜和农作物育种中，决定采用哪种育种方式，遗传率的大小是一个重要的参考指标。当某些性状如生活力、育性等与生物适应度有密切关系的，其遗传率相对较小，通常在 0.2 以下；反之，如身体大小、刚毛数量等遗传率较大，一般可获得 0.3～0.5 的遗传率。

2. 根据选择实验估计遗传率

对于某群体中的某一性状进行选择时，要选出一定比例的最高方（或最低方）个体。把这些入选个体进行繁育，产生下一代的群体，其平均值一般向选择的方向移动，移动的范围跟亲代群体的相加遗传方差成正比。例如，设某一亲代的群体平均为$\overline{P}_0$，选出的亲体的平均值为$\overline{P}_S$，则$\overline{P}_S-\overline{P}_0=\Delta P$，表示所加的选择强度，称为选择差。$\Delta P$ 以标准差（σ_P）为单位来表示，即 $\Delta P/\sigma_P = i$，称为标准选择差。设次代的群体平均为$\overline{P}$时，则

$$\overline{P}_1 - P_0 = \Delta G \tag{9-7}$$

由选择而产生的群体平均的变化量称为遗传获得量（genetic gain），见图 9-1。参照式（9-4），可成立以下的关系：

$$\Delta G = h^2 \Delta P = h^2 \sigma_P i \tag{9-8}$$

由此得

$$h^2 = \frac{\Delta G}{\sigma_P i} \tag{9-9}$$

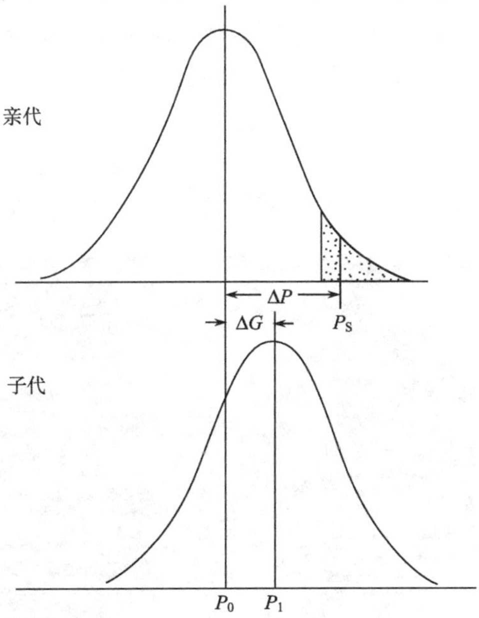

图 9-1　表示选择差（ΔP）与遗传获得量（ΔG）的关系模式图

描点部分表示入选个体，它们被用于繁殖，作为下一代的亲本

这样就可以从遗传获得量估计遗传率，估计出来的遗传率是狭义遗传率，称为实现遗传率（realized heritability）。

实验仪器和试剂

1. 仪器与用具

恒温培养箱，显微镜，载玻片，培养瓶（装有培养基的），麻醉瓶，白瓷板，尖头镊子，毛笔，吸虫管。

2. 试剂

乙醚或三乙基胺（triethylamine），指管（直径 15mm 左右带棉花塞），酒精棉等。

实验材料

黑腹果蝇（*D. melanogaster*）：把两个不同的实验室品系杂交，再把 F_1 系内近交，利用 F_2 变异类型丰富的群体。培养供试果蝇宜在 20℃左右低温下饲养，这样成虫个体较大，便于观察和计数小刚毛。

方法与步骤

1. 把两品系杂交所得分离世代作为亲代群体，从中随机选出处女蝇和雄蝇各 20 只，适度麻醉（可以分批麻醉），逐只在显微镜下观察果蝇腹部腹板的小刚毛数，注意雌、雄蝇腹板位置稍有不同，雌蝇计算倒数第二和第三腹板的小刚毛数（图 9-2），雄果蝇计算倒数第一和第二腹板的小刚毛数（图 9-3）。数完后装入已消毒过的小指管中，每管一只，贴上标签，并标明性别、小刚毛数。观察完毕，再从中选小刚毛最多和次多的雌、雄蝇各 1 只放入一培养瓶中交配，并贴上标签，小刚毛数第一多的写上♀（1）刚毛数×♂（1）刚毛数；选小刚毛第二多的写上♀（2）刚毛数×♂（2）刚毛数。另外，选小刚毛数最少和次少的雌、雄蝇各 1 只，照上述方法配另一组合（说明：次多和次少组合作备份用）。

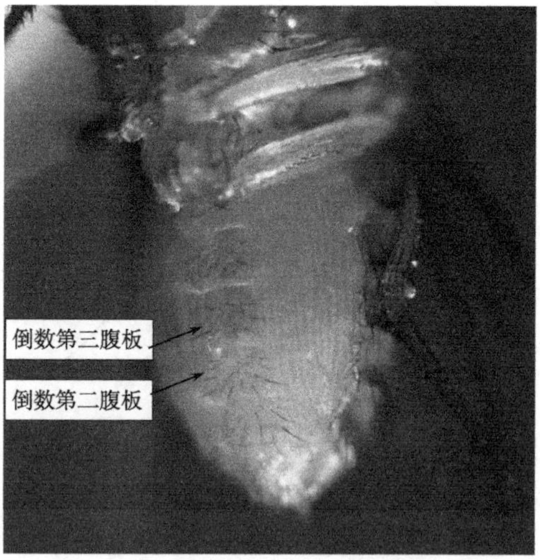

图 9-2 雌性（♀）果蝇成虫腹部结构（示腹板和小刚毛）（见彩版）

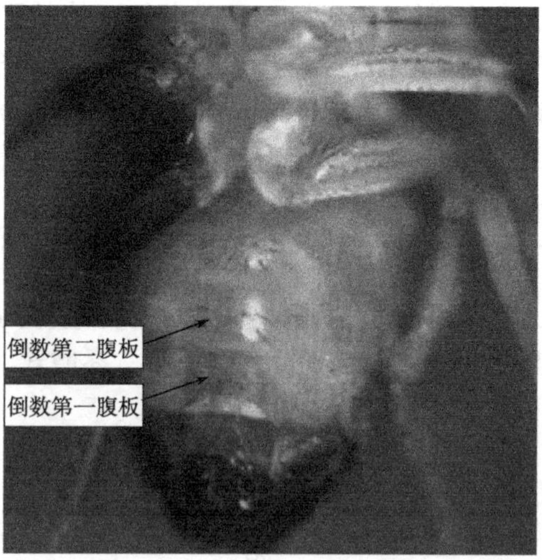

图 9-3 雄性（♂）果蝇成虫腹部结构（示腹板和小刚毛）（见彩版）

2. 把配对好的果蝇放在 20～25℃的培养箱中培养，使其交配，经 7d 左右可见下一代幼虫出现，此时把亲本的成蝇倒干净并处死。

3. 下一代成虫羽化后，分别在两个选择交配的组合中随机取出雌、雄蝇各 20 只，像亲代一样观察记录小刚毛。

实验结果

分别计算亲代、子代高方向选择（H），子代低方向选择（L）的平均值和方差，填入表 9-1。

表 9-1　亲代、子代高、低方向选择平均值和方差

实验结果	雌		雄	
	平均	方差	平均	方差
亲代	44.85	7.56	37.85	6.24
子代				
向多的方向选择（H）	46.50	6.47	40.10	3.67
向少的方向选择（L）	43.70	6.75	34.85	4.45

注：表内数据需要多代选择才能获得，为方便计算，仅供参考。

在这个实验中，假定向两个方向进行选择的选择效应相等，两个选择系统的平均值之差（$\overline{H}-\overline{L}$）是遗传获得量的 2 倍。雌雄平均值明显不同，但是计测的雌雄数目相同，所以取其平均（如实际操作中遇到计测的雌雄数目不尽相同，取其加权平均值）。于是，

$$2\Delta G=\overline{H}-\overline{L}=43.30-39.28=4.02$$

$$\Delta G=2.01$$

表型标准差 σ_P 在一代选择中可以说基本上没有变化，所以从亲代与子代的方差平均（$\overline{V}_P$）可以估计表型标准差，即 $\sigma_P=\sqrt{\overline{V}_P}$。

现在，由表 9-1 亲代、子代高、低方向选择平均值和方差计算$\overline{V}_P$ 和 σ_P

$$\overline{V}_P=\frac{1}{6}+（7.56+6.24+6.47+3.67+6.75+4.45）=5.8567$$

则

$$\sigma_P=\sqrt{5.8567}=2.420$$

标准选择差（i）可从实测值求得，但根据正态分布的性质，也可由入选亲体的比例（在本实验 20 只中选 2 只，即 10%）决定。其理论值是 $i=1.638$（由表 9-2 查得）。

表 9-2　标准选择差（i）的理论值

选择强度	群体大小				
	10	20	30	50	∞
0.1	1.539	1.638	1.674	1.706	1.755
0.2	1.270	1.332	1.354	1.372	1.400
0.3	1.065	1.110	1.126	1.139	1.159
0.4	0.893	0.928	0.941	0.9151	0.966
0.5	0.739	0.767	0.777	0.786	0.798

把以上数值代入式（9-9），计算实现遗传率

$$h^2 = \frac{2.01}{2.420 \times 1.638} = 0.51$$

【作业】

1. 收集全体同学的原始数据，作频度分布图，看是否符合正态分布。
2. 求实现遗传率，并计算标准差。

参考文献

贺竹梅. 2011. 现代遗传学教程［M］. 2版. 北京：高等教育出版社

刘祖洞，江绍慧. 1987. 遗传学实验［M］. 2版. 北京：高等教育出版社

卢龙斗，常重杰. 1996. 遗传学实验技术［M］. 合肥：中国科技大学出版社

马瑟尔 W B. 1978. 数量遗传学原理［M］. 梁中宇译. 北京：人民教育出版社

（戚康标）

实验10

多基因遗传的人类指纹嵴分析

实验目的

1. 学习和掌握建立各自的指纹图（10个手指模），并对指纹图进行分类，测定和计算指纹嵴数。

2. 通过计数指纹嵴总数，图解说明遗传的多基因模式，了解多基因遗传模型的特征，比较多基因与单基因特性研究的特点。

实验原理

1890年，F. Galton根据人类指纹特征研究的结果，开始建议将人的指纹作为鉴别人身份的有用工具（Galton，1892；Penrose，1969）。多年来，对人类手指上表皮嵴及弯曲皱折的模式，脚趾、手掌、脚底板等的皮纹变化规律的研究，已经引起各学科专家的极大兴趣。皮纹学（dermatoglyphics）是由H. Cummins在1926年创立的名词术语，是研究表皮嵴的科学，实际上还包括其他诸如手印、指模和脚印等方面的研究（Penrose，1969）。

表皮嵴模式的形成和总皮嵴计数是多基因遗传，它们也受环境因素的影响，因此更准确地说是多因素的（Penrose，1969）。据胚胎学研究提供的数据，人类出生前的环境会影响表皮嵴的发育模式，在妊娠的第六周就可观察到胎儿的指尖衬垫，12～13周达到最大尺寸，此后复原，引至真皮嵴的形成（Moore，1987）。当这些真皮嵴一旦形成，则非常能耐受以后的影响。

人类的手指、足趾、脚掌等器官表面的皮纹是由凸起的嵴纹和两条嵴纹之间凹陷的沟纹两部分所构成，手指端部的皮纹通常称为指纹（finger print）。经科学家研究发现，指纹具有两大特性：一是唯一性，即每个人的指纹都不同，世界上两枚指纹相同的概率小于$1/10^9$；二是终身不变性，指纹图像不会随着人的年龄的变化而变化，而且只要不伤及真皮组织，即使指纹被磨掉，也会很快长出和原来一样的指纹。因而在遗传学研究、医学临床诊断、确认嫌疑犯、失踪的儿童身份等方面具有重要的应用价值。此外利用指纹编制成自动指纹识别技术系统，即利用人类指纹特征的稳定性，通过对指纹图案的采样、特征信息提取并与库存样本相比较的过程来实现身份识别的技术，这种自动指纹识别技术具有唯一性、不变性、防伪性、不会丢失、不会遗忘和使用方便等优点，已经逐步在门禁、考勤、金融、公共安全和电子商务等领域得到应用。

实验仪器和试剂

2B软铅笔，白纸，透明胶带，直尺，手持放大镜或解剖显微镜。

方法与步骤

1. 将双手洗净，擦干。用2B铅笔在白纸上涂黑3～4cm见方的一小块。将要取指印的手指在涂黑的区域中摩擦，做圆周运动，将整个指尖涂黑，注意要让指模上所有指纹三角都覆盖上石墨。

2. 取一条宽度与指尖长度相当的透明胶带，将涂有2B铅笔石墨的手指在透明胶带上，依一个方向做持续滚动，使手指外缘上的指纹三角完整地印在透明胶带上。

3. 撕下透明胶带，贴在记录表（表10-1，见“实验结果”部分）的“指纹图形”栏中对应的手指位置上。

4. 重复以上步骤，直至获得10个手指的指纹。

5. 细心检查和观察每一个指印，如果某一个指印不完整，则需要重新制作一个新的。用手持放大镜或解剖镜对指纹模式进行分类填写在记录表的相应栏目上，对每一个指印计算指纹皮嵴的数目，统计总指嵴数并进行分析。

实验结果

1. 指纹的分类

人类皮嵴的指纹模式主要分为3大类型：弓形纹、箕形纹和斗形纹（图10-1），在3大类型中又可分成若干种类（图10-2），这些都是常见的指纹种类。

图10-1　人类3种主要的指纹类型

A. 弓形纹（arch）；B. 箕形纹（loop）；C. 斗形纹（whorl）

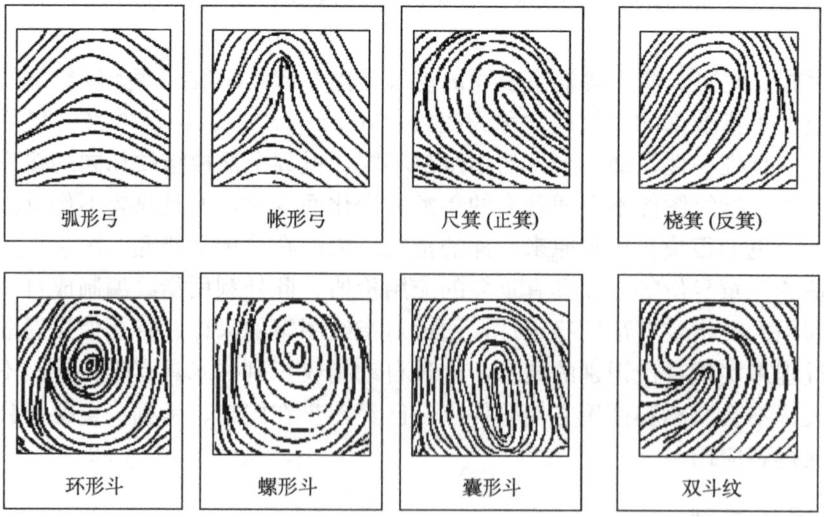

图10-2　常见的几种指纹

(1) 弓形纹：弓形纹是最简单和发生频率最低的类型，指纹的纹线平缓或中间略微凸起呈弧形的一组线组成，没有三角点。弓形纹还可以细分为弧形弓和帐形弓。弧形弓的皮嵴在手指中央稍微凸起，凸起部位较平缓；帐形弓的皮嵴在中间一个点升起，中央升起处很高，呈帐篷状（图 10-2）。

(2) 箕形纹：由一条以上完整的基性线组成中心皮纹嵴线，皮纹嵴线从手指一侧发出后向指尖方向凸起弯曲，再以 180°折回发出的一侧，呈回路开口的簸箕状纹线，箕形纹有一个三角点。箕形纹又可分为尺箕和桡箕两种：尺箕（正箕）的皮纹嵴线迴路开口向着手的小指方向（尺骨方向）一侧；桡箕（反箕）的皮纹嵴线迴路开口朝向拇指方向（即桡骨方向）一侧。按中心皮纹嵴线的结构形态又可分为普通箕、闭口箕、叶形箕、横箕和类似斗的箕。

(3) 斗形纹，又称螺纹或涡形纹：这类指纹的指纹嵴线至少有两个三角点，每个三角点前面都有一个回线，它的特征有一个呈环、螺、曲状的中心纹嵴，并且在几条环、螺、曲等纹线构成时，与两侧三角点相对的弧形线凸面必须是不折、不断的，也不与来自三角中的其他纹线相连接。根据斗形纹的形态特征，又可细分为环形斗、螺形斗、囊形斗、双斗纹等种类。

环形斗：其纹嵴特征是中央部分由几条呈同心圆的环状纹线组成，指端上的纹线以同心圆的方式由中心一圈一圈向外扩散。

螺形斗：其纹嵴特征是中央部分由螺线状纹线组成，从核心点开始，以螺旋状方式向外旋出。

囊形斗：其纹嵴特征是中央部分由内部纹嵴在闭口或形似闭口的箕形线内有一条或一条以上的独立的弧形线，其凸面朝向闭口处而形似囊袋状的纹线组成，有两个三角点。

双斗纹又称复合斗：主体由两个相反的箕纹组合而成，看起来像太极圆图。

指纹除了上述的类型外，还有一些比较特殊的类型，如箕、斗混合，箕、箕结合等类型，也有些形状怪异无法归类的指纹。对于无法归类的指纹在统计指纹嵴数时不做计算。

2. 指纹总皮嵴数统计

人类指纹的总指嵴数（total ridge count，TRC)，即所有十只手指皮嵴计算的总和，是多基因的或者数量性状遗传。S. B. Holt（1968）发现男性的 TRC 平均值为 145，女性为 126。马慰国（1981）研究中国人男性的 TRC 约 162.7，女性约 153.1，从以上数字看出，人类指纹 TRC 男性比女性高，中国人要比欧美人高，说明不同性别及不同种族间的总指嵴数存在差异。

纹嵴数（ridge count）的计算方法参见图 10-3 和图 10-4。弓形纹类没有圆心和三角点，纹嵴计数为零；箕形纹有一个三角点，纹嵴数的计算从指纹中心点到距中心最远的一个三角点画一直线相连，计算直线所经过的纹嵴数，直线始、末点处的纹嵴数不计算；斗形纹有两个甚至更多的三角点，计数时取数值较大的一个三角点计算纹嵴数（图 10-4)。双箕斗纹嵴数的计算，分别将两圆心与各自的轴作连线，计算两条相连直线间的纹嵴数并除以 2，即为该指纹的纹嵴数。

图 10-3　纹嵴数的计算方法示例

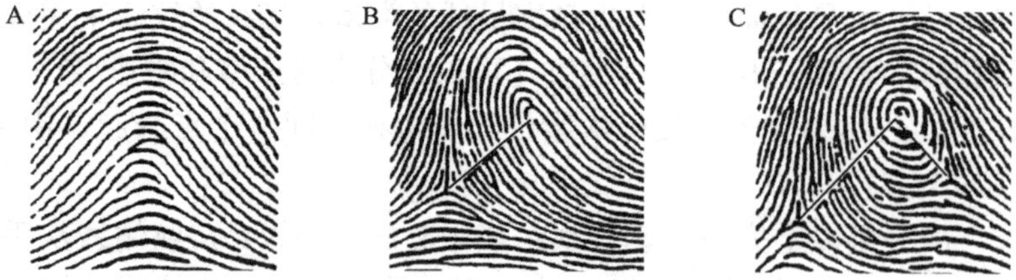

图 10-4　3 种基本指纹类型的纹嵴数计算

A. 弓形纹无指纹三角，皮纹嵴计数为 0；B. 箕形纹有一个指纹三角，皮纹嵴计数为 12；C. 斗形纹有两个指纹三角，皮纹嵴计数为 15

根据上述纹嵴数的计算方法，对指纹嵴数进行统计，如表 10-1 所示，计算出你们班平均总指嵴数，并统计不同类型指纹出现的频率（表 10-2）。

表 10-1　指纹图形记录及纹嵴数统计

左　手					
	拇指	食指	中指	无名指	小指
指纹图形					
指纹类型					
纹嵴数					
总计					
右　手					
	拇指	食指	中指	无名指	小指
指纹图形					
指纹类型					
纹嵴数					
总计					
总指嵴数					

表 10-2　全班指嵴数统计

学生编号	性别	指　纹　类　型			TRC
		弓形纹	箕形纹	斗形纹	
1					
2					
3					
4					

续表

学生编号	性别	指纹类型			TRC
		弓形纹	箕形纹	斗形纹	
5					
6					
7					
8					
9					
10					
n					
总计					
占总数的百分比/%					
平均					
女性平均 TRC					
男性平均 TRC					

【作业】

1. 根据全班同学制备好的指模、测定的 TRC 和个体指纹模式，评判整个班的 TRC 数据资料是如何支持遗传的多基因模式的。

2. 你的 TRC 值和全班的 TRC 平均值比较有何异同?

3. 男生和女生的 TRC 平均值之间有差别吗? 是什么可能的原因引起这些差别? 将班上的数据资料与马慰国（1981）研究的 TRC，男性的平均为 162.7，女性的平均为 153.1 的结果进行比较，并分析有何异同?

参考文献

刘少聪. 1994. 新指纹学 [M]. 合肥：安徽人民出版社

张海国. 2004. 手纹科学 [M]. 上海：复旦大学出版社

Neil Y, Adnan A. 2004. Fingerprint classification: a review [J]. Pattern Anal Applic, 7: 77-93

Thomas R M, Robert L H. 2001. Genetics Laboratory Investigations [M]. 12th ed. New Jersey: A Division of Pearson Education Opper Saddle River

（戚康标）

实验11

基因型与环境的互作分析
——环境因素对果蝇发生量的影响

实验目的

通过不同基因型的果蝇于不同的环境条件下，观察和比较它们的成虫发生量，估计基因型-环境的交互作用，加深对基因与环境相互作用原理的理解。

实验原理

统计遗传学认为，任何数量性状的表现和其他类型的性状一样，都是遗传与环境共同作用的结果。用统计遗传学的术语来说，就是基因型与环境之间存在着交互作用（简称互作）。例如，在环境 X 中基因型 A 可能优于基因型 B，但在环境 Y 中 A 可能劣于 B。如果品种或变种因环境条件变异很大而出现分化时，基因型与环境交互作用的估计则是十分重要的。

基因与环境交互作用的大小可以用方差来度量。而交互作用的方差只能在相当大的状况下才能予以分离并加以度量。D. S. Falconer 曾经设计了一种简便的方差分析方法，它可以用来计算基因型与环境间交互作用的方差的估计量。

1. 实例说明

以一对果蝇进行配偶，分别移入不同体积的饲养瓶中，在不同环境处理，统一放在 18℃ 恒温条件下培养，然后记录每对配偶果蝇的近交系及由近交系之间的杂交所产生的 F_1 成虫总数。由于果蝇的发生量容易受许多试验误差的影响，同时每一对配偶仅仅提供一个估计值，所以，每一种基因型在每一种处理中必须有多次重复，以便提供误差的估计，提高精确度。

现以 B. W. Barner 所设计的模型为例加以说明。取果蝇的两个近交系（A，B）做如下的杂交（表 11-1），每一对配偶分别放在两种不同体积（大瓶和小瓶）的饲养瓶中。所有饲养瓶都随机地放置在 18℃恒温箱中培养，待果蝇 F_1 成虫开始羽化时，每天记录各瓶中羽化的成虫数目，连续 10d，结果见表 11-2。

表 11-1 果蝇两个近交杂交试验设计

基因型	配偶对数	环境处理	
		大培养瓶	小培养瓶
AA×AA	8 对	4 对	4 对
BB×BB	8 对	4 对	4 对
AA×BB F_1	8 对	4 对	4 对
BB×AA F_1	8 对	4 对	4 对

表 11-2 不同处理产生的果蝇数目及其表型参数

基因型	环境处理				平均值的差异
	小瓶	$\bar{x}\pm\sigma_{n-1}$	大瓶	$\bar{x}\pm\sigma_{n-1}$	
AA（AA×AA）	50，48，65，54	54.25±6.57	92，106，94	97.33±6.18	43
AB（AA×BB）	73，52，67	64.00±8.83	148，190，167，235	185.00±32.47	121
AB（BB×AA）	87，81，74，88	82.50±5.59	184，182，139	168.33±20.76	86
BB（BB×BB）	91，77，79，68	78.75±8.20	119，97，83，141	110.00±22.02	32
$\bar{x}\pm\sigma_{n-1}$	70.27±13.73		141.21±44.0		

2. 结果分析

（1）从大瓶和小瓶出现的果蝇平均数来看，小瓶的平均发生量是大瓶平均发生量的 1/2，即减少了 70.94 只果蝇（141.21－70.27）。

（2）不同基因型之间平均发生量的变化明显不同。减少得最少的是基因型 BB，只减少了 32 只；减少得最多的是 AA×BB，减少了 121 只。这一事实说明基因型与环境的交互作用确实存在。

（3）方差分析的结果进一步证实了上述事实（表 11-3）。

表 11-3 果蝇发生量的方差分析

变因	自由度	平方和	均方	F 值
基因型	3	15，152，2614	5，050，75	12.678**
环境	1	36，444，9900	36，444，9900	91.48**
基因型×环境（互作）	3	6，432，1566	2，144，05	5.38*
重复（机误）	21	8，365，37	398，37	
总计	28	383，187，0000		

* 表示 0.05 水准，差异显著；

** 表示 0.01 水准，差异高度显著。

从表 11-3 的差异性比较中可以看到，除基因型间、环境间差异达到极显著水平（$P<0.001$）外，基因型×环境交互作用的 F 值也是显著的（$P<0.05$），这表明不同基因型在发生量的性状方面对不同的环境有不同的反应，也就是说果蝇的发生量同样受基因型×环境因素的影响。

（4）交互作用的性质可以从若干个不同水平来探索，但最简单的方法是检查两种环境下近交系亲本和它们的杂交 F_1 代之间的成虫发生量的平均值的差异，因为在处理间出现了近交系变化较小，而 F_1 变化较大的情况，故有必要查明产生互作效应的可能原因。

将表 11-2 资料整理成两种处理的中亲值（双亲平均值）和 F_1 的正反交平均值，则获得下列 4 项结果：

	小瓶	大瓶
中亲值	66.5	103.67
F_1 均值	73.25	176.67

从大瓶与小瓶的中亲值和 F_1 均值的结果表明，由于小瓶的培养瓶体积太小，严重地抑

制了果蝇的大量繁殖与发生，使 F_1 果蝇数量明显减少。体积足够大的培养瓶为果蝇的产卵、幼虫的生长发育提供了充足的营养和活动场所，因而繁殖力不致受到影响。

实验仪器和试剂

1. 仪器与用具

恒温培养箱（18℃），计算器，培养瓶（2.1cm×10cm；3.5cm×12cm），果蝇实验常规用具（见实验 3）。

2. 试剂

（1）果蝇饲料及培养基（见实验 3 表 3-2）。

（2）乙醚，50%乙醇。

实验材料

1. 黑腹果蝇（*D. melanogaster*）野生型（EE）。
2. 黑腹果蝇突变种——黑檀体 ebony（ee）。
3. EE × ee F_1。
4. ee × EE F_1。

实验步骤

1. 大约在实验开始 12d 前，完成 EE×ee 及 ee×EE 的杂交，以便获得实验材料中（3）EE × ee F_1 和（4）ee × EE F_1 基因型 Ee 的成虫。

2. 分别取材料（1）、（2）、（3）、（4）发育良好的处女蝇各 8 只（3 天龄左右），同龄的雄蝇各 8 只（最好在同一批取得），按下列设计分别移入预先贴好标签、装有普通饲料标准量（2～2.5cm 厚）的饲养瓶中，每瓶一对配偶。

EE×EE 8 对配偶（把其中 4 对分别放入 4 个小瓶，另 4 对分别放入 4 个大瓶）；

ee×ee 8 对配偶（同上）；

EE×ee 8 对配偶（同上）；

ee×EE 8 对配偶（同上）。

3. 将所有培养瓶随机地放置在 18℃恒温箱中培养。可能有些配偶会在该温度下死亡，所以，配偶数要比预定要记录的数目多 2～3 对，以便有所后备。

4. 约 10d 后，当培养瓶壁有黑色蛹出现时，除去亲本，自 F_1 羽化之日起，每天定时观察和记录每瓶中的成虫数目，连续 10d。统计成虫总数。

完成本实验约需 22d（除 F_1 杂交在 12d 前由实验室提供外），实验期间，可以考虑与其他实验穿插进行。

5. 结果分析

（1）按表 11-2 的格式整理数据，并计算其表型参数 $\bar{x}$ 及 σ_{n-1}。

（2）按下列数字模型（表 11-4）及给出的公式（表 11-5）做方差分析，检验基因型与环境的互作方差是否有显著差异。

表 11-4　有重复的两因素多组群数字模型

基因型 $i=1, 2, \cdots, a$	处　理 $B_1, B_2, \cdots, B_b$ $j=1, 2, \cdots, b$	总　计
A_1	x_{111}　$x_{121}\cdots x_{1b1}$ x_{112}　$x_{122}\cdots x_{1b2}$ ⋮　⋮　⋮ x_{11k}　$x_{12k}\cdots x_{1bk}$	$x_{1\cdots}$
A_2	x_{211}　$x_{221}\cdots x_{2b1}$ x_{212}　$x_{222}\cdots x_{2b2}$ ⋮　⋮　⋮ x_{21k}　$x_{22k}\cdots x_{2bk}$	$x_{2\cdots}$
⋮	⋮	⋮
A_a	x_{a11}　$x_{a21}\cdots x_{ab1}$ x_{a12}　$x_{a22}\cdots x_{ab2}$ ⋮　⋮　⋮ x_{a1k}　$x_{a2k}\cdots x_{abk}$	$x_{a\cdots}$
总计	$x_1, x_2, \cdots, x_b$	$x\cdots$

表 11-5　有重复的两因素多组群方差分析公式表

变因	自由度（df）	平方和（SS）	均方（MS）
总计	$N-1$	$SS_T=\sum x^2-C$	
基因型（A）	$A-1$	$SS_A=\frac{x_1^2\cdots+\cdots+x_a^2\cdots}{bk}-C$	$MS_A=\frac{SS_A}{a-1}$
处理（B）	$B-1$	$SS_B=\frac{x^2_{\cdot 1\cdot}+\cdots+x^2_{\cdot b\cdot}\cdots}{bk}-C$	$MS_B=\frac{SS_B}{b-1}$
基因型×处理 （互作）（C）	$(a-1)(b-1)$	$SS_C=[\frac{x^2_{11\cdot}+x^2_{12\cdot}+\cdots+x^2_{ab\cdot}}{k}-C]-$ SS_A　SS_B	$MS_C=\frac{SS_C}{(a-1)(b-1)}$
误差	剩余值	SS_D＝剩余值	$MS_D=\frac{SS_D}{\text{剩余值}}$

注：表中的 $C=\frac{(x\cdots)^2}{n}$ 称作校正项。

（3）讨论实验结果。

方差分析中的 F 检验：

$$\text{基因型间的 } F \text{ 值}=\frac{MS_A}{MS_D}$$

$$\text{处理间的 } F \text{ 值}=\frac{MS_B}{MS_D}$$

$$\text{互作的 } F \text{ 值}=\frac{MS_C}{MS_D}$$

参考文献

贺竹梅. 2011. 现代遗传学教程［M］. 2版. 北京：高等教育出版社
盛志廉，陈瑶生. 2001. 数量遗传学［M］. 北京：科学出版社
吴鹤龄，林锦湖. 1983. 遗传学实验方法和技术［M］. 北京：高等教育出版社
Sheppard P M. 1973. Practical Genetics［M］. Boston：Blackwell Scientific Publication

（戚康标）

实验12

人群中苯硫脲尝味能力的遗传分析

实验目的

通过对人群中苯硫脲（phenylthiocarbamide，PTC）尝味能力的遗传分析，了解基因在群体水平上的传递规律。

实验原理

苯硫脲（PTC）是一种人工合成的无毒、无副作用的化合物，因其含有 N—C═S 基团而有苦涩味，在不同人群中对该物质的尝味能力不同。正常尝味者能尝出浓度为 1/6 144 000～1/768 000mol/L 的 PTC 溶液苦味，属于纯合尝味者，基因型为 TT；而 Tt 基因型的个体（杂合子）尝味能力稍低，只能尝出浓度为 1/384 000～1/48 000mol/L 的 PTC 溶液苦味，这种个体为 PTC 杂合尝味者；而基因型为 tt 的人（隐性纯合体）只能尝出 1/24 000mol/L 以上浓度 PTC 溶液的苦味；有些个体甚至对 PTC 的结晶物也尝不出苦味来，这类个体遗传学上被称为味盲。近年，以阈值法（threshold method）对 PTC 苦味敏感性进行测量的结果表明，PTC 尝味能力并非简单的孟德尔式遗传，而是呈现出复杂性状的遗传模式。PTC 尝味敏感性表现双峰分布特征，人类对 PTC 溶液由极不敏感到极其敏感表现为连续的数量性状分布。PTC 溶液浓度可以用某一阈值为临界点（稀释液浓度编号 6 和 5 处），将尝味者与非尝味者两种不同表型区分开来。D. Drayna 等（2003）的研究表明：在尝苦味细胞中表达的 *TAS2R* 基因，是苦味受体基因家族中的成员，由它决定了该数量性状的遗传。数量性状基因座（QTL）的定位研究发现，其主要的基因座在 7q3，次要的基因座在 16p。

本实验采用盲阈值法（blind threshold method）测定每个个体对 PTC 敏感性的阈值。“盲”指的是测试者不告知受试者所品尝的是何种溶液，使受试者在完全不知情的状态下真实地说出品尝结果。“阈值”是指对多基因决定的数量性状，区分不同表型时的某种潜在的连续分布中的临界值。

实验仪器和试剂

1. 仪器与用具

天平，烧杯，容量瓶，试剂瓶，一次性塑料滴管、眼罩（或 5cm×40cm 黑色布条）。

2. 试剂

苯硫脲（PTC）。

PTC 溶液的配制：称取 PTC 结晶 1.3g 放入已消毒过的 1000mL 容量瓶中，加入双蒸水定容至 1000mL，再置 60℃水浴中 1h 使之充分溶解，配成的浓度为 1/750mol/L，编为 1 号液。将 1 号液倒出 500mL 后再加入双蒸水至 1000mL，充分混匀，编为 2 号液。用容量瓶依次配比稀释，共配制 14 种浓度（mol/L）的溶液，配制方法见表 12-1，溶液分别装入消毒好的干净试剂瓶中。

表 12-1　14 种 PTC 溶液的配制

编号	配制方法	浓度/(mol/L)	基因型
1	1.3g PTC+双蒸水 1000mL	1/750	tt
2	1 号液 500mL+双蒸水 500mL	1/1 500	tt
3	2 号液 500mL+双蒸水 500mL	1/3 000	tt
4	3 号液 500mL+双蒸水 500mL	1/6 000	tt
5	4 号液 500mL+双蒸水 500mL	1/12 000	tt
6	5 号液 500mL+双蒸水 500mL	1/24 000	tt
7	6 号液 500mL+双蒸水 500mL	1/48 000	Tt
8	7 号液 500mL+双蒸水 500mL	1/96 000	Tt
9	8 号液 500mL+双蒸水 500mL	1/192 000	Tt
10	9 号液 500mL+双蒸水 500mL	1/384 000	Tt
11	10 号液 500mL+双蒸水 500mL	1/768 000	TT
12	11 号液 500mL+双蒸水 500mL	1/1 536 000	TT
13	12 号液 500mL+双蒸水 500mL	1/3 072 000	TT
14	13 号液 500mL+双蒸水 500mL	1/6 144 000	TT
15	双蒸水		

实验材料

本学院（班级）的学生或某一区域人群。

方法与步骤

1. 受试者坐于椅子上，仰头张口。测试者用滴管滴 2～3 滴 14 号液于受试者舌根部，令其徐徐咽下品味，然后再用双蒸馏水做同样的实验。

2. 询问受试者能否鉴别此两种溶液的味道。若不能鉴别或鉴别不准，则依次用 13 号、12 号溶液……重复实验，直至能鉴别出 PTC 的苦味为止。

3. 当受试者鉴别出某号溶液时，应当用此号溶液与双蒸馏水交替测试，重复 3 次，3 次结果相同时才算可靠。

4. 将测试的结果登记在表 12-2 中。

表 12-2　测试结果

受试者	确认的溶液编号	受试者	确认的溶液编号

5. 根据受试者最初觉察到苦味溶液的编号，查出相应的基因型，并完成表 12-3 的相关计算。

表 12-3　PTC 尝味能力的 χ^2 检验

	基因型			总计（N）
	TT	Tt	tt	
实测值（O）				
理论预期比				
预期值（C）				
$(O-C)^2/C$				

注意事项

1. 为避免心理因素干扰而影响结果的准确性，受试者在接受测试时需背对测试试剂，测试者要采用一些技巧迷惑受试者。

2. 为减少误差，受试者应事先漱口。

作业

1. 利用 Hardy-Weinberg 遗传平衡定律，求出人群中控制 PTC 味觉基因的频率。

2. 应用统计学的方法检验该群体 PTC 味觉基因是否处于遗传平衡状态，若为不平衡群体，分析可能的原因。

参 考 文 献

乔守怡. 2008. 遗传学分析实验教程［M］. 北京：高等教育出版社

Drayna D, Coon H, Kim U K, et al. 2003. Genetic analysis of a complex trait in the Utah genetic reference project: a major locus for PTC taste ability on chromosome 7q and a secondary locus on chromosome 16p［J］. Hum Genet, 112: 567-572

（何炎明）

实验13

摇蚊多线染色体的斑带和疏松区

实验目的

1. 学习解剖摇蚊唾腺及染色体制片方法。
2. 识别多线染色体上的斑带，并观察染色体的疏松区域或称“泡”的变化。
3. 了解染色体在结构功能上的变化与细胞分化的因果关系。

实验原理

1881年，E. G. Balbinai首先在双翅目摇蚊（*Chironomus*）幼虫的唾腺细胞中观察到多线染色体，但当时并未引起人们的注意。直到1933年在遗传学研究的影响下，T. S. Painter在果蝇唾腺，E. Heitz和H. Bauer等在毛蚊属（*Bibio*）中再次看到这种染色体，此后在昆虫的多种组织，如肠、气管、脂肪体细胞和马尔皮基氏管上皮细胞内，以及在其他动植物的一些高度特化细胞，如某些原生动物及附子属（*Aconitum*）植物的反足细胞里，也发现了这种巨大染色体，此后得到了细胞和遗传学界的重视。

摇蚊属于双翅目昆虫，类似于蚊子，但成虫不吸血。摇蚊幼虫期至成蚊的消化系统的体细胞都存在着多线化的巨大染色体。它广泛用于种内系统发生、种间亲缘关系、染色体分化及其在发育过程中的作用等研究领域。

摇蚊性原细胞的染色体数目为8，由于体细胞染色体的联会，所以消化系统细胞和唾腺细胞中的染色体数目减半，只有4根。这些染色体都是间期染色体，而且是多线化程度不同的内多倍体，据研究每个染色体有1000～4000根染色丝的拷贝。唾腺染色体的特点是染色体伸展性好，可辨横纹数多，结构细致，个体专一性强。唾腺染色体上有许多可辨的横纹，相当于一个基因，即所谓一个斑带一个基因。经过许多实验证明，当该基因活动时，相当于此基因的斑带中的纤维松散开来，形成一个松散的区域或称为“泡”（puff）。该基因不活动时，松散的核酸蛋白纤维又紧缩成为一个可辨的、明显的斑带，这一斑带的形态和活动前的完全一样（图13-1）。

如果用甲基绿-派洛宁染色液（Unna试剂）进行染色，结果可以看到染色体斑带被染成深绿色，带间区染成淡绿色，“泡”及核仁染成红色，表明DNA集中在斑带上，带间区也有微量DNA分布；RNA则集中在核仁和染色体“泡”上。因此遗传学家把“泡”的形成、收缩及恢复成斑带的现象，归结为特异基因转录的开始和关闭的反映，也就是说，染色体上的不同斑带所形成的“泡”是不同基因活动的具体表现。

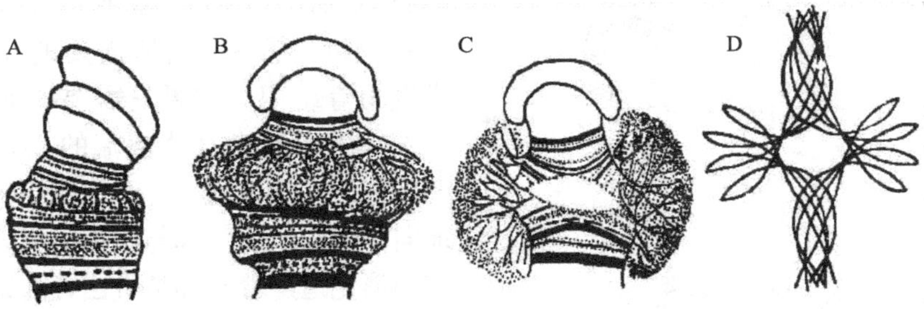

图 13-1　摇蚊多线染色体上“泡”的发生与发展过程（引自吴鹤龄，1983）

A. 斑带开始松开；B. 发展成一个“泡”；C. “泡”发展到最大时；
D. 某个斑带松散成“泡”的模式图，每根黑色线代表一根核蛋白纤维

在观察摇蚊各个发育阶段中的唾腺染色体的变化发现，唾腺染色体上的每一个“泡”都是由一条斑带松散而成的，并会出现“泡”的发生、发展和收缩的动态过程。而且不同的“泡”的动态变化，在不同发育过程中的表现都是不一样的。

在实验中，我们用改良苯酚品红进行染色，可把唾腺染色体上的每条斑带都染成暗红色或紫红色，松散区染成浅红色。这样通过对不同发育阶段中摇蚊的唾腺染色体的制作和染色，就可以观察到不同染色体上的不同“泡”的发生、发展、衰退和消失的过程。同时，也可观察到在不同发育时期的唾腺染色体上的“泡”，在数目和位置上都是不同的。这些特征都具有特异性。通过这些实验就能感性地认识到染色体的功能和结构变化与细胞分化之间具有一定的因果关系。

实验仪器和试剂

1. 仪器与用具

双筒解剖镜，显微镜，镊子，解剖针，载玻片，盖玻片，培养皿。

2. 试剂

改良石炭酸品红染液或醋酸洋红染液（配制方法见附录 5），生理盐水（0.7%NaCl），1mol/L HCl，蒸馏水，45%醋酸。

实验材料

摇蚊幼虫（*Chironomus* sp.）。摇蚊幼虫是一种红色小虫，可用于喂养观赏鱼，其商品名为“血虫”，又称“红线虫”。它们通常生活在流水的浅沟、池塘及稻田的沙泥中。喜欢群居，筑有简陋小巢穴，并常常身露穴外，随水摇摆，受惊时，虫体迅速躲缩于巢穴中。所以，在浅沟中可以看到一片不停振动的红色虫体，这就是摇蚊幼虫，用小铲把它们连同泥沙掘出，放入培养皿中，于实验室可养 2～3d。也可以到观赏鱼的市场上购买，但必须是鲜活幼虫，用细流的自来水饲养，可养 3～4d，以供实验使用。

方法与步骤

1. 解剖器官和组织

选取干净载玻片，在其上滴一滴生理盐水，把摇蚊幼虫置于生理盐水中，移到体视镜下

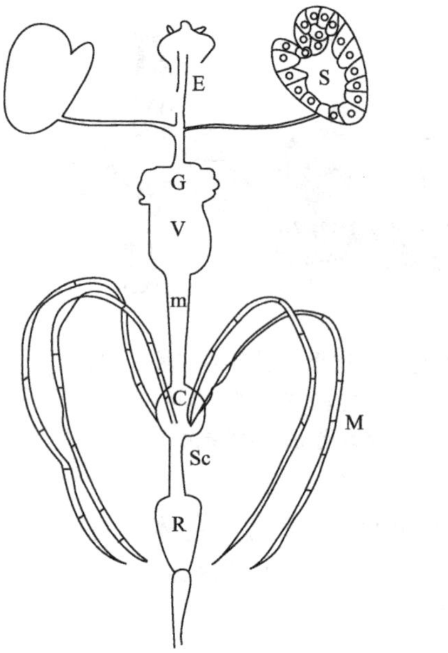

图 13-2　摇蚊幼虫消化道系统

S：唾液腺；E：食道；G：嗉囊；V：前胃；m：中肠；M：马氏管；C：迴肠；Sc：结肠；R：直肠

进行解剖，分离出唾液腺及其消化系统（图 13-2）。然后取出所需要的唾腺、马氏管或直肠等组织。如果只需要唾液腺，用一根解剖针压在幼虫身体前端的 1/3 处，另一根解剖针压在幼虫的头部，把压在头部的针慢慢地向前拉开，使头部与虫体分离，唾液腺、食道和消化道连着头部被带出，随即可看到两个呈并指手套形、乳白色或淡绿色半透明的唾液腺。如果唾液腺没有被拉出，可用解剖针把幼虫的第一或第二体节解开，仍可找到唾液腺。然后把唾液腺(图 13-3)摘下来，移到同一载玻片干净的地方或另一干净的载玻片上。

2. 水解

先用吸水纸吸去多余的生理盐水，注意吸水纸要稍远离唾腺，以免把唾腺吸去，然后加一滴 1mol/L HCl，室温下水解 2～3min。水解的目的是使多线染色体分开，便于观察染色体斑带。

3. 远离唾腺，用吸水纸吸去盐酸，加一滴蒸馏水再吸干，如此反复用蒸馏水冲 2～3 次。

4. 染色

在唾液腺上加 2～3 滴改良苯酚品红染液，染色 10～15min。如果染色过深，可用 45%的醋酸分色，注意在染色时，不要让染液干涸。

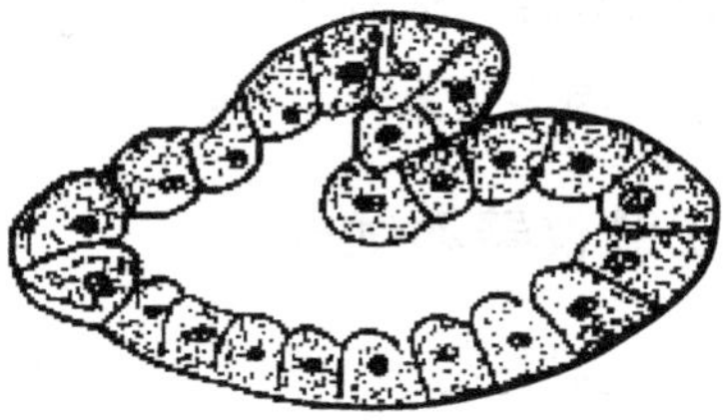

图 13-3　摘下唾液腺（示单层细胞）

5. 压片

用镊子夹取一片干净的盖玻片，与染色液面呈 45°徐徐放下，盖在唾液腺上，并排净气泡。取少量吸水纸铺在盖玻片上，左手拇指和食指把盖玻片固定以防止其水平移动，右手拇指用力在盖玻片上按压，使多线染色体充分平展分开。

6. 镜检和观察

先用 100×镜找到染色体分散较好的图像，将其移动到视野中间，再转到 400×镜观察斑带和疏松区（“泡”）。

7. 染色体上斑带及疏松区“泡”的鉴别

先将摇蚊的 4 根多线染色体按其大小和形态特征，分别命名为第Ⅰ、第Ⅱ、第Ⅲ和第Ⅳ染色体。

由于每根多线染色体上的横纹数目、排列顺序及其大小都是恒定的，这些横纹特征可作为识别多线染色体的标记。因此我们就可以把每根染色体上的横纹按顺序不等地分成许多区，每个区用一个英文字母作标记，同时用阿拉伯数字把每个区中包含的不同数的斑带和“泡”按顺序排列对应标记出来。

第Ⅰ染色体最长，一头具有葫芦状端部，另一头则具有扇形端部，整条染色体的斑带数初步观察到 125 条，按其区域的特点可分为 10 区（ⅠA～ⅠJ）。一般在ⅠA_{20}、ⅠD_{8}、ⅠH_{4}、

ⅠH_6、ⅠI_6 和ⅠJ_3 斑带处都可形成“泡”（图 13-4）。第Ⅱ染色体比第Ⅰ染色体稍短，两端平头，染色体的斑带数初步分为 103 条，按其区域的特点可分为 10 区（ⅡA～ⅡJ）。一般在ⅡA_9、ⅡC_4、ⅡF_9、ⅡG_7 和ⅡJ_1 斑带处形成“泡”（图 13-4）。第Ⅲ染色体长度又短于第Ⅱ染色体，一端常有“泡”的形成，使近端部染色体呈蓬松状，另一端则为平头。第Ⅳ染色体最短，基本结构是两头粗、中间细，在一头的端部带有一巨大核仁，其斑带数初步分为 33 条，按其区域的特点可分为 2 区（ⅣA～ⅣB），一般在ⅣA_3、ⅣA_5、ⅣB_9 的斑带处形成“泡”（图 13-4）。

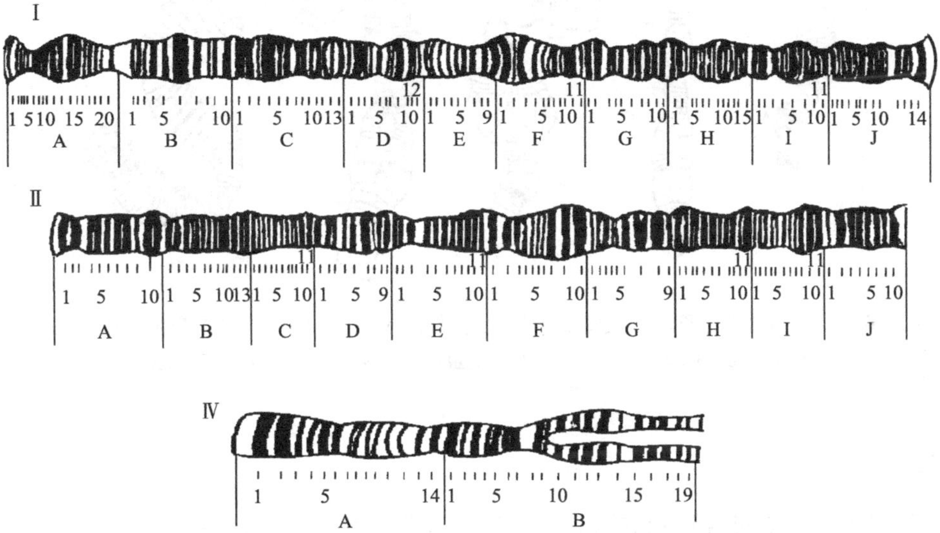

图 13-4　摇蚊唾液腺细胞的第Ⅰ、Ⅱ和第Ⅳ多线染色体斑带模式图（引自吴鹤龄，1985）

8. 观察染色体上“泡”的变化

当我们把每个染色体上的“泡”的位置都确定和标记好以后，就可以观察摇蚊在不同发育阶段中“泡”的发生和变化。为了便于观察，可以把摇蚊从幼虫到成虫分为幼虫期、前蛹期、蛹期和成虫期。每期又可分成早、中、晚三个阶段。通过不同发育阶段虫体中多线染色体的观察，就可得到 A“泡”的发生、发展和收缩的过程。

例如，观察摇蚊马氏管第Ⅳ染色体上 A“泡”在不同发育阶段中的变化。摇蚊马氏管第

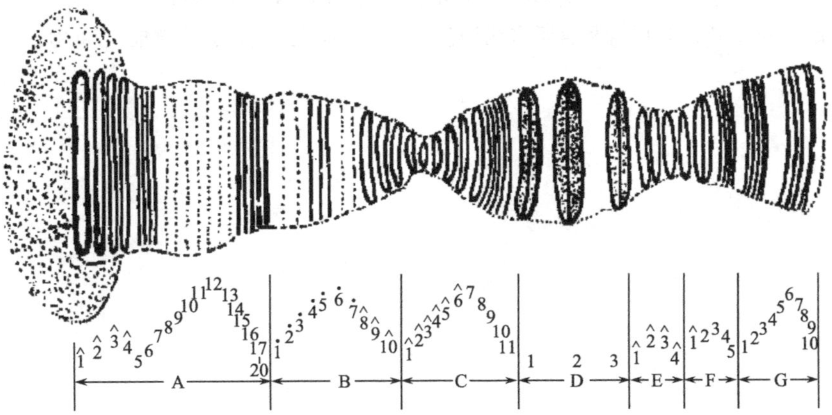

图 13-5　摇蚊马氏管第Ⅳ染色体的斑带标记图（引自杨永铨，1980）

Ⅳ染色体上有 4 个“泡”（A、D、E 和 G）。A“泡”位于 A 区第 10 条斑带处，我们用 A_{10} 来代表它；D“泡”位于 D 区第一条斑带处，即 D_1 处，E、G“泡”分别在 E_1 和 G_1 处（图 13-5）。

“泡”在幼虫早期还未发生，到了幼虫晚期 A_{10} 条已疏松开形成一个“泡”，前蛹期 A“泡”发展到最高峰，随后到了蛹期，A“泡”收缩，至成虫期消失（图 13-6）。

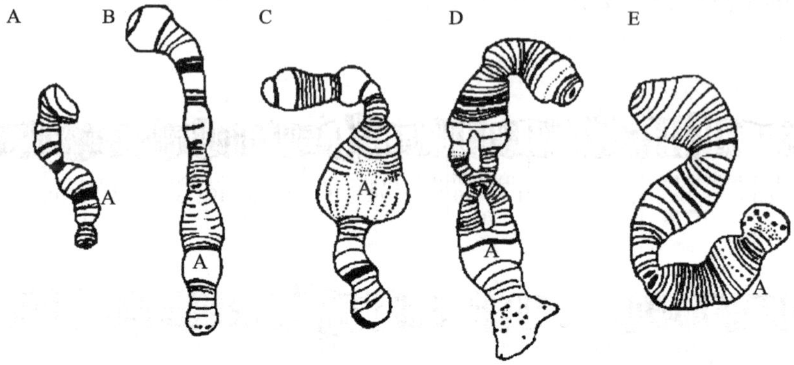

图 13-6　摇蚊不同发育阶段马氏管的第Ⅳ染色体上 A“泡”的变化（引自吴鹤龄，1983）

A. 1.3cm 长的幼虫；B. 2.4cm 长的幼虫；C. 前蛹期；D. 蛹期；E. 成虫

作业

写实验报告，要求对观察到的所有“泡”的变化绘图或照相，总结“泡”在不同发育阶段的变化，分析每个基因（即每个“泡”）活动与不同发育阶段中不同分化细胞的因果关系。

参考文献

卢龙斗，常重杰 . 2010. 遗传学实验技术 [M] . 修订版. 北京：科学出版社

吴鹤龄，李汝祺. 1985. 摇蚊唾腺多线染色体的研究Ⅰ. 第Ⅳ染色体的组织化学分析 [J]. 遗传学报，12 (1)：61-66

吴鹤龄，李汝祺. 1985. 摇蚊唾腺多线染色体的研究Ⅱ. 第Ⅰ和第Ⅱ染色体在幼虫到成虫期间的可逆性变化 [J] . 遗传学报，12 (2)：132-136

吴鹤龄，林锦湖. 1983. 遗传学实验方法和技术 [M]. 北京：高等教育出版社

杨永铨，吴鹤龄. 1980. 摇蚊马氏管和直肠多线染色体的初步研究 [J]. 遗传学报，7 (2)：144-149

（戚康标）

实验14

果蝇唾腺染色体标本制备和染色体特征观察

实验目的

1. 练习和掌握果蝇唾腺染色体标本的制作技术。
2. 观察和辨认多线染色体的特征。
3. 了解多线染色体在遗传学研究上的意义。

实验原理

意大利学者 E. G. Balbiani 于 1881 年在双翅目昆虫摇蚊（*Chironomus*）的幼虫唾腺中观察到一种巨大染色体。美国学者 T. S. Painter 等 1933 年在果蝇（*Drosophila melanogaster*）和其他蝇类的幼虫唾腺中也发现了这种巨大染色体，后来又在气管、肠和马尔皮基氏管的细胞中也发现有这种巨大染色体。这种巨大染色体宽约有 5μm，长约 400μm，比一般体细胞的染色体长 100～200 倍，体积大 1000～2000 倍（图 14-1）。唾腺细胞发育到一定阶段后就不再进行有丝分裂，而停止在分裂的间期，但细胞中的染色质丝却仍在不断地进行复制，这样就形成了含有上千条（有 1000～4000 条）平行而紧密排列的多线化染色质丝拷贝，所以这种巨大染色体又称为多线染色体。

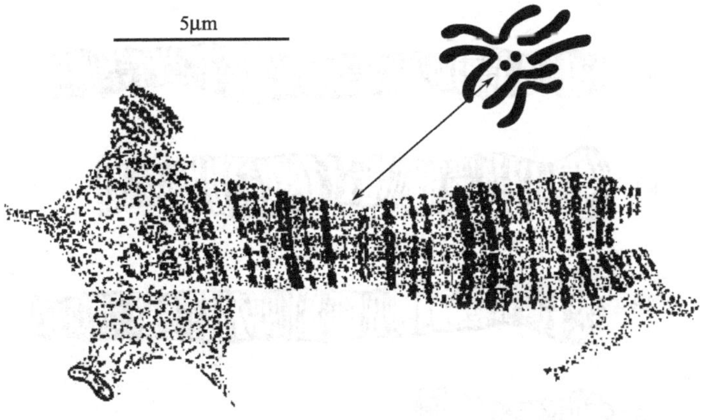

图 14-1　同样放大倍数下黑腹果蝇唾腺第 4 染色体（下）与体细胞有丝分裂中期的第 4 染色体（右上图箭头所指点状染色体）大小比较

多线染色体的同源染色体是以联会的状态存在于唾腺细胞中的，遗传学上称之为“体联会”(somatic synapsis)。唾腺染色体在染色后可以观察到一种特殊的形态特征，即可看到深浅相间、宽窄不同的横纹，横纹颜色深者称作带（band)，浅者称作带间（interband)。据认为带的形成是由于在每条染色质丝上经一定间隔产生有一袢环区，多次的 DNA 复制造成大量染色质丝成平行排列，袢环区亦整齐而致密地排列在一起而形成带（图 14-2)。在多线染色体上有 85%的 DNA 分布在带上，15%的 DNA 分布在带间。染色体上这些带纹的数目、排列顺序都是相对恒定的，所以具有种属的特异性。在果蝇总基因组中，约有 5000 条带和 5000 条带间，有学者根据带的特点把果蝇的染色体分成 102 个区，每个区又分成 A～F 6 个亚区，每个亚区按排列顺序将带纹加以编号（1、2、3、…)，根据这些带纹的特征，可以正确判断果蝇染色体的序号（图 14-3)。因此，利用果蝇唾腺染色体的这些特征特性，就可以开展染色体结构变异方面的研究，一旦染色体发生了结构畸变，如染色体有缺失、重复、倒位、易位等，很容易在唾腺染色体上鉴别出来。

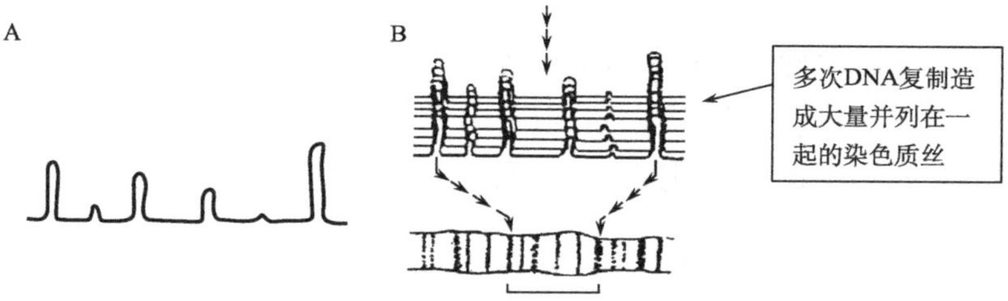

图 14-2　多线染色体上的带的形成

A. 显示单个染色质丝上的袢环区；B. 果蝇多线染色体 5000 条带中的 6 条

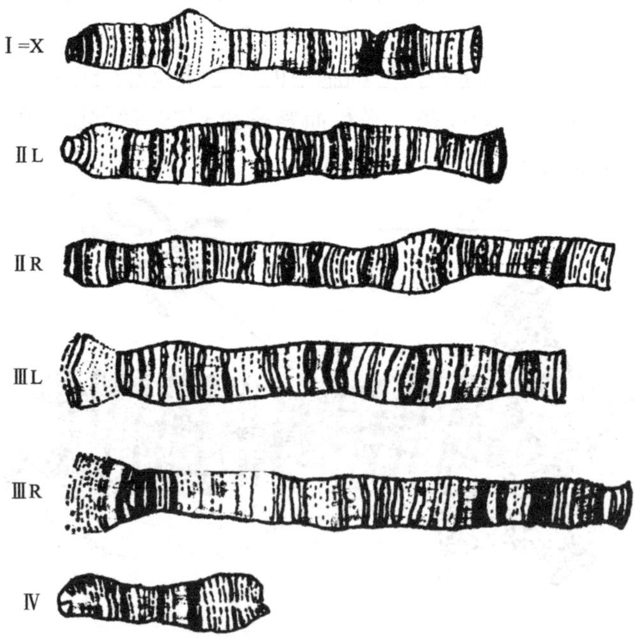

图 14-3　黑腹果蝇唾腺染色体各臂端部带的分布情况（引自吴鹤龄，1983)

在幼虫发育的不同阶段，染色体的不同部位上会出现膨大的区域，称作疏松区（pull）又称“泡”和巴氏环（Balbiani ring）（巴氏环为膨胀得更大而成环状的“泡”）。这是由于带的位置上折叠的袢环松解的缘故。据研究，染色体上的疏松区总处于动态变化之中，是遗传上的活跃区域，与基因转录有密切关系，是 RNA 合成的场所。不同发育阶段的幼虫同一组织中染色体上“泡”的数量和位置不同；同一发育阶段不同器官的染色体上“泡”的数量和位置也不同。因此唾腺染色体又成为研究基因表达与调控的理想材料。

黑腹果蝇有 4 对染色体，$2n=8$，其中 2 对染色体为中部着丝粒，呈“V”字形；1 对染色体短小，呈点状，为端部着丝粒；另 1 对为性染色体（XX 或 XY），X 染色体为端部着丝粒，呈棒状，Y 染色体为“J”形（图 14-4）。在唾腺细胞中染色体发生了体联会，染色体数目减半，只能看到 4 条染色体，而且所有染色体的着丝粒区（异染色质区）聚在一起，形成染色中心（chromocenter），如图 14-5 所示。由于 Y 染色体主要由异染色质组成，因此几乎包含在染色中心内，所以理想的制片中，不论雌、雄果蝇的唾腺染色体均可显现 5 条长臂（X、2L、2R、3L、3R）和 1 条短臂（第 4 对呈点状的染色体），从中央向四周呈放射状伸展的图像（图 14-6）。只是雄果蝇唾腺细胞中的 X 染色体臂比雌果蝇的稍细。

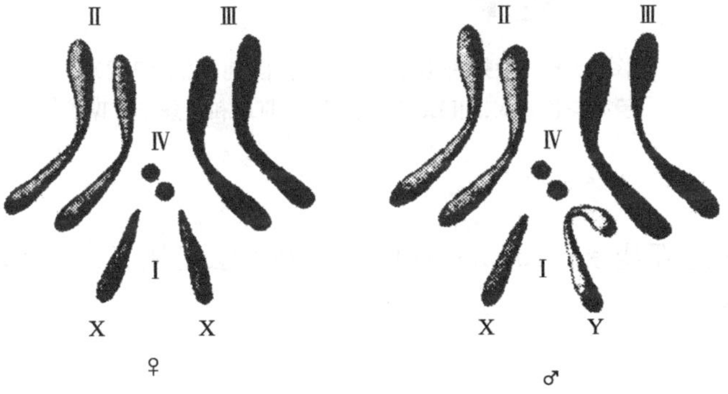

图 14-4　黑腹果蝇雌、雄蝇染色体形态示意图（引自贺竹梅，2002）

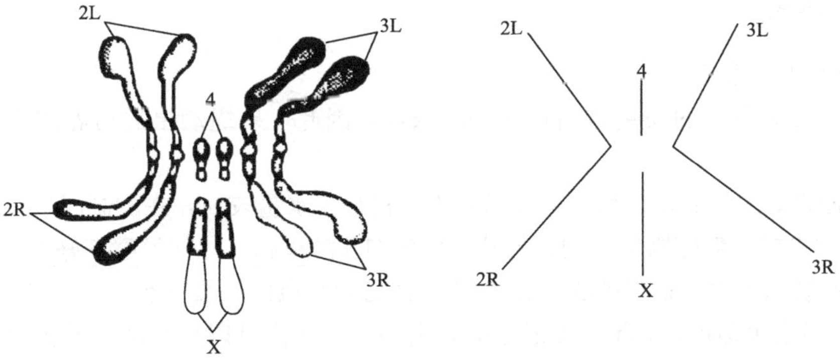

图 14-5　黑腹果蝇唾腺染色体模式核型

实验仪器和试剂

1. 仪器与用具

体视镜，显微镜，解剖针，镊子，载玻片，盖玻片，烧杯，吸管，吸水纸。

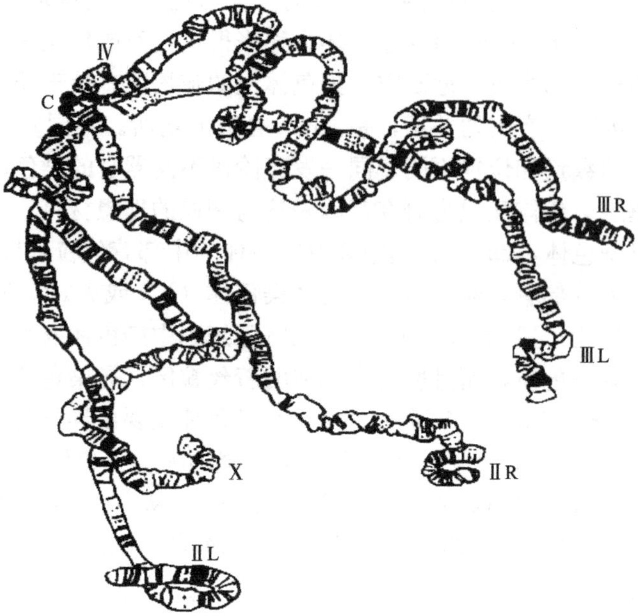

图 14-6　果蝇唾腺染色体（引自刘祖洞 1987）
示 5 条长臂 X、ⅡL、ⅡR、ⅢL、ⅢR 和一条短臂Ⅳ

2. 试剂

蒸馏水，0.70%生理盐水，1mol/L 盐酸（配制方法见附录 1），改良苯酚品红染色液（配制方法见附录 5）。

实验材料

黑腹果蝇任一品系或杂交种的三龄幼虫（爬上瓶壁，尚未化蛹的一般就是三龄幼虫）。

方法与步骤

1. 三龄幼虫的培养

肥大的幼虫是理想的染色体制片的先决条件，因此，果蝇幼虫的培养应注意以下几个方面。

（1）配制良好的培养基。培养基要求营养丰富，含水量较高，在配制时，可适当增加培养基中水的比例或降低琼脂的比例。另外还可多加些酵母粉，以使发酵良好。

（2）控制幼虫密度。适当的虫口密度是培养肥大幼虫的必要条件，一般在 250mL 的培养瓶中接 10 对成虫即可，12h 后要把全部成虫移出，这样可以控制适当的虫口密度，一般要求每平方厘米培养基有 20～40 只幼虫为宜，只要保证有充足的营养和生长空间，幼虫就会发育良好，个大体胖，整齐一致。

（3）中间补加酵母液。一龄幼虫出现后，为了满足幼虫生长发育的要求，可往培养基中补加 2%～4.5%的酵母水溶液一次，2～3 龄幼虫时期，可再补加 10%的酵母液一次，每次滴加的量以覆盖在培养基表面薄薄一层为宜。

（4）低温培养。控制一定的低温条件，也是培养肥大幼虫必不可少的条件之一，一般培养箱温度控制在 16～20℃进行低温培养，使幼虫的生长时间延长，生长发育较充分，可以培养出肥大的三龄虫体。

2. 制片步骤

(1) 把载玻片放于解剖镜载物台上（用黑背景），在载玻片上加一滴生理盐水，取果蝇三龄幼虫移入其中，由于果蝇唾腺位于幼虫体前 1/4～1/3 处（图 14-7），必须在体视镜下仔细观察和判断幼虫的头部与尾部，然后一手持解剖针按住幼虫前端 1/3 处固定幼虫，另一手持解剖针按住幼虫头部，果断、快速、有力地把虫体前端扯断（图 14-8），唾腺随之漂出，此时食道和肠管也会同时露出，常常与唾腺混绕在一起，要注意辨别。通常唾腺呈半透明，球棒状，前端较细，后端粗钝，有时成对粘在一起成“V”字形，其外侧有时附有乳白色的脂肪（图 14-9）。唾腺取出后，应保留其“完整”的形态，若形态不完整则很难判断，因为食道、肠管也是半透明的。

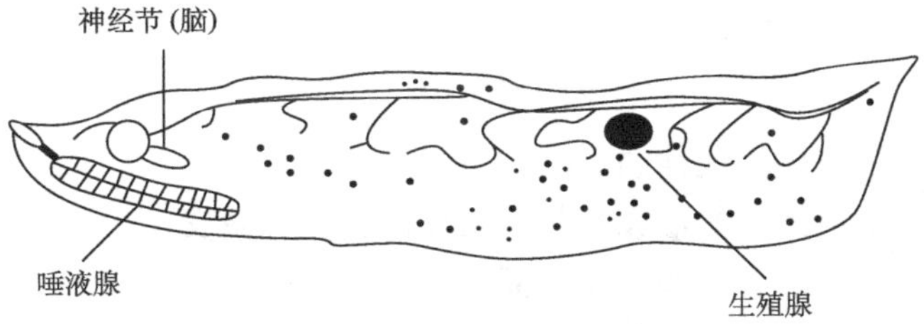

图 14-7　黑腹果蝇三龄幼虫侧面

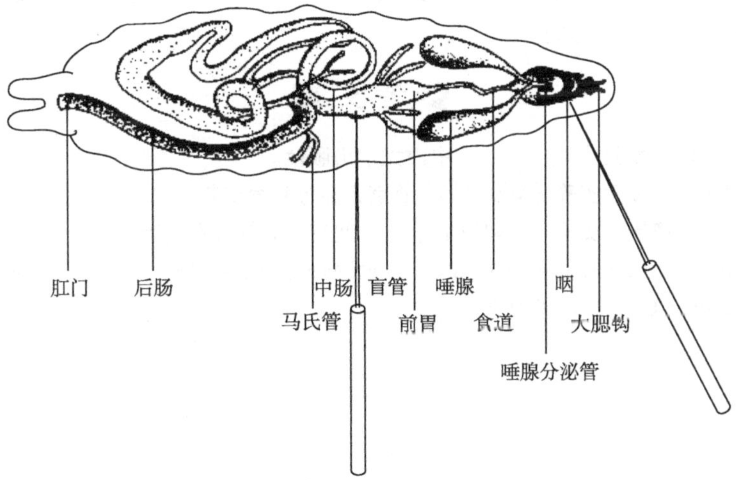

图 14-8　黑腹果蝇幼虫唾腺的解剖方法

(2) 把唾腺剔出移到干净处，清除其余器官和组织。如果唾腺上附有脂肪，应把脂肪剔除干净，然后把半透明的唾腺移到载玻片干净的位置或另一干净的载玻片上。

(3) 加一滴 1mol/L 盐酸；室温下水解 2～3min，把多余的盐酸吸干。

(4) 用蒸馏水清洗盐酸，吸干并反复数次。注意吸水纸不要太靠近标本，以免唾腺丢失。

(5) 加一滴改良苯酚品红，染色 3～5min。染色时，可用镊子把唾腺稍稍捣碎。

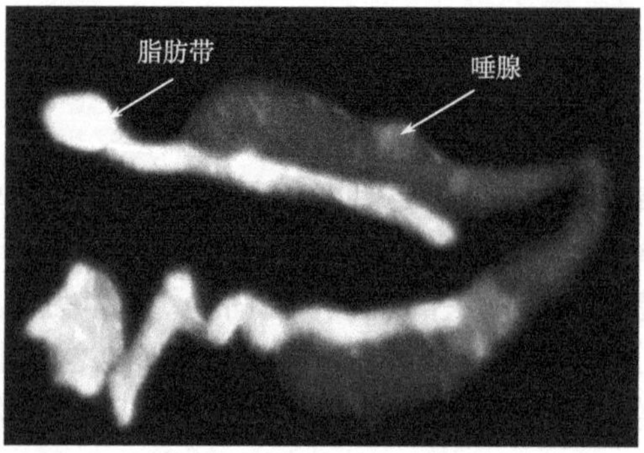

图 14-9 黑腹果蝇唾腺

(6) 用镊子取一盖玻片，以 45°徐徐落下，排净气泡，然后平放在桌面上，取少许吸水纸铺在盖玻片上，用一只手的食指和拇指固定盖玻片，另一只手的拇指往下按压。为使染色体铺展的舒张，在压片时要注意压片用力要适当，既要使染色体分散，又不致将染色体压碎，同时注意不要来回揉动，以免玻片滑动影响制片效果。

(7) 永久片的制作。将理想的临时片扣置于 70%乙醇中（垫起载片的一端），令其盖片自行脱落。然后经 95%乙醇、纯乙醇脱水（各 3～5min），再经二甲苯透明（3～5min），最后封片即可。

作业

1. 试述果蝇唾腺染色体多线性的原因。
2. 试述果蝇唾腺染色体带的形成及其在遗传研究上的意义。
3. 总结果蝇唾腺染色体有哪些主要特征。
4. 为什么果蝇唾液腺细胞具有单倍体或者双倍体数目？
5. 什么是联会？为什么果蝇唾液腺染色体会与联会有联系？
6. 在你制作的玻片上鉴定黑腹果蝇的染色体数目，当你找到清晰的染色体图像时，能辨认各对染色体臂端部的形态特征吗？

参考文献

贺竹梅. 2002. 现代遗传学教程 [M]. 广州：中山大学出版社
刘祖洞，江绍慧. 1987. 遗传学实验 [M]. 2 版. 北京：高等教育出版社
吴鹤龄，林锦湖. 1983. 遗传学实验方法和技术 [M]. 北京：高等教育出版社
Thomas R M, Robert L H. 2001. Genetics Laboratory Investigations [M]. 12th ed. New Jersey: A Division of Pearson Education Upper Saddle River

（戚康标）

实验15

细胞减数分裂

实验目的

1. 了解动、植物生殖细胞的形成过程。

2. 了解生殖细胞减数分裂发生过程及各个时期的染色体和细胞变化特点，加深对减数分裂意义的认识。

3. 掌握减数分裂标本的制备方法。

实验原理

减数分裂是一种特殊方式的细胞分裂，仅在配子形成过程中发生。不同生物减数分裂发生在生命周期的不同时段，动物的减数分裂通常发生在性细胞（配子）形成时，植物通常发生在单倍体细胞（孢子）形成时。这一过程的特点是：细胞连续进行两次核分裂，而染色体只复制一次，减数分裂结束形成4个子细胞（配子），每个子细胞染色体数目减少一半（n）。经过受精作用，雌、雄配子融合为合子，染色体数目又恢复母细胞的水平（$2n$）。例如，在人类精子中含23条染色体，卵子含23条染色体，受精后形成的合子含23对或46条染色体。这样在物种延续的过程中确保了染色体数目的恒定，从而使物种在遗传上具有相对的稳定性。另外，在减数分裂过程中包含的同源染色体配对、交换、分离和非同源染色体的自由组合，充分体现了遗传的三大规律，在丰富基因的多样性中起着重要的作用。减数分裂通常以植物花粉母细胞或动物精巢作材料进行观察。

实验仪器和试剂

1. 仪器与用具

显微镜，钟表镊子，解剖针，载玻片，盖玻片，吸水纸。

2. 试剂

乙醇，冰醋酸，改良苯酚品红染色液（配制方法见附录5）。

实验材料

蝗虫（*Catantops brachycerus*）精巢、玉米（*Zea mays* L.）雄穗。

方法与步骤

（一）玉米花粉母细胞减数分裂的观察

在植物中，减数分裂的过程通常并不直接产生配子，而是先由减数分裂形成小孢子，小孢子经有丝分裂形成配子体，配子体再经有丝分裂产生配子，由配子进行有性繁殖。

1. 取材

在雌穗未抽出前 7～10d，而雄花序即将抽出（手摸植株上部喇叭口处有松软感觉），以上午 9～11 时取样为好，此时减数分裂较盛。剥去雄穗外部叶片，露出幼穗，新鲜幼穗可直接压片观察，也可用 Carnoy 固定液固定 12～24h，再经 95%和 85%乙醇各浸泡 30min，最后放在 70%乙醇中 4℃保存，可随时取用。

2. 染色、制片

取适当大小颖花各一朵，置载玻片上，用解剖针剥开内外颖，将花药剔出，加一滴改良苯酚品红染色液染色 10min，边染色边用镊子轻轻捣碎花药，最后用镊子除去残渣，盖上盖玻片，用吸水纸吸去四周多余的染液。

3. 镜检

在显微镜下检查花粉母细胞、二分体、四分体及各个时期的细胞。花粉母细胞与一般体细胞的区别是细胞外有一层较厚的透明胼胝质壁，同时，细胞体积较近似等径的多角形，核也较大。

玉米的减数分裂过程如图 15-1 所示。

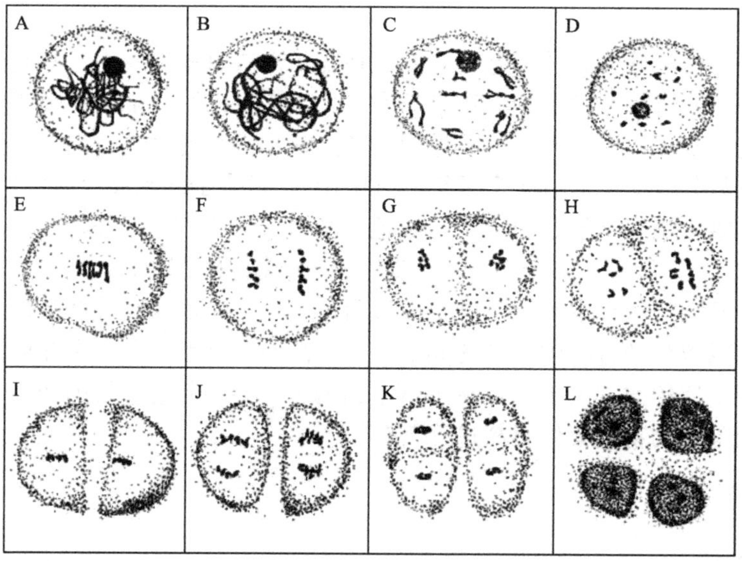

图 15-1　玉米减数分裂

A. 细线期；B. 粗线期；C. 双线期；D. 终变期；E. 中期Ⅰ；F. 后期Ⅰ；G. 末期Ⅰ；H. 前期Ⅱ；I. 中期Ⅱ；J. 后期Ⅱ；K. 末期Ⅱ；L. 四分孢子

（二）蝗虫精母细胞减数分裂的观察

雄性动物精巢中精子形成的过程称为精子发生。精子发生时二倍体生殖细胞叫做精子器，它经历分化、增大体积并形成二倍体的初级精母细胞。初级精母细胞经历第一次减数分裂形成两个次级精母细胞，每一个包含单倍体染色体数目。此后，每一个次级精母细胞经历第二次减数分裂染色单体分离，形成两个精细胞，每一个精细胞经历分化和长出鞭毛，形成有功能的精子。与卵子发生不同的是，精子发生从每一个精母细胞经历减数分裂可以产生

4 个有功能的配子。

蝗虫精巢取材方便，标本制备方法简单，染色体数目较少，分裂过程清楚。蝗虫初级精母细胞染色体数 $2n=22+X$，经过减数分裂形成 4 个精细胞，每个精细胞染色体数为 $n=11+X$ 或 $n=11$（注：蝗虫的性别决定与人类不同，雌性有两条 XX 染色体，雄性为 XO，即只有一条 X 染色体，没有 Y 染色体）。

1. 取样

以夏、秋两季采集为宜，因为此时蝗虫精母细胞正处于减数分裂旺期。蝗虫雌雄个体易于区别，一般雄虫个体较小，其腹部末端为交配器，形似船尾，而雌体较大，腹部末端分叉。

2. 固定

捕捉后将雄虫腹部剥开，取出精巢，放入 Carnoy 固定液中固定 12h，然后分别用 95% 和 85%乙醇各浸泡 30min，最后放在 70%乙醇中，于 4℃冰箱中保存。

3. 压片

挑取精细管置载玻片上，水洗并吸干，滴加一滴改良苯酚品红染色液，镊子轻轻捣碎，染色 5～10min，加盖玻片，用手隔着吸水纸将材料适当用力压之，再用带橡皮头的铅笔轻轻敲击盖片，使成单层细胞（敲击时勿使盖片移动）。

4. 镜检

除正在分裂的细胞外，还可看到精原细胞的有丝分裂，其中期细胞呈菊花状，细胞肥大，属于体细胞的一般有丝分裂，染色体看上去比减数分裂细胞为多。

先用低倍镜观察，找到一个好的分裂相时再转用高倍镜观察。要求能够将减数分裂的各个时期分辨清楚，特别是对前期的各时期能够独立辨认。

第一次减数分裂分为前期Ⅰ、中期Ⅰ、后期Ⅰ和末期Ⅰ，其过程见图 15-2。各时期特征如下。

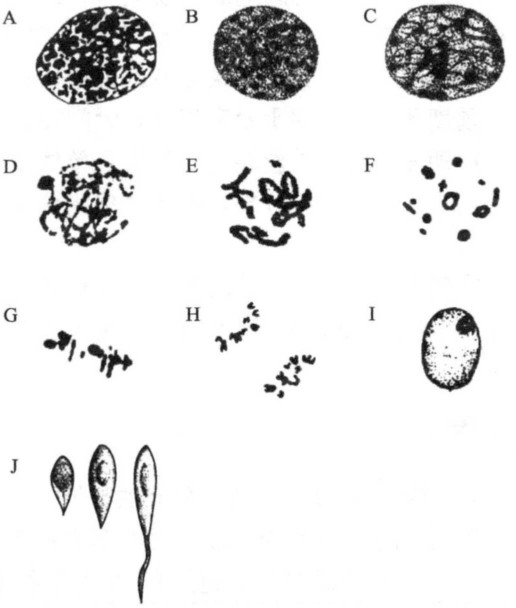

图 15-2　蝗虫精巢细胞减数分裂过程

A. 精原细胞；B. 细线期；C. 偶线期；D. 粗线期；E. 双线期；F. 终变期；G. 中期Ⅰ；H. 后期Ⅰ；I. 精细胞；J. 精子

前期Ⅰ：减数分裂的前期Ⅰ时间很长，此时期染色体逐步折叠、浓缩。同时出现非姐妹染色体的节段交换现象。人们根据细胞核及染色体的形态变化将前期Ⅰ划分为 5 个时期，即细线期、偶线期、粗线期、双线期和终变期。

细线期细胞核膨大，染色质浓缩、凝聚成染色丝，染色丝上有许多染色粒。DNA 虽然已经复制，但还看不出双线结构。此时由于染色体盘绕扭曲而分不清头尾。

偶线期进行同源染色体的配对，即联会（synapsis）。配对后的同源染色体形成二价体，但是尽管此时染色体比细线期清楚，但染色体仍很细长，所以也不能辨清染色体数目。

粗线期的染色体明显缩短变粗，同源染色体配对完毕，染色体纵向浓缩以及二价体或四价体变得明显。此时已经能够辨别染色体的头尾，因而可以初步进行染色体计数。

双线期的特征是：染色体进一步缩短，配对的同源染色体开始分开。由于在粗线期非姐妹染色单体之间发生过交换，使同源染色体的相互吸引力消失，因此形成了不同形状的交叉现象。

终变期的染色体交叉数减少，染色体浓缩得最短，染色体呈现各种如“O”、“8”、“X”、“V”形。核仁、核膜消失，此时进行染色体计数十分方便。

中期Ⅰ：配对的染色体排列在赤道面上，纺锤体形成，同源染色体的着丝粒与细胞两端的纺锤体相连。如果制备的细胞是从极面压成的标本，则可看到同源染色体排列成环形。

后期Ⅰ：同源染色体在纺锤体的牵引作用下，分别向细胞两极移动，每一极得到 n 条染色体，染色体数已减半。此时染色体的着丝粒尚未分裂，仍带着两个染色单体。由于雄性蝗虫的染色体数为23，因此，其中一组为11条染色体，另一组为12条染色体（11+X）。

末期Ⅰ：染色体移到两极后聚集在一起，并逐步解旋而恢复到染色质状态。核仁、核膜重新出现，进行胞质分裂而形成两个子细胞。

经过一个简短的间期后，就进入第二次减数分裂，第二次减数分裂分为前期Ⅱ、中期Ⅱ、后期Ⅱ和末期Ⅱ。由于经过了减数第一次分裂，同源染色体已经分离，染色体数目已经减半，所以从形态上看第二次分裂的细胞体积较小。

前期Ⅱ：与末期Ⅰ紧密相连，时间短暂。在形态上与末期Ⅰ相似。

中期Ⅱ：同一着丝粒连接的染色单体排列在赤道面上，形成赤道板。

后期Ⅱ：着丝粒分裂，因此两条姐妹染色单体分离，在纺锤体的牵引下染色单体向细胞两极移动。

末期Ⅱ：染色体到达两极后，逐步解旋形成染色质，核仁、核膜重新出现。形成4个子细胞。细胞体积较小，形态与间期细胞类似。经过生长、发育、变态过程，逐渐形成梭形的精子。

作业

1. 简述有丝分裂与减数分裂的异同。

2. 绘图示蝗虫精母细胞减数分裂各时期，并叙述其典型特征。

3. 填空：小鼠精母细胞具有40条染色体（$2n=40$），G_2 期有____条DNA，在第一次减数分裂后期是____分离。末期Ⅰ形成____个子细胞，每个子细胞具有____条DNA，第二次减数分裂结束形成____个子细胞，每个子细胞有____条DNA，有____条染色体。

参考文献

王金发，何炎明．2011．细胞生物学实验教程［M］．2版．北京：科学出版社

Thomas R M，Robert L H. 2001. Genetics Laboratory Investigations［M］. 12th ed. New Jersey：A Division of Pearson Education Upper Saddle River

（何炎明）

实验16

植物染色体分带技术

实验目的

1. 掌握植物染色体分带的原理与方法，了解这一技术的重要意义。

2. 学习染色体带型分析方法。

实验原理

植物染色体分带是借助特殊的处理程序，使染色体的一定部位显示出深浅不同的染色带纹。这些带纹具有物种及不同染色体的特异性，每条染色体上带的数目、部位、宽窄与浓淡具有相对的稳定性，从而在以往的染色体形态特征之外又增添了一类新标记，可以更有效地鉴别染色体和染色体的结构与功能。事实证明，几乎所有的植物染色体都能显带，植物染色体显带的原理和动物染色体显带原理相似，是由于特殊的染料和染色体上的结构成分发生特异反应而产生的。因所用染料与处理条件的不同可产生不同的带型，因此有C带、N带、G带等不同的显带技术。C带又称为结构异染色体带，主要显示着丝粒、端粒、核仁组织区或染色体臂上的结构异染色质。N带能使染色体核仁组织区特异着色，而G带技术能显示出植物染色体上的中间带。染色体分带技术为种间鉴定、染色体或染色体亚单位的识别，以及基因定位的研究展示了新的前景。

实验仪器和试剂

1. 仪器与用具

显微镜及显微照相装置，天平，温箱，恒温水浴箱，量筒，烧杯，染色缸，冰冻载玻片，玻璃板，玻片盒。

2. 试剂

(1) Giemsa原液（配法见附录5）。

(2) 饱和 $Ba(OH)_2$ 溶液。

(3) 2×SSC盐溶液（配法见附录5）。

(4) 1mol/L NaH_2PO_4 溶液。

(5) 1/15mol/L磷酸缓冲液（pH6.8）（配法见附录6）。

(6) 0.01%胰蛋白酶（用生理盐水配制）。

(7) 8mol/L尿素溶液。

(8) α-溴化萘。

(9) 0.02%秋水仙素。

(10) 0.85%生理盐水。

实验材料

玉米（*Zea mays* L.），黑麦（*Secale cereale* L.），大麦（*Hordeum vulgare*），蚕豆（*Vicia faba* Linn），洋葱（*Allium cepa* Linn）根尖的染色体制片。

方法与步骤

（一）植物染色体 Giemsa C 带技术

1. 染色体标本制备

按照去壁低渗火焰干燥法制备染色体标本（方法见本实验后面附录），制好的标本需要在空气中干燥 3～7d。

2. 显带处理

（1）饱和 $Ba(OH)_2$ 溶液处理 5～10min（20～25℃）。

（2）蒸馏水彻底冲洗，以清除 $Ba(OH)_2$。

（3）2×SSC 盐溶液 60～65℃保温 2h。

（4）蒸馏水冲洗 5min，空气干燥。

（5）pH6.8 Giemsa（20∶1）染色 30min，自来水冲洗，空气干燥。

（6）镜检，拍照，带型分析。

（二）植物染色体 Giemsa N 带技术

1. 染色体标本制备

按照去壁低渗火焰干燥法制备染色体标本，制好的标本需要空气干燥 3～7d。

2. 显带处理

（1）将贮存一周以内的染色体标本，用 1mol/L NaH_2PO_4 溶液（94±1)℃处理 6～15min。准确的处理时间需自己摸索。

（2）50℃左右蒸馏水冲洗 3 次。

（3）空气干燥。

（4）pH 6.8 Giemsa（20∶1）染色 30～60min，染色时间随处理时间不同而异，磷酸二氢钠处理时间稍长，染色时间就要相应延长。

（5）自来水冲洗，空气干燥。

（6）镜检，拍照，带型分析。

（三）植物染色体 Giemsa G 带技术

1. 染色体标本制备

按照去壁低渗火焰干燥法制备染色体标本，预处理时可用饱和 α-溴化萘或用 0.02%秋水仙素处理 1.5～2h，制备好的染色体标本置 70～80℃烘箱烤 2h。

2. 显带处理

（1）胰酶法。贮存 1～3d 的染色体标本，用 0.85%生理盐水浸数秒，然后用 0.01%胰蛋白酶（生理盐水配制）处理 10～30s，0.85%生理盐水冲洗两次，30∶1 Giemsa 染色液染色 5～8min，自来水冲洗，空气干燥，镜检。

（2）尿素法。贮存 1～3d 的染色体标本，用 8mol/L 尿素（2 份 8mol/L 尿素＋1 份

pH6.8 磷酸缓冲液混合）处理 40s～5min（视材料和标本而定），30∶1 Giemsa 染色液染色 5～8min，自来水冲洗，空气干燥，镜检。

（3）胰酶-尿素法。贮存 1～3d 的染色体标本，用 0.85%生理盐水浸数秒，然后用 0.01%胰蛋白酶处理5～40s，0.85%生理盐水冲洗两次，然后用 8mol/L 尿素处理 5～15s，生理盐水冲洗两次，30∶1 Giemsa 染色液染色 5～8min，自来水冲洗，空气干燥，镜检。

作业

1. 记录其中一种植物带型分析的结果，完成染色体剪贴和带型分析。
2. 如果实验未能取得成功，请分析其原因。

附录：去壁低渗火焰干燥法制备植物染色体标本

1. 取材：将蚕豆种子或洋葱鳞茎放在 25℃温箱中发芽、发根，待根长到1～2cm 时使用。
2. 前处理：剪下根尖用 0.05%秋水仙素溶液处理 3～4h。
3. 固定：用水洗净处理过的根尖，经甲醇-冰醋酸（3∶1）固定 4h。
4. 酶解：倒去固定液，用蒸馏水充分洗净，切取分生区放到青霉素小瓶中，加入混合酶液（2.5%纤维素酶+2.5%果胶酶），25℃下酶解 2～4h。
5. 低渗：倒去酶液，用蒸馏水慢慢冲洗 2 次，然后在蒸馏水中浸泡 30min，低渗后可用下面两种方法制备染色体标本。

（1）悬液法。

a. 制备细胞悬液：倒去蒸馏水，用镊子将材料充分夹碎。

b. 固定：向细胞液中加入 2～3mL 新鲜固定液，用吸管吹打制成细胞悬液。

c. 去沉淀：静置片刻，使大块组织沉淀，然后吸取上层细胞悬液，去掉沉淀物。

d. 去上清液：将上层细胞悬液静置 30min 左右，视细胞沉淀，用吸管轻轻吸去上清液留 1mL 左右细胞悬液制备标本。

e. 制备标本：取一张预先在蒸馏水中冰冻的清洁载玻片，用滴管滴 2～3 滴细胞悬液于其上，立即将一端抬起，并轻轻吹气，促使细胞分散，然后在酒精灯上微微加热烤干，并做好标记。

（2）涂片法。

a. 固定：倒去蒸馏水，将低渗过的材料用 3∶1 固定液固定 30min 以上。

b. 涂片：将材料放在预先在蒸馏水中冰冻的清洁载玻片上，加一滴新鲜固定液，迅速用镊子将材料捣碎，边捣边加固定液，并去掉大块残渣。

c. 火焰干燥并做好标记。

注意事项：前处理的浓度和时间及酶解、低渗的时间直接影响染色体标本制备的质量。

参考文献

刘祖洞，江绍慧．1979. 遗传学实验［M］. 2 版. 北京：高等教育出版社
王金发，何炎明．2011. 细胞生物学实验教程［M］. 2 版. 北京：科学出版社

（何炎明）

实验17

人体外周血淋巴细胞培养与染色体标本制备

实验目的

1. 掌握人体外周血淋巴细胞悬浮培养的原理和染色体标本制备的方法。
2. 了解人类染色体的基本形态特征。

实验原理

染色体是细胞分裂过程中出现的一种可见结构，是基因的载体。在人类染色体研究中，外周血是制备染色体标本的重要材料之一。如果染色体发生数目异常或结构畸变，都将导致多种基因的增加或缺失，产生临床效应。只有获得染色体标本才能进行核型分析。

人体的 1mL 外周血中含有 1×10^6～3×10^6 个小淋巴细胞，它们几乎都处于 G_0 期或 G_1 期，一般情况下是不分裂的。用人工离体培养的方法，在培养基中加入植物血球凝集素（phytohaemagg lutinin，PHA）能刺激小淋巴细胞转化为淋巴母细胞而进行有丝分裂。经过短期的培养，秋水仙素处理，低渗和固定，就可获得大量中期有丝分裂细胞。最后经空气干燥法制片，便可得到质量较好的染色体标本。该方法已经被临床医学、病毒学、药物学、遗传毒理学等广泛应用。

培养外周血细胞的培养基成分对于细胞的分裂繁殖有重要的影响，当在培养基中加入体积分数 10%～40%的血清时能够维持细胞的正常代谢活动，同时也能有效地控制培养基的 pH。

实验表明：当人体外周血的培养温度为 36～37℃时，有丝分裂的高峰发生在 60～72h；若培养温度控制在 38℃时，有丝分裂的高峰可提前到 48h；若培养温度高于 39℃，则导致细胞死亡。

秋水仙素是有丝分裂的阻止剂，它能改变细胞质的黏度，抑制细胞分裂时纺锤体的形成，使处在分裂的细胞停留在中期。因此利用秋水仙素处理可以获得许多同步的中期分裂细胞，但同时也会引起染色体的收缩，因此处理的时间和使用浓度都要合适。

实验仪器和试剂

1. 仪器与用具

超净工作台，恒温培养箱，恒温水浴箱，天平，离心机，显微镜，离心管，试管架，2mL 注射器，吸管，量筒，培养瓶，烧杯，试剂瓶，酒精灯，载玻片，切片盒。

2. 试剂

(1) RPMI-1640 培养基。

(2) 肝素：作为抗凝剂使用。称取该粉末 160mg（每毫克含 126 单位），用 40mL 生理盐水溶解，即 500 单位/mL，55.2kPa 灭菌 15min。

(3) 秋水仙素：称取秋水仙素 2mg，用 50mL 生理盐水溶解，6 号细菌漏斗过滤，4℃冰箱保存。使用时终浓度为 0.4～0.8μg/mL。

(4) PHA：每毫升培养液加入 100～200μg PHA 粉剂，1000mL 培养液加入 100～200mg。

(5) 双抗。

青霉素：取 4mL 生理盐水稀释 40 万单位，吸 1mL 到 1000mL 培养基中，终浓度为100 单位/mL。

链霉素：取 10mL 生理盐水稀释 100 万单位，吸 1mL 到 1000mL 培养基中，终浓度为 100 单位/mL。

(6) 小牛血清。

(7) Carnoy 固定液（甲醇：冰醋酸＝3：1）。

(8) 1/15mol/L 磷酸缓冲液（pH7.4）。

A 液：1/15mol/L 磷酸氢二钠（1000mL 含 Na_2HPO_4 9.465g 或 $Na_2HPO_4 \cdot 2H_2O$ 11.876g 或 $Na_2HPO_4 \cdot 12H_2O$ 23.88g）。

B 液：1/15mol/L 磷酸二氢钾（1000mL 含 KH_2PO_4 9.07g）。

取 A 液 80mL＋B 液 20mL 混匀即成 1/15mol/L 磷酸缓冲液（pH7.4）。

(9) Giemsa 原液（配法见附录 5）。

实验材料

人外周血。

方法与步骤

1. 培养基的制备

RPMI-1640	1 包（10.5g）
小牛血清（灭活）	200mL
肝素（500 单位/mL）	6mL
PHA	100mg
双抗（青霉素＋链霉素）	培养液中最终浓度为 100 单位/mL

RPMI-1640 粉末先用约 800mL 三蒸水溶解，再加入其他成分混匀，定容至 1000mL，用 5%$NaHCO_3$ 调 pH 至 7.2，然后用过滤方式灭菌，最后分装至预先高压消毒好的培养瓶中，每小瓶装 5mL，塞紧瓶塞，胶布封口备用，如不立即使用可置 0℃保藏，用前 37℃恒温水浴锅中温育 10min。

2. 采血

用 2mL 灭菌注射器吸取肝素湿润管壁，然后用碘酒和乙醇消毒皮肤，从肘静脉采血1～2mL，在酒精灯火焰旁，自橡皮塞向培养瓶内（内含有生长培养基 5mL）接种全血 0.3mL 左右，轻轻摇匀。

3. 培养

置 37℃培养箱中培养 66～72h，终止培养前 2～4h 用注射器向培养物中加入秋水仙素，最终浓度为 0.4～0.8μg/mL。

4. 收集细胞

将培养 72h 并经秋水仙素处理的培养瓶从温箱取出，用吸管将贴在瓶壁上的细胞冲散均匀，并移到刻度离心管中。

5. 1000r/min 离心 8min，用吸管吸弃上清液。

6. 低渗

向离心管中加入 6mL 蒸馏水或 0.075mol/L KCl，用吸管吹打均匀，置 37℃温箱内低渗 20min，使红细胞破裂，白细胞膨胀。

7. 低渗后沿管壁慢慢加入 1mL 新配的固定液，吹打均匀，立即以 1000r/min 离心 8min，吸弃上清液。

8. 固定

沿管壁慢慢加入 6mL 固定液，用吸管吹打均匀，固定 15min。以 1000r/min 离心 8min，弃上清液。

9. 重复步骤 8 的工作一次。

10. 制片

加入固定液 0.5mL，吹打成细胞悬液，用滴管吸取细胞悬液，滴在预先经 4℃冰冻的干净玻片上。每片滴 1～2 滴，用嘴轻轻吹散，在酒精灯火焰上微微烤干。

11. 染色

用 Giemsa 原液和磷酸缓冲液（pH6.8）按 1∶10 配成染色液，将所制成的玻片染色 20min。用自来水轻微冲洗，晾干。

12. 镜检

在显微镜下寻找染色体分散适宜，不重叠，长度适中，形态清晰的分裂相，然后在油镜下仔细观察染色体的形态和数目。选择有代表性的分裂相进行显微摄影以供做核型等进一步的分析。

人体外周血培养与染色体标本制作步骤如图 17-1 所示。

注意事项

1. PHA 的质量是人体淋巴细胞培养成败的关键。效价低或用量不足，培养效果差，但浓度过大，红细胞凝固，会影响细胞生长。

2. 采血接种时注意不要加入太多的肝素。因为肝素过多可能引致溶血和抑制淋巴细胞转化和分裂。

3. 接种的血样越新鲜越好，避免保存时间过久影响细胞的活力。

4. 秋水仙素的浓度和处理时间、离心的转速、低渗处理是影响染色体标本制备质量的关键因素。

作业

1. 培养基中添加 PHA 和小牛血清的作用是什么？

2. 在制片中如低渗不足或低渗过度会出现什么问题？

3. 哪些因素会影响制片中染色体的分散？

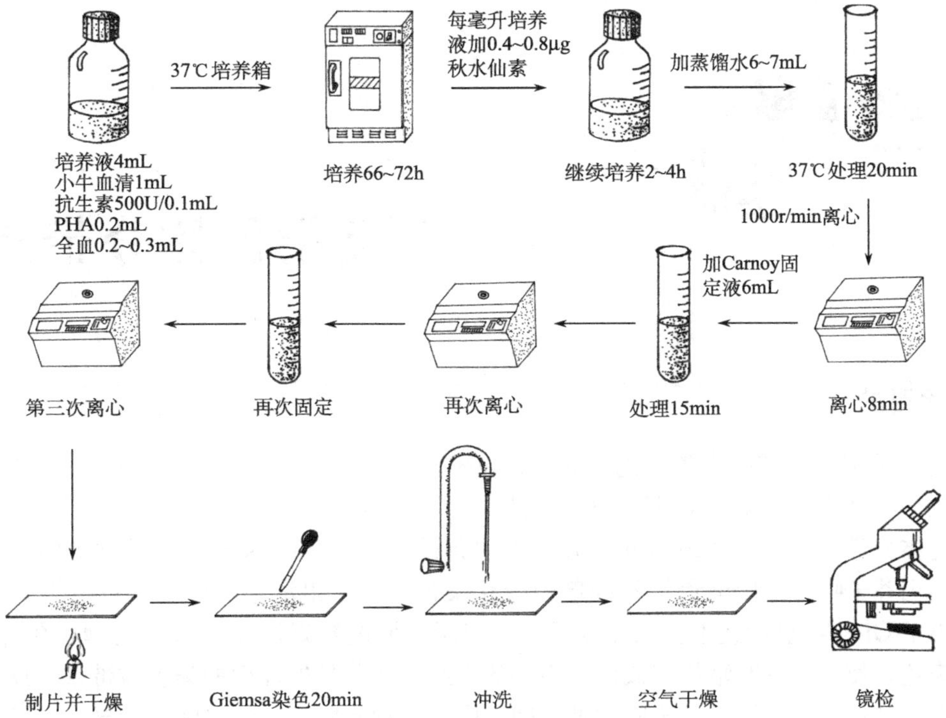

图 17-1　人外周血培养与染色体标本制作示意图

参 考 文 献

刘祖洞，江绍慧 . 1985. 遗传学实验［M］. 2 版. 北京：高等教育出版社
王金发，何炎明 . 2011. 细胞生物学实验教程［M］. 2 版. 北京：科学出版社

（何炎明）

实验18

人类染色体分带技术

实验目的

1. 通过实验初步掌握人类染色体的分带技术。

2. 了解人类染色体各种带型的分析方法。

染色体分带技术最早（1968 年）开始于瑞典科学家 Caspersson 及他的同事的开拓性工作，他们用芥子喹吖因使染色体不同部位分化染色，显示出清晰的带纹。1971 年，Pardue 等又提出了 Giemsa 显带技术。从此以后，人们用不同的物理、化学方法处理染色体标本，并通过染色，使其出现明暗相间或深浅不同的带纹。经分带处理后的染色体带纹，反映了染色体固有的结构，因而能显示不同物种之间、同一物种不同染色体之间的差异。人们可以把染色体带作为一种标志，以便更有效地识别染色体，确定染色体组型，更深入地研究染色体的结构与功能。

根据显带方法的不同，可把人染色体带型分为 G 带、C 带、Q 带和 N 带几种。染色体分带技术为染色体遗传病诊断、杂种细胞检定、特殊细胞株标记、染色体的识别等开创了一系列检测方法，大大加速了染色体研究的进展。

一、染色体 G 带技术

实验原理

染色体是由 DNA、组蛋白、非组蛋白组成。DNA 链上有 A-T 丰富区及 G-C 丰富区，用 Giemsa 染色，A-T 较 G-C 更易染色。G 带染色技术也称改良的吉姆萨染色法。因用 Giemsa染色，所以称为 G 带。它是目前应用最广泛的染色体分带技术之一。染色体标本放到 37℃胰酶中是 G 带显示的一种预处理方式，它可以从染色体上抽取蛋白质特定的成分，从而经 Giemsa 染色后获得良好一致的分带类型。G 带的形成与 Giemsa 染料的组成及染色特性分不开。Giemsa 染料即噻嗪/曙红染料，染色首先取决于两个噻嗪分子同 DNA 的结合，在此基础上它们结合一个曙红分子，其次取决于一个有助于染料沉淀物积累的疏水环境。通过胰酶预处理可以使阴性 G 带区的疏水蛋白被除去或使它们的构型变为更疏水状态。从而造成了染色体蛋白的差异，这种差异就是明暗相间的染色体 G 带。

实验仪器和试剂

1. 仪器与用具

恒温培养箱，恒温水浴锅，显微镜，染色缸，镊子，烧杯，擦镜纸，吸水纸。

2. 试剂

(1) pH 6.8 磷酸缓冲液溶液：

溶液 A：0.1mol/L Na_2HPO_4；

溶液 B：0.1mol/L NaH_2PO_4。

取 46.3mL 溶液 A+53.7mL 溶液 B，混合即为 pH6.8 磷酸缓冲液。

(2) pH7.0 ICN 溶液：NaCl 0.80g、KCl 0.02g、$Na_2HPO_4 \cdot 12H_2O$ 0.30g，KH_2PO_4 0.02g，加蒸馏水至 100mL。

(3) pH7.0 GKN 溶液：葡萄糖 0.1g、KCl 0.04g，NaCl 0.80g，$NaHCO_3$ 0.035g，蒸馏水 100mL。

(4) 0.25%胰蛋白酶溶液：称取 250mg 胰蛋白酶溶于 100mL ICN 溶液中。

(5) Giemsa 原液（配法见附录 5）。

实验材料

人外周血淋巴细胞染色体标本。

方法与步骤

1. 胰酶法

(1) 将空气干燥 1～2 周的染色体制片置 60℃烘箱中 2h 后降至室温。

(2) 置预热 37℃的 0.25%胰蛋白酶溶液中 0.5～1.5min。

(3) 立即放入 GKN 溶液中漂洗 15s。

(4) pH 6.8 磷酸缓冲液与 Giemsa 原液按 20∶1 混合，染色 10～20min。

(5) 用自来水轻微冲洗后，空气干燥，镜检和显微拍照。

在高倍镜下观察显带标本，若染色体上出现清晰深浅相间的带型，可供摄影再做详细分析。若染色体变粗并且边缘毛糙，则是预处理过度了。

2. 尿素法

(1) 将空气干燥的染色体制片置 8mol/L 尿素与磷酸缓冲液（pH 6.8）以 3∶1 混合，于 0～4℃或室温下处理 30s。

(2) 取出标本，蒸馏水水洗 2 次。

(3) 2%Giemsa 染液（pH 6.8～7.2）染色 20min。

(4) 水洗，晾干后观察。

二、染色体 C 带技术

实验原理

C 带是显带技术中最简单的一种带型。最初是着丝粒异染色质（centromere heterchromatin）带纹的简称，后来为结构蛋白异染色质（constitutive heterchromatin）带的简称。C 带的特征是从染色体臂选择性地抽取了部分 DNA，呈淡染；而大部分 DNA 被保留了，呈深染。DNA 的抽取是由于在 C 带显带的过程中，酸、碱、盐对 DNA 作用所致。酸处理可以使 DNA 分子脱嘌呤；碱处理可使 DNA 变性及溶解，2×SSC 溶液的处理可使 DNA 骨架断裂并使断片溶解，而 C 带区的 DNA 仅与组蛋白结合，比富含非组蛋白的染色体臂的

DNA 结构紧密，从而保护了 C 带区的异染色质免受酸、碱、盐的破坏，容易被 Giemsa 染液染色，从而产生 C 带。原位杂交的方法证明，深染的区域（C 带区）是结构异染色质的区域，也就是 DNA 高度重复序列的区域。C 带的优点是：准确性高，能使特殊的异染色质染色。

实验仪器与试剂

1. 仪器与用具

同“一、染色体 G 带技术”。

2. 试剂

（1）5%$Ba(OH)_2$ 水溶液。

（2）2×SSC 溶液（配法见附录 5）。

（3）0.2mol/L HCl。

方法与步骤

1. 按常规法制备外周血染色体标本。
2. 取 5～7d 片龄的染色体标本置 0.2mol/L HCl 中，室温处理 30min～1h。
3. 蒸馏水洗 3 次。
4. 转入 50℃ 5%$Ba(OH)_2$ 水溶液中保温 1～5min（随气温和片龄而变动）。
5. 自来水冲洗 3～5min，再用温蒸馏水冲洗，直至把标本上的 $Ba(OH)_2$ 冲洗掉。
6. 在 60℃的 2×SSC 溶液中处理 1h。
7. 蒸馏水水洗，空气干燥。
8. 5%Giemsa（pH6.8）染色 10min。
9. 水洗，晾干后观察。

染色体着丝粒区域、次缢痕部位及 Y 染色体染色深，其他部位染色浅，若染色体呈白色，则可能是碱处理或 2×SSC 温育过度了。

三、染色体 Q 带技术

实验原理

这是最早用的染色体分带技术，由瑞典科学家 Caspersson 等于 1968 年提出。因该方法是以荧光染料（quinacrine）染色，固以 Q 字开头命名，所染标本在荧光显微镜下显示强度不同的荧光带纹，标为 Q 带。

实验仪器与试剂

1. 仪器与用具

同“一、染色体 G 带技术”。

2. 试剂

（1）0.5%盐酸芥子喹吖因溶液（pH5.5～6.0）。

（2）50μg/mL 柠檬酸钠氮芥喹吖因溶液。

（3）柠檬酸钠缓冲液。

方法与步骤

1. 常规空气干燥法制备染色体玻片标本。

2. 将空气干燥的玻片标本用溶于无水乙醇的 0.5%盐酸芥子喹吖因溶液（pH5.5～6.0）染色 5～10min。

3. 荧光显微镜及时观察。

图 18-1 是正常女性染色体的 G 带核型。

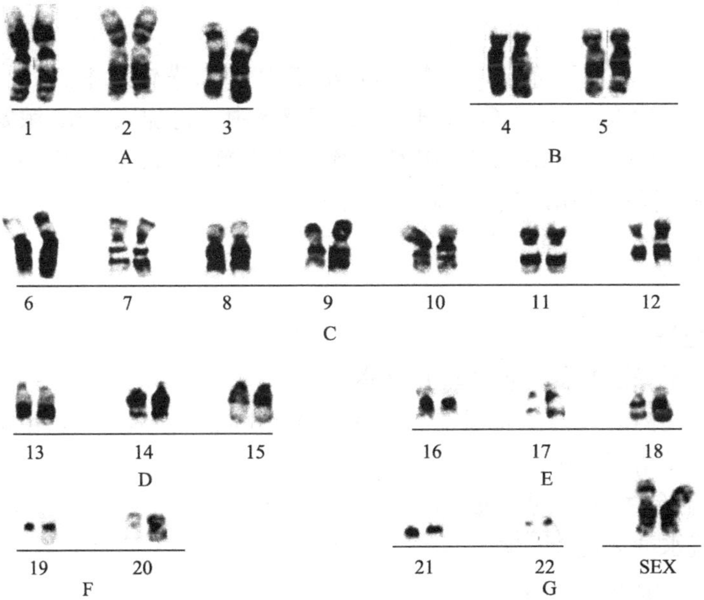

图 18-1　正常女性染色体核型（G 带核型）46，XX
A～G 表示各染色体组群号

在图 18-1 的染色体分带中，白色部位表示 Q 和 G 带为阴性或浅染，而在 R 带为阳性或深染；黑色部位表示 Q 和 G 带为阳性或深染，而在 R 带为阴性（浅染）。

四、染色体 N 带技术

实验原理

N 带又称银染（Ag-NOR）技术，可以显示染色体上的核仁组成区（NOR）。由于正在转录或已转录的 rRNA 基因部位伴有丰富的酸性蛋白，而这种蛋白质含有—SH 基团和二硫键，能将 $AgNO_3$ 中的 Ag^+ 还原成黑色 Ag 颗粒，故 $AgNO_3$ 可将具有转录活性的核仁组成区（rRNA 基因）特异性地染成黑色，而无转录活性的核仁组成区则不着色。酸性蛋白是核仁的主要成分，占核仁量的40%～80%，具有调节 rDNA 基因表达的作用。已知哺乳类动物编码 18S rRNA 和 28S rRNA 的基因（rDNA）位于特定染色体的核仁组成区。在人类中期细胞的 5 对（13～15）和（21～22）近端部着丝点染色体短臂的次缢痕区呈现黑色的小球体就是核仁组成区。现已证明该小球体是一种酸性蛋白质，它与核糖体 RNA 的转录活性有关。用DNA-RNA原位杂交技术证明，人类核仁组成区是18S～28S核糖体基因的位点所在。

银染法可用于遗传学、细胞学、医学等方面的研究，在染色体分析时，可帮助确定D组和G组染色体易位和诊断染色体疾病。

实验仪器与试剂

1. 仪器与用具

同“一、染色体G带技术”。

2. 试剂

(1) 50% $AgNO_3$ 溶液：称取50g $AgNO_3$ 溶于100mL蒸馏水中。

(2) 氨银溶液：称取4g $AgNO_3$ 溶于5mL蒸馏水中，再加入5mL浓氨水（NH_4OH）。

(3) 3%福尔马林溶液：3mL 36%甲醛溶液，加蒸馏水97mL，用4g无水醋酸钠调pH为7，4℃保存，使用前用甲酸将pH调至4.5。

方法与步骤

1. 硝酸银染色法

(1) 常规空气干燥法制备染色体玻片标本。

(2) 在片龄一周内的人染色体标本上，滴加4～8滴50% $AgNO_3$ 溶液，立即覆以盖玻片，放入潮湿密封的培养皿中。

(3) 置37℃温箱中24～48h，或50℃温育2～5h。

(4) 取出用流水冲去盖片，晾干。

(5) 2%Giemsa染色10～15s。

(6) 水洗，空气干燥，镜检。

2. 氨银染色法（Ag-As染色）

(1) 同上面步骤（1）～（3）。

(2) 取出用流水冲去盖片，再以蒸馏水洗2次，室温晾干。

(3) 用吸管加4滴氨银溶液和4滴3%福尔马林溶液（pH 4.5）于染色体标本上，立即覆以盖玻片，室温条件下作用12min。

(4) 流水冲去盖片，再以蒸馏水洗净。

(5) 用2%Giemsa复染10～15s。

(6) 水洗，空气干燥，镜检。

实验结果：以上两法各有优缺点，硝酸银染色法染色得到的染色体标本上仅仅显示Ag-NOR，染色体臂并不着色，图像颜色较淡；Ag-As染色，图像颜色鲜明，但染色体有时失真，染色体臂有时也被银染色。

作业

1. 比较各种染色体分带技术的特点。

2. 分析实验结果，指出实验的关键问题。

参考文献

刘祖洞，江绍慧. 1985. 遗传学实验［M］. 2 版. 北京：高等教育出版社

杨建一. 2010. 医学细胞生物学与遗传学实验指导［M］. 2 版. 北京：科学出版社

章静波. 2004. 医学细胞生物学实验指导及习题集［M］. 北京：人民卫生出版社

Thomas R M，Robert L H. 2001. Genetics Laboratory Investigations［M］. 12th ed. New Jersey：A Division of Pearson Education Opper Saddle River

（何炎明）

实验19

人类染色体组型分析

实验目的

掌握人类体细胞染色体组型分析的方法。

实验原理

核型（karyotype）是指一个细胞内的整套染色体按照一定的顺序排列起来所构成的图像。通常是将显微摄影得到的染色体照片剪贴而成。正常细胞的核型能代表个体的核型。组型（idiogram）是以模式图的方式表示，它是通过对许多细胞染色体的测量取其平均值绘制而成的，是理想的、模式化的染色体组成，代表了一物种染色体组型的特征。核型的研究对人类医学遗传研究及临床应用，对探讨动植物起源、物种间亲缘关系，鉴定远缘杂种及生物染色体数目和结构变异的分析等方面都有重大意义。

染色体的特征以有丝分裂中期最为显著，所以一般都分析中期分裂相。随着染色体分带技术的发展，更为染色体核型的准确分析提供了有力的工具。根据染色体着丝粒位置的不同，可将染色体分为中部着丝粒染色体（m）、亚中部着丝粒染色体（sm）、亚端部着丝粒染色体（st）和端部着丝粒染色体（t）。对任何一个染色体的基本形态学特征来说，重要的参数有以下 3 个。

（1）相对长度（relative length）：指单个染色体长度与包括 X（或 Y）染色体在内的单倍染色体总长之比，以百分率表示。

$$相对长度=\frac{每个染色体长度}{单倍染色体+X染色体总长度}\times 100\%$$

（2）臂指数（am index）：指长臂同短臂的比值，即

$$臂指数=\frac{长臂长度}{短臂长度}$$

按 Levan（1964）的划分标准：臂指数在 1.0～1.7 之间称中部着丝粒染色体（m）；臂指数在 1.7～3.0 之间称亚中部着丝粒染色体（sm）；臂指数在 3.0 ～7.0 之间称亚端部着丝粒染色体（st）；臂指数大于 7.0 者为端部着丝粒染色体（t）。

（3）着丝粒指数（centromere index）：指短臂占该染色体长度的比值，它决定着丝粒的相对位置。

$$着丝粒指数=\frac{短臂长度}{该染色体总长}\times 100\%$$

按 Levan（1964）的划分标准：着丝粒指数在 50.0～37.5 之间称中部着丝粒染色体（m）；指数在 37.5～25.0 之间称亚中部着丝粒染色体（sm）；指数在 25.0～12.5 之间称亚端部着丝粒染色体（st）；指数在 12.5～0.0 之间称端部着丝粒染色体（t）。

人类体细胞的正常核型是含有 46 条染色体，相互构成 23 对。其中 22 对是男女所共有的常染色体，1 对为男女所不同的性染色体，男 XY，女 XX。根据丹佛（1960）、伦敦（1963）和芝加哥（1966）会议提出的标准，即按照染色体的长度依次减小和着丝粒位置以及其他特征，把人类体细胞分为 7 个组群，各自特征简括于表 19-1。

表 19-1 人类染色体组型

组群号	染色体号	形态大小	着丝粒位置	随体	次缢痕	鉴别程度
A	1～3	最大	m	无	常见 1 号	可鉴定
B	4～5	次大	sm	无		不易
C	6～12＋X	中等	sm	无	常见 9 号	难鉴定
D	13～15	中等	st	有	偶见 13 号	难鉴定
E	16～18	较小	16m，17 和 18sm	无	常见 16 号	可鉴定
F	19～20	小	m	无		不易
G	21～22＋Y	最小	st	有、Y 无		难鉴定

实验仪器和试剂

摄影显微镜，胶卷，冲印放大器材，剪刀，镊子，毫米尺，胶水。

实验材料

人类体细胞染色体标本。

方法与步骤

1. 在显微镜下找出染色体分散良好、长度适中、姐妹染色单体清楚的中期分裂相进行显微拍摄。
2. 将显微拍摄放大照片上的一个细胞的全部染色体分别一条一条剪下。
3. 根据染色体的长短和形态特征及染色体带型进行同源染色体的目测配对。
4. 测量出每条染色体短臂和长臂长度，计算出各条染色体的相对长度、着丝粒指数、臂指数，并记录原始数据。
5. 根据测量数据校正目测配对排列的结果，进行调整排列。
6. 把染色体按一定顺序一对一对地排列，排列时注意短臂向上，长臂向下，性染色体单独排列，最后把染色体贴成一完整的染色体组型图（见图 19-1，图 19-2）。
7. 翻拍。

作业

剪贴男性、女性核型各一套。

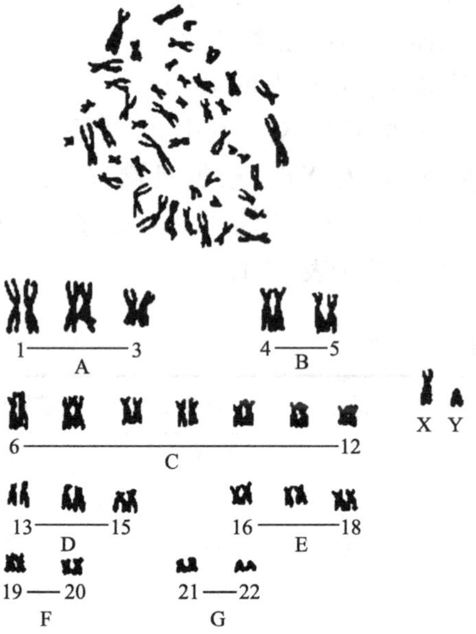

图 19-1　正常男性染色体核型

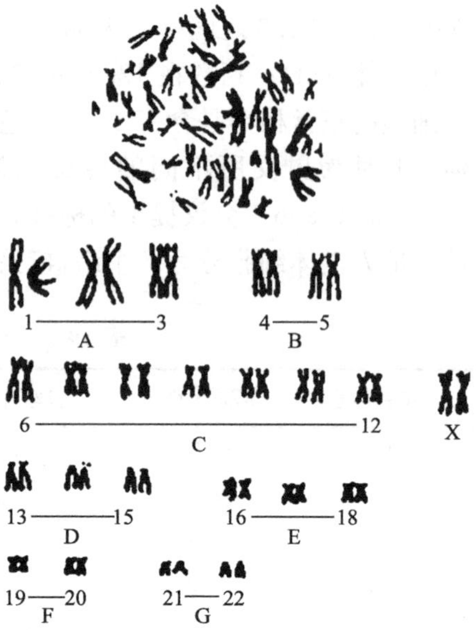

图 19-2　正常女性染色体核型

参考文献

王金发，何炎明. 2011. 细胞生物学实验教程［M］. 2 版. 北京：科学出版社
王修海，刘雯等. 2001. 医学遗传学实验指导［M］. 北京：科学出版社

（何炎明）

实验20

姐妹染色单体色差分析

实验目的

1. 了解姐妹染色单体区分染色技术（SCD）的原理和方法。
2. 通过姐妹染色单体互换（SCE）标本的观察，掌握SCE的计数方法。

实验原理

在DNA复制过程中，核苷类似物5-溴脱氧尿嘧啶核苷（BrdU）或5-碘脱氧尿嘧啶核苷（IdU）可以代替胸腺嘧啶核苷（T）掺入到新复制的DNA链中。哺乳类动物细胞在含有BrdU的培养液中培养，第一次分裂时，中期染色体的两条姐妹染色单体的DNA链，一股是原来的旧链，一股是含有BrdU的新链，它们在染色时，两条姐妹染色单体着色相同。当细胞进入第二次分裂时，中期染色体的两条姐妹染色单体，一条是单股含BrdU的DNA，另一条则是双股都含BrdU的DNA，由于双股都含BrdU的DNA分子构型有变化，使这条染色单体对某些染色剂的亲和力降低，用Giemsa染液染色时就可清楚看到双股都含BrdU的DNA链所组成的单体着色浅，而仅一条链含BrdU的单体着色深。这样根据两条姐妹染色单体所显示的深浅不同，可以区分中期染色体的姐妹染色单体。应用姐妹染色单体区分染色法（sister chromatid differential staining，SCD）可以研究细胞周期、染色体半保留复制、染色体的分子结构与畸变，以及DNA的复制、损伤与修复等一系列问题。

来自一个染色体的两条单体之间同源片段的互换称为姐妹染色单体互换（sister chromatid exchange，SCE）。这种互换是完全的，对称的。由于姐妹染色单体染色上的明显差异，如果姐妹染色单体间在某些部位发生互换，则在互换处可见有一界限明显、颜色深浅对称的互换片段，故SCE易于计数，即使在一定距离内发生多次互换，也可被检测出来。

目前认为SCE反映了DNA的损伤，可以使用SCE作为哺乳类动物突变形成的指标。由于SCE分析方法比观察染色体畸变更简便、迅速、敏感，并表现出很好的剂量效应关系，因此，目前已把SCE列为检测致突变物、致癌物的常规指标之一。

实验仪器和试剂

1. 仪器与用具

超净工作台，恒温培养箱，恒温水浴紫外照射仪（或恒温水浴箱，15W紫外灯，托盘）天平，离心机，2mL注射器，吸管，量筒，培养瓶，烧杯，酒精灯，载玻片，擦镜纸，玻片架。

2. 试剂

(1) 培养液（配法见实验 17 外周血淋巴细胞培养）。

(2) BrdU 液：用无菌青霉素瓶于分析天平称取 BrdU 2mg，然后在无菌室内加入无菌生理盐水 4mL，即 500μg/mL，用黑布避光，置冰箱中保存，最好现配现用。

(3) 2×SSC 溶液（0.3mol/L 氯化钠，0.03mol/L 枸橼酸钠）：称取 NaCl 17.54g，枸橼酸钠 8.82g，各用 1000mL 蒸馏水溶解，使用时两溶液等量混合。

(4) pH 6.8 磷酸缓冲液（配法见实验 18）：取溶液 A 液 49mL＋溶液 B 液 51mL 混匀即成 pH6.8 磷酸缓冲液。

(5) 40μg/mL 秋水仙素溶液。

(6) 1mol/L Na_2HPO_4 溶液（用稀盐酸调节 pH 至 8.0）。

(7) 希夫（Schiff）试剂：称取 0.5g 碱性品红加入到 100mL 煮沸的蒸馏水中（用三角烧瓶），时时振荡，继续煮 5min（勿使之沸腾），使之充分溶解。然后冷却至 50℃，用滤纸过滤，滤液中加入 10mL 1mol/L HCl，冷却至 25℃时，加入 0.5g $Na_2S_2O_5$（偏重亚硫酸钠）或偏重亚硫酸钾，充分振荡后，塞紧瓶塞，在室温暗处静置至少 24h（有时需 2～3d），使其颜色退至淡黄色，然后加入 0.5g 活性炭，用力振荡 1min，最后用粗滤纸过滤于棕色瓶中，封严瓶塞，外包黑纸。滤液应无色、无沉淀，贮于 4℃冰箱中备用。

(8) 亚硫酸水漂洗液：取 200mL 自来水，加 10mL 10%偏重亚硫酸钠（或偏重亚硫酸钾）水溶液和 10mL 1mol/L HCl，三者于使用前混匀。

(9) 3.51mol/L 盐酸。

(10) 45%醋酸。

实验材料

人外周血、蚕豆（*Vicia faba* Linn）种子。

方法与步骤

（一）人外周血细胞姐妹染色单体区分染色——BrdU-Giemsa 法

1. 培养基制备、采血及培养过程与实验 17“人体外周血淋巴细胞培养”相同。

2. 培养 24h 后加入 BrdU，最终浓度为 10μg/mL。培养瓶用黑纸包装（避光以防止 BrdU分解）。

3. 终止培养前 4～6h 加入秋水仙素溶液（40μg/mL）0.05～0.1mL，最终浓度 0.4～0.8μg/mL。

4. 按常规空气干燥法制片，37℃温箱中存放备用。

5. 姐妹染色单体区分染色，该法有以下两种。

(1) 碱的热溶液处理。

a. 将染色体标本浸在 88℃的 1mol/L Na_2HPO_4 溶液（pH 8.0）中15～20min。

b. 蒸馏水冲洗。

c. 常规 Giemsa 染色 5～10min。

d. 蒸馏水冲洗，干燥。

e. 镜检。

（2）紫外灯照射法。

a. 染色体标本 37℃条件下搁置 24h 后取出。

b. 在水浴锅中放一饭盒，盒中置玻片架，加入 2×SSC，液面接近玻片架面，调温至 45～48℃。

c. 将制片平放在玻片架上，并向玻片表面滴加 2×SSC 溶液，使之覆盖一薄层。

d. 在水浴锅中放一带罩的 15W 紫外灯，与标本垂直，距离 5～8cm，照射 20～30min（照射期间防止 2×SSC 溶液干涸）。

e. 用蒸馏水冲去 2×SSC。

f. 1∶10 Giemsa（pH6.8 磷酸缓冲液稀释）染色 5～10min。

g. 水洗，晾干后镜检。在普通光学显微镜下观察，可见姐妹染色单体呈现鲜明的深浅不同的颜色（图 20-1）。

6. SCE 计数

选择染色体分散良好、数目为 $2n=46$ 的人的中期分裂相细胞进行观察计数（图 20-1）。凡在染色单体端部出现的互换计为一次 SCE，在染色单体中间出现互换计为两次 SCE。凡在着丝粒部位发生一次互换，判明不是两条染色单体在着丝粒部位发生的扭转，记为一次 SCE。每个样品一般选择 30 个细胞进行 SCE 分析，最后求得一个平均数。最后将结果填入表 20-1 中。

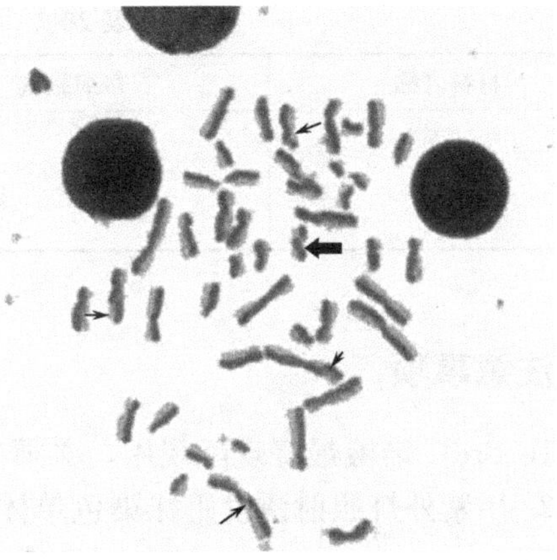

图 20-1　人体淋巴细胞姐妹染色单体互换（见彩版）

细箭头所指染色体为一次 SCE，粗箭头为两次 SCE

表 20-1　BrdU-Giemsa 法染色结果

血样编号	观察细胞数	每个细胞的 SCE	平均 SCE/个细胞

（二）植物细胞姐妹染色单体区分染色——BrdU-Feulgen 法

1. 将蚕豆种子浸泡一天后转入带湿润滤纸的平皿中，置 25℃催芽，当初生根长至 3～5cm 时，剪去根尖生长点，然后将种子移入含有清水的平皿置 25℃温箱水培，每日换一次清水。

2. 当大多数侧根长至 1.0～1.5cm 时，将蚕豆幼株移至盛有 0.5mmol/L BrdU 溶液的青霉素瓶中，继续 25℃温箱中避光培养 36h。

3. 剪取侧根端部（1.5～1cm 长），浸入 0.05%秋水仙素溶液中，预处理 3.5～4h。

4. 转入新鲜 Carnoy 固定液，固定 2～3h。

5. 将根尖置 1mol/L 盐酸中 60℃水解 8min 左右。

6. 希夫（Schiff）试剂染色，直至根尖呈深紫红色（30～40min）。

7. 亚硫酸水溶液漂洗 3 次，每次 5min。

8. 蒸馏水洗 3 次。

9. 压片：取染色的根尖，置载玻片上，切去未着色部分，用镊子将材料捣碎，分散（初生根可制作几个片子），加一滴 45%醋酸，盖上盖玻片，覆以吸水纸，左手固定盖片，右手用橡皮头轻轻敲击，使材料压成薄层。

10. 镜检。选择二倍体的中期相进行 SCE 计数，每个样品一般选择 30 个细胞进行 SCE 分析，最后求得一个平均数。实验结果填入表 20-2 中。

表 20-2　BrdU-Feulgen 法染色结果

材料名称	观察细胞数	每个细胞的 SCE	平均 SCE/个细胞

注意事项

1. BrdU 溶液最好现配现用，必须有黑色外包装，避光并放置 4℃保存。

2. 用紫外灯照射诱发姐妹染色单体互换时，如紫外灯功率大，瓦数高，照射时间就相应地减少。

作业

1. 绘图表示姐妹染色单体区分染色和姐妹染色单体交换的情况。

2. 选择染色体数为整二倍体的 30 个中期相进行 SCE 分析，最后求得一个平均数。

参考文献

王金发，何炎明. 2011. 细胞生物学实验教程 [M]. 2 版. 北京：科学出版社

杨建一. 2010. 医学细胞生物学与遗传学实验指导 [M]. 2 版. 北京：科学出版社

章静波. 2004. 医学细胞生物学实验指导及习题集 [M]. 北京：人民卫生出版社

（何炎明）

实验21

人体细胞性染色质的检测

实验目的

1. 掌握人体口腔黏膜上皮细胞制备的方法。
2. 正确识别巴氏小体的特征及其所在位置。
3. 说明人体细胞中核内X染色体的数目和性染色质数目之间存在的关系。

实验原理

人体细胞性染色质是指间期细胞核中，由性染色体形成的结构小体，这种小体有两种：一种是X染色质，另一种是Y染色质。

1. X染色质

X染色质呈现于女性体细胞间期细胞核内。在口腔黏膜细胞、羊水脱落细胞、皮肤结缔组织、宫颈上皮细胞、毛根细胞等细胞中均可检出。用硫堇染液或苯酚品红改良染液染色后，便可观察到染色较浓，多位于核膜内侧缘，呈凸平形、卵圆形、扁平或三角形，直径约1μm大小的小体（图21-1）。女性细胞核中出现率为40%～60%。

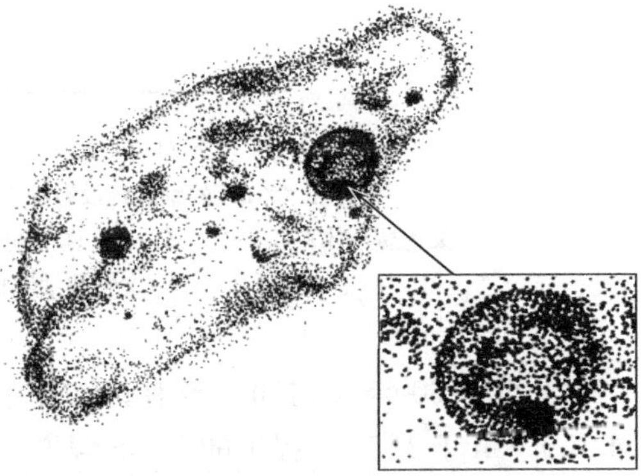

图21-1 人体鳞片上皮细胞
图示一个性染色质小体（箭头），
右下方小图为箭头处放大

X染色质，首先由M. L. Barr和E. G. Bertram（1949年）在雌猫的神经细胞间期核中发现，是一深染色的小体，它既与核仁、核膜紧贴而又分离，而在雄猫中很难看到这一小体。进一步的研究表明这种两性异型现象普遍存在于有袋类、偶蹄类、蝙蝠类、食肉类、灵长类的多种组织的细胞中。之后在其他雌性哺乳动物细胞和人类女性的许多细胞中发现有同样的小体。由于这种染色质小体是雌性细胞的特征，在雄性中细胞中没有，一般称作X小体或巴氏（Barr）小体。

细胞化学上，X小体表现孚尔根阳性反应和甲基绿派洛宁深染，证实有DNA的存在。已经证明X染色质是两个X染色体之一在间期时发生异固缩而形成的，且通常为失活状态。失活的染色体是随机的，失活状态使得雌性个体两个X染色体所携带的两份基因的遗传效应与雄性个体一个X染色体所具有的一份基因的遗传效应基本相当，达到一种剂量补偿效应，是维持雌雄两性生物基因表达一致所特有的遗传效应。

正常男性只有一条 X 染色体，不可能出现巴氏小体（图 21-2A）。正常女性有两条 X 染色体，每个细胞只能出现一个巴氏小体（图 21-2B），而一个 X 染色体三体的女性每个细胞能显示两个性染色质小体（图 21-2C）。但也发现极其罕有的拥有 4 条 X 染色体的女性，这种女性的每个细胞核则有 3 个巴氏小体（图 21-2D）。由此可以发现，在女性的一个个体的间期细胞中，这种 X 小体的数目是该个体的 X 染色体数目减一。

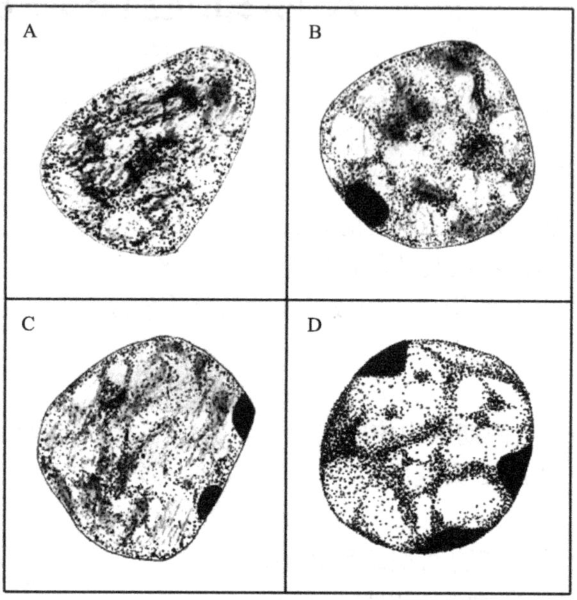

图 21-2　展示性染色质或巴氏小体的细胞核

A. 一个男性（XY）的细胞核没有性染色质；B. 一个正常女性（XX）的细胞核有一个性染色质小体；C. 一个三体-X 女性的细胞核有两个性染色质小体；D. 拥有 4 条 X 染色体女性的细胞核则有 3 个性染色质小体

20 世纪 60 年代初期，曾有许多学者对这一现象进行解释，其中解释较为完善的是 M. F. Lyon 于 1961 年提出的 Lyon 假说，其核心内容主要有以下几个方面。

（1）正常雌性个体的所有组织中（生殖细胞除外），两条 X 染色体中有一条是失活的。

（2）同一个体的不同细胞内，失活的 X 染色体可能来自父方，也可能来自母方，由此可以推想，就不同 X 染色体失活而言雌性是个嵌合体。

（3）X 染色体的失活出现在雌性胚胎发育的早期，一旦某条 X 染色体失活后，在相继的细胞世代中，总是这条 X 染色体处于失活状态。

A. Morishima 等（1962）应用放射标记技术，证实了失活状态的 X 染色体与其他异染色质一样，在 DNA 复制时总比细胞核中其他常染色质晚，而且总是出现在核膜的边缘，这就提供了一个能经常观察到巴氏小体的地方。

不少学者支持 Lyon 假说，许多实验也都证明了它的正确性，但 X 染色体的失活是个比较复杂的生物学问题，目前对这一现象仍然存在着一些难以解释的疑点。例如，是否所有组织的全部细胞中，在任何时间都存在这种 X 小体；失活的 X 小体是如何进行复制的，等等。虽然对 X 小体还存在着许多解释不清的地方，但目前在医学遗传学的研究中，利用 X 染色质的鉴别技术，有助于揭示 X 连锁基因的调控机理，对医学遗传学的研究及在临床和法医诊断上具有一定的实际意义。

2. Y 染色质

Y 染色质一般呈现于男性体细胞间期细胞核内。1970 年 Pearson 等选用男性的口腔上皮细胞、成纤维细胞为材料，用荧光材料进行染色，发现在细胞核内近中央处有一直径为 0.25～0.3μm 的发荧光的圆形或椭圆形小体，而女性却没有。据认为该小体是由于 Y 染色体长臂远端的异染色质区所形成，称为 Y 染色质，亦称 Y 小体。Y 小体在男性中检出频率一般为 25%～50%。

正常男性有一条 Y 染色体，用 Yq12 处理呈强荧光染色，在间期细胞核中为一荧光小体，即 Y 染色质。Y 染色质在男性口腔上皮细胞、淋巴细胞、精子等中均可检出，正常男性细胞中可见一个 Y 染色质。实践上进行 Y 染色质的检查，对性别的鉴定和 Y 染色体异常的诊断都具有一定意义。

实验仪器和试剂

1. 仪器与用具

显微镜，荧光灯，水浴锅，无菌压舌板或牙签，载玻片，盖玻片，镊子，吸水纸等。

2. 试剂

Carnoy 固定液（甲醇：冰醋酸＝3：1），0.85%生理盐水，无水或 95%乙醇，45%和 60%醋酸溶液，1mol/L 盐酸，硫堇染色液，0.2%甲苯胺蓝，改良苯酚（石炭酸）品红染色液，Macllvaine 缓冲液（以上染色液和缓冲液配制方法见附录 5），0.2%双盐酸喹吖因，0.005%氮芥喹吖因。

实验材料

人体口腔黏膜细胞、毛根鞘细胞。

方法与步骤

（一）X 染色质标本的制备与观察

1. 口腔黏膜细胞 X 染色质的标本制备与观察

(1) 涂片操作过程：先让受检者用水漱口数次，用压舌板或牙签刮取受检者口腔颊部黏膜，把第一次刮取物弃掉，以除去松脱的上皮细胞和细菌，然后再次用压舌板或牙签刮取黏膜，将第二次刮取物涂到干净的载玻片上，空气干燥。

(2) 将玻片置 Carnoy 固定液（甲醇：冰醋酸＝3：1）中 20min。

(3) 把玻片取出并依次放入 95%、70%、50%乙醇及蒸馏水中各 2min。

(4) 从蒸馏水中取出玻片，置于 37℃ 1mol/L 盐酸中水解约 20min。盐酸水解是制备染色过程的一个关键步骤，该步骤能水解细胞核中的 RNA，除去可与硫堇染色的富 RNA 小体。硫堇对核酸差别染色，能把 DNA 染成蓝-黑色，RNA 则染成紫色。适当的水解可除去富 RNA 小体，防止它们与富 DNA 性染色质小体混淆。但是必须注意水解时间，如果过度水解会破坏 DNA，而水解不够则不能除去紧邻核仁的富 RNA 小体，影响观察结果。

(5) 蒸馏水漂洗 2～3 次，每次 10～15s，以洗去盐酸。

(6) 将玻片放到硫堇染色液中染色 10～20min。

(7) 蒸馏水漂洗，空气干燥后即可用显微镜观察。如果染色过深，可以将制片置于 95% 乙醇中分化 30s 左右，染色过浅，可再复染。

(8) 也可以经脱水、透明封片后观察，步骤是：经（7）蒸馏水漂洗的玻片，依次按以下步骤脱水：50%乙醇 30s、70%乙醇 30s、95%乙醇 30s 和无水乙醇 30s。把玻片放到二甲苯中 1min 使之透明。把玻片从二甲苯中移出后，马上在细胞上加一滴树脂装片介质，盖上干净盖玻片。放盖玻片时要小心操作，以避免在装片介质中造成气泡。

(9) 镜检：低倍物镜找到上皮细胞后，再转用高倍镜或油镜观察。选择细胞核较大、染色适度、核膜完整的细胞观察 80～100 个，统计 X 染色质的出现频率。

本材料的染色除用硫堇染色液外，也可以用 0.2%甲苯胺蓝或改良苯酚（石炭酸）品红染色液。如用 0.2%甲苯胺蓝染色，只是染色时间改为 1～2min，其余操作同硫堇染色法。改良苯酚品红染色的步骤是：取材涂于载玻片上，加一滴 60%醋酸固定解离 5min，用滤纸吸去多余的醋酸，加改良苯酚品红染色 2～3min，盖上盖玻片，垫上滤纸，以拇指压片后镜检。

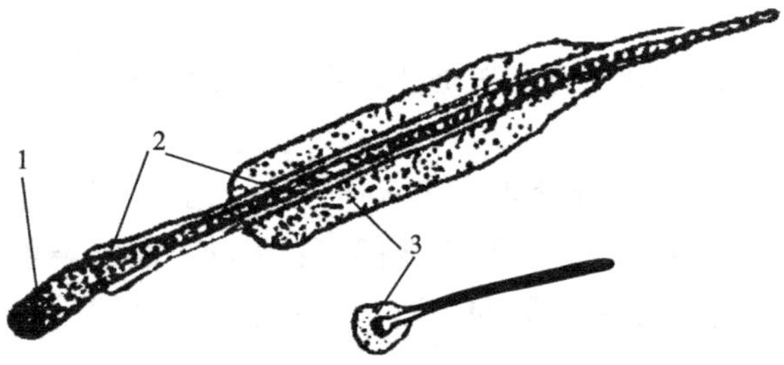

图 21-3　带毛根鞘的毛发
1-毛球；2-内层毛囊；3-外层毛囊

2. 毛根鞘细胞 X 染色质的标本制备与观察

(1) 取带毛根鞘的毛发（图 21-3）一根，放在干净的载玻片上。

(2) 在根部加一滴 45%醋酸溶液。

(3) 静置酸解 5min，待毛发软化后，吸去多余的醋酸，用干净针头或镊子将根部组织刮下，去毛干，并用针头将刮下的组织均匀分开，空气干燥。

(4) 人毛根鞘细胞制片，可直接用硫瑾水溶液染色 10～20min。

(5) 转入 75%乙醇中漂洗约 30s，取出晾干即可镜检。

染色除用硫瑾水溶液外，可用 0.2%甲苯胺蓝染色 2～3min，蒸馏水漂洗，空气干燥或改良苯酚品红染色 2～3min，盖上盖玻片和压片后即可镜检。

（二）Y 染色质标本的制备与观察

1. 取材

同 X 染色质标本制备的取材方法。

2. 材料处理与染色

把涂片放入乙醇-乙醚（1∶1）溶液中固定 20min 至 12h，然后移入 95%乙醇中 30min，空气干燥。

将上述处理好的制片浸入 pH6 的 Macllvaine 缓冲液中 5min，再浸入 0.2%双盐酸喹吖因液（或 0.005%氮芥喹吖因液）10min。然后在缓冲液中分色 10min。

3. 用荧光显微镜观察

一般应将准备好的标本放于暗处，在 12～17h 内镜检（12h 之前出现 Y 染色质的细胞很少，而且小体不够明亮，而 17h 后涂片开始褪色）。

实验说明

对于大多数哺乳动物，特别是对人类的研究，已经证明：Y 染色体是决定雄性的，只要它存在，个体的表现型必定是雄性，但也偶有例外。雌性决定基因存在于 X 染色体和常染色体上，正常女性的体细胞有 46 条染色体配套，由 44 条常染色体和 2 条 X 染色体组成；正常男性由 44 条常染色体加上一条 X 和一条 Y 染色体。

作业

1. 在制片过程中，盐酸水解的目的是什么？
2. 简述 X 染色质与 Y 染色质的成因。
3. 描绘所观察到的巴氏小体的形态特征和在细胞中的分布状况。
4. 正常男性核型为 44+XY，而正常女性核型为 44+XX，请填下表：

性染色质和相关的性染色体配比及染色体数目

编号	X 小体数目	供体的表型性别	性染色体配比	体细胞的染色体总数
1	0	男性（正常）		
2	0	女性（不正常）		
3	1	男性（不正常）		
4	1	女性（正常）		
5	2	男性（不正常）		
6	2	女性（不正常）		
7	3	男性（不正常）		
8	3	女性（不正常）		

5. 根据上表提供的资料，确定性染色体配比和预测体细胞染色体总数（假定存在 44 条常染色体）。观察一位男性的 80～100 个口腔黏膜上皮细胞，统计 X 染色质的出现频率。观察一位女性的 80～100 个口腔黏膜上皮细胞，统计 X 染色质的出现频率。

参 考 文 献

孙勇如. 1989. 遗传学手册 [M]. 长沙：湖南科学技术出版社. 322-324

王建波，方呈祥，鄢慧民，等. 2004. 遗传学实验教程 [M]. 武汉：武汉大学出版社. 38-39

Thomas R M, Robert L H. 2001. Genetics Laboratory Investigations [M]. 12th ed. New Jersey: A Division of Pearson Education Upper Saddle River

（戚康标）

实验22

水稻花药培养诱导单倍体植株

实验目的

1. 了解和掌握植物组织培养的原理及意义。
2. 掌握水稻花药培养诱导单倍体植株的技术。

实验原理

植物组织培养的理论依据是植物细胞具有全能性，所谓细胞全能性是指植物体任何一个细胞都携带着一套发育成完整植株的全部遗传信息，在离体培养情况下，这些信息可以表达，产生出完整植株。花药培养是指应用植物组织培养技术，把发育到一定阶段的花药，通过无菌操作技术接种在人工培养基上，以改变花药内花粉粒的发育程序，诱导其脱分化和再分化，最后长成完整的植株。用花药培养获得的植株是单倍体的，这是因为植物的花粉是由花粉母细胞经过减数分裂形成的，它们的染色体数目只有体细胞的一半。用花药离体培养的方法使植物的花粉不经过受精过程而直接发育成植株，一般只有一套染色体。

单倍体的植物在育种工作中有着十分重要的意义。单倍体植株经秋水仙素人工加倍后就可获得纯合的二倍体，这样可加速基因的纯化进程，缩短了育种的年限，同时可以有效地利用植物杂种优势。由于单倍体选择的显性方差减少，加性方差增加，因而在同一选择周期中单倍体的选择效率要比二倍体的高。

花药培养形成单倍体植株的途径：一种是胚状体途径，即花粉粒不断分裂形成细胞团，经过类似胚胎发育的过程形成胚状体，然后长出根和芽，如烟草、曼陀罗等；另一种是愈伤组织途径，培养的花药先形成一些无结构的细胞团（即愈伤组织），将其转移到分化培养基，逐步分化出根和芽，最后形成完整的植株（图22-1）。

影响植物花药培养的主要因素有：供体植物的基因型、花粉发育时期、培养基成分和培养条件等。

实验仪器和试剂

1. 仪器与用具

分析天平，超净工作台，高压灭菌锅，培养箱或培养室，剪刀，镊子，手术刀，电炉，烧杯，试剂瓶，培养瓶，酒精灯，精密试纸（pH5.4～7.0）。

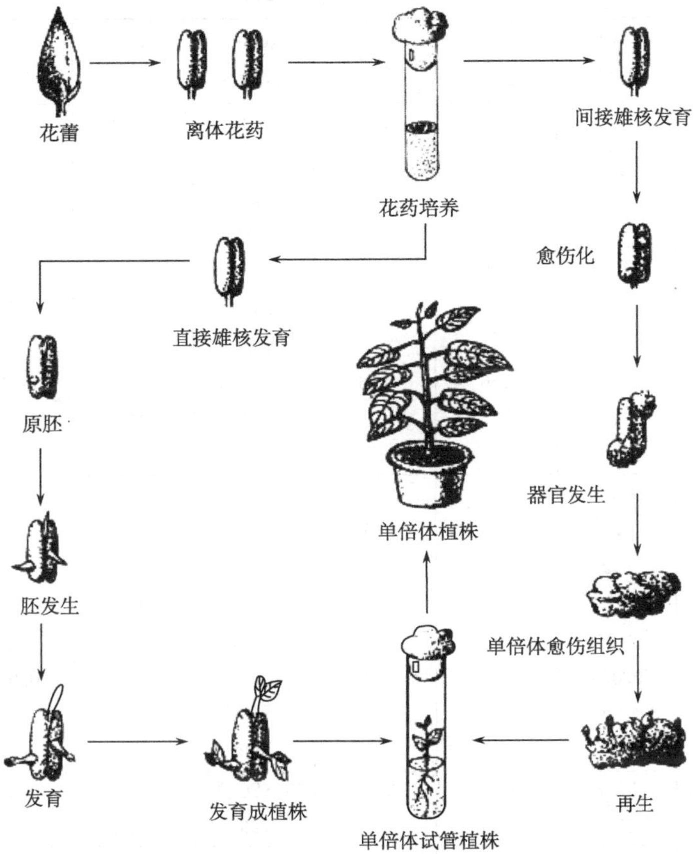

图 22-1　花药离体培养中单倍体发育的方式

2. 试剂

配制培养基的各种化学试剂药品，激动素（KT），2,4 -二氯苯氧乙酸（2,4-D），吲哚乙酸（IAA），萘乙酸（NAA），1mol/L NaOH，1mol/L HCl，0.1%升汞，乙醇，蔗糖，琼脂。

实验材料

水稻（*Oryza sativa*）孕穗后期植株。

方法与步骤

1. 母液的配制

水稻花药培养常用的培养基配方见表 22-1，在配制培养基时，为了使用方便，避免每次配制称量的麻烦，通常将各种成分配成比培养基需要量大 10～100 倍的母液。配制母液时必须要注意，各种化学物质必须一一充分溶解后才能混合，以避免药物间出现化学反应产生沉淀。某些生长素，如 2,4-D、IAA、NAA 等，应先用少量 95%乙醇溶解，最后再加水定容。KT、6-苄氨基腺嘌呤（6-BA）、异戊烯基腺嘌呤核苷（2ip）、玉米素（ZT）等细胞分裂素，应先用少量 1mol/L HCl 或 1mol/L NaOH 溶解，最后才加水定容。配好的母液要标记好配制日期及药物的浓度。

表 22-1　主要培养基配方　　(单位：mg/L)

成分	MS (1962)	N^6 (1974)	H (1967)	White (1963)	Miller (1963)	B_5 (1968)	Nitsch (1972)
KNO_3	1900	2830	950	80	1000	3000	950
NH_4NO_3	1650		720		1000		720
$(NH_4)_2SO_4$		460				134	
$MgSO_4 \cdot 7H_2O$	370	185	185	720	35	500	185
KH_2PO_4	170	400	68		300		68
$NaH_2PO_4 \cdot H_2O$				16.5		150	
KCl				65	65		
$CaCl_2 \cdot 2H_2O$	440	166	166			150	166
$Ca(NO_3)_2 \cdot 4H_2O$				300	347		
Na_2SO_4				200			
$MnSO_4 \cdot 4H_2O$	22.3	4.4	25		4.4	10	25
$ZnSO_4 \cdot 7H_2O$	8.6	1.5	10	3.0	1.5	2.0	10
H_3BO_3	6.2	1.6	10	1.5	1.6	3.0	10
KI	0.83	0.8			0.8	0.75	
$Na_2Mo_4 \cdot 2H_2O$	0.25		0.25			0.25	0.25
$CuSO_4 \cdot 5H_2O$	0.025		0.025	0.001		0.025	0.025
$CoCl_2 \cdot 6H_2O$	0.025					0.025	
MoO_3				0.0001			
Na_2-EDTA	37.7	37.7	37.7	$Fe_2(SO_4)_3$	37.7	37.7	37.7
$FeSO_4 \cdot 7H_2O$	27.8	27.8	27.8	2.5	27.8	27.8	27.8
甘氨酸	2.0	2.0	2.0	3.0	2.0		2.0
盐酸硫胺素	0.4	1.0	0.5	0.1	0.1	10	0.5
盐酸吡哆素	0.5	0.5	0.5	0.1	0.1	1.0	0.25
烟酸	0.5	0.5	5.0	0.3	0.5	1.0	5.0
肌醇	100		100	100		100	100
叶酸			0.5				0.5
生物素			0.05				0.05

2. 培养基的配制

适合水稻花药培养的培养基为：

愈伤组织诱导培养基：N^6＋2,4-D 2mg/L＋NAA 1mg/L＋蔗糖 5%＋琼脂 0.7%。

分化培养基：MS＋KT 2mg/L＋IAA 0.5mg/L＋蔗糖 3%＋琼脂 0.7%。

壮苗培养基：1/2MS（大量元素减半）＋IAA 0.2mg/L＋蔗糖 3%＋琼脂 0.7%。

把母液按编号顺序排列好，取 1000mL 烧杯一个，先加入约 300mL 蒸馏水，按设计好的培养基分别吸取母液，定容至所需的量。加热把琼脂和蔗糖煮溶，调 pH 至 5.8，分装到培养瓶中，然后用锡箔纸封好瓶口。

3. 培养基灭菌

把分装好的培养基及接种用具放入高压消毒锅进行灭菌消毒。当压力升到 0.05MPa 时，打开放气阀，放气 5min 后，再把放气阀关上，当压力升到 0.11MPa 时，开始计时，维持 0.11MPa 压力灭菌 15～20min。灭菌后应把培养基放在干净处冷却待用。

4. 取材

经显微镜镜检后，选取主茎或第一分蘖小孢子处于单核中期的稻穗，此时其颖片已达到最后大小，颜色黄绿，面对光源透视颖壳，花药顶部正长到颖壳长度的 1/2～2/3，花药淡黄绿色。

5. 预处理

将稻穗用湿纱布包好，套在塑料袋内，置于 7～10℃冰箱中，低温预处理10～15d。

6. 接种

材料经 70%乙醇喷洒或擦拭后，将叶鞘剥除，取出穗子进行花药接种。或再将穗子浸于饱和漂白粉上清液中 8～10min，用无菌水冲洗干净，然后接种。接种时用镊子小心地将花药取出，或者是先放在无菌纸上，再倒入培养瓶中，或是边取花药边接种在培养基上（要注意接种一定的花药密度）。接种后将材料置于 27℃下暗培养，诱导愈伤组织发生。

7. 诱导分化

愈伤组织出现后 10d 左右即可长到小米粒大小，这时应把它们及时转入分化培养基诱导植株分化。分化培养的最初 3～5d 在暗中进行，然后转入光强 1000～2000lx，每天 14h 光照培养，温度 27℃左右。

8. 壮苗培养和移栽

将在分化培养基上陆续出现的绿苗分批转至壮苗培养基上培养，当试管苗长到 3 片叶以上，并有发达的根系时，炼苗移栽。

注意事项

1. 接种用的工具、器皿、培养基必须要经过高压灭菌。

2. 接种前要用紫外消毒接种室 20min，接种者要用肥皂洗干净双手，然后用 70%酒精棉球把手和指尖消毒 1 次。

3. 严格按照无菌操作的要求进行操作，尽量减少污染。

作业

1. 接种后一周，观察记录培养物有无污染。

2. 每隔一周观察记录培养物的生长情况。

3. 统计花药诱导愈伤组织的频率和愈伤组织分化成苗的频率。

4. 根据实验情况写出详细的分析报告。

参考文献

李浚明. 2002. 植物组织培养教程 [M]. 2 版. 北京：中国农业大学出版社

林加涵，魏文铃. 2000. 现代生物学实验 [M]. 北京：高等教育出版社

周维燕. 2001. 植物细胞工程原理与技术 [M]. 北京：中国农业大学出版社

（何炎明）

实验23

原生质体的分离和培养

实验目的

掌握植物原生质体的分离、提纯和培养技术，观察原生质体再生壁和细胞分裂过程。

实验原理

植物原生质体是去除了细胞壁的裸露的细胞。原生质体可从培养的单细胞、愈伤组织和植物器官（叶、下胚轴等）获得。但一般认为从叶肉组织分离原生质体是理想的材料，其优点是材料来源方便，供应及时，而且遗传性较为一致。而从单细胞和愈伤组织分离到的原生质体，由于受培养条件和继代培养的影响，易使细胞间发生遗传和生理差异。所以，从培养的单细胞和愈伤组织中获得的原生质体不是十分理想的材料。植物原生质体的分离通常采用酶解法，原生质体分离所必需的两种酶是纤维素酶和果胶酶，前者主要是用来消化细胞壁纤维素，后者主要是中胶层。在适宜的培养条件下，分离的原生质体又可重新合成新的细胞壁，经过细胞分裂并再生成完整的植株。原生质体培养的条件和对营养的要求与组织、细胞培养相似。但原生质体由于是除去了细胞壁，所以培养基中要有一定浓度的渗透压稳定剂来保持原生质体的稳定。常用的渗透压稳定剂包括甘露醇、山梨醇、蔗糖等。培养基中添加的生长素、细胞分裂素对原生质体的再生培养是至关重要的。

高等植物原生质体除了用于细胞融合的研究以外，还能通过它们裸露的质膜摄入外源DNA、细胞器、细菌或病毒颗粒。原生质体的这些特性与植物细胞的全能性结合在一起，已经在遗传工程和体细胞遗传学中开辟了一个理论和应用研究的崭新领域。植物原生质体的分离、培养和植株再生的主要流程如图23-1所示。

实验仪器和试剂

1. 仪器与用具

超净工作台，低速离心机，倒置显微镜，高压灭菌锅，血细胞计数板，带盖离心管，细菌过滤器，300目镍丝网，解剖刀，镊子，注射器（2mL、5mL），刻度吸管，培养皿，烧杯等。

2. 试剂

（1）洗涤液：甘露醇 0.6mol/L，$CaCl_2 \cdot 2H_2O$ 3.5mmol/L，KH_2PO_4 0.7mmol/L (pH5.6)，可高压灭菌。

（2）混合酶液：2%纤维素酶、1%果胶酶溶于洗涤液中（pH5.6），需过滤除菌。

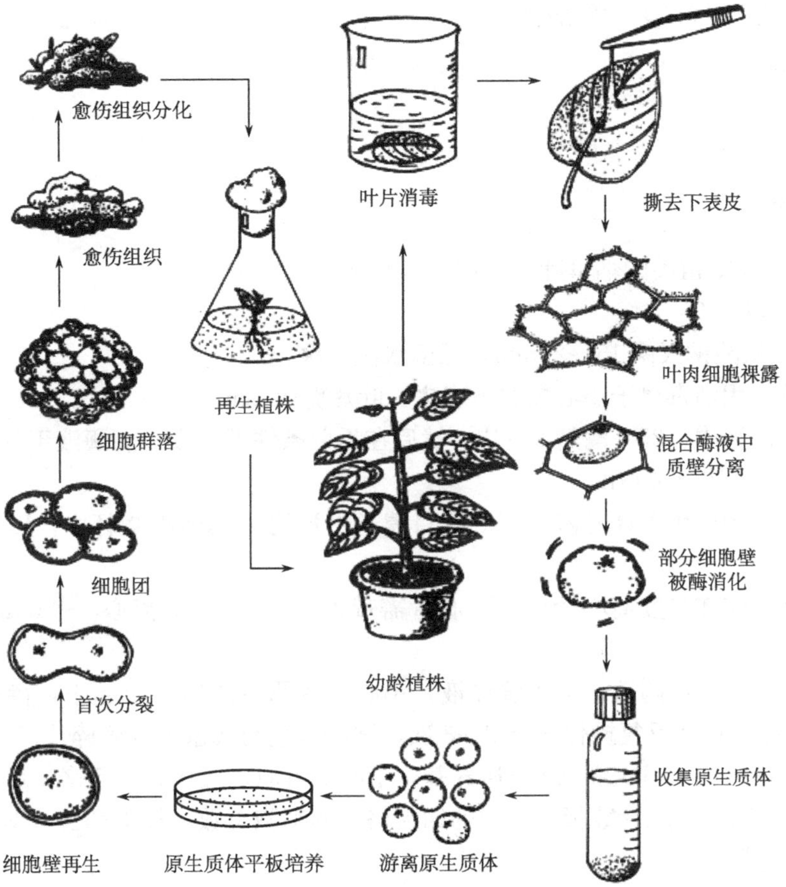

图 23-1　原生质体的分离、培养和植株再生

(3) DPD 培养基（表 23-1）。

表 23-1　DPD 培养基配方*

成分	含量/(mg/L)	成分	含量/(mg/L)
NH_4NO_3	270	KI	0.25
KNO_3	1480	烟酸	4
$MgSO_4 \cdot 7H_2O$	340	盐酸吡哆素	0.7
$CaCl_2 \cdot 2H_2O$	570	盐酸硫胺素	4
KH_2PO_4	80	肌醇	100
$FeSO_4 \cdot 7H_2O$	27.8	叶酸	0.4
Na_2-EDTA	37.3	甘氨酸	1.4
$MnSO_4 \cdot H_2O$	5	生物素	0.04
$Na_2MoO_4 \cdot 2H_2O$	0.1	蔗糖	2000
H_3BO_3	2	甘露醇	0.3mol/L
$ZnSO_4 \cdot 7H_2O$	2	2,4-D	1
$CuSO_4 \cdot 7H_2O$	0.015	激动素	0.5
$CoCl_2 \cdot 6H_2O$	0.01	pH	5.8

* 培养基需过滤除菌。

(4) 70%乙醇，0.3%次氯酸钠。

实验材料

烟草（*Nicotiana* spp.）叶片。

方法与步骤

1. 取 60～100d 苗龄的烟草叶片，用自来水洗净。

2. 70%乙醇浸 30s。

3. 0.3%次氯酸钠灭菌 15～20min，无菌水洗 5 次。

4. 无菌叶片用消毒镊子小心撕去下表皮，叶片剪成 $1cm^2$。

5. 置混合酶液中，25℃酶解 3～4h。然后在无菌条件下，吸一滴酶液于载玻片上，在显微镜下检查原生质体分离情况。

6. 将酶解后的原生质体悬液，用 300 目镍丝网过滤到无菌小烧杯中，以除去未酶解完全的组织。

7. 将滤液分装在刻度离心管中（离心管需带盖），600r/min 离心3～5min，使完整的原生质体沉淀。

8. 用吸管除去上层酶液，加入洗涤液，小心地将原生质体悬浮起来，待悬液充分混匀后，再一次离心。这样反复操作洗涤 2～3 次，洗净酶液与残余的细胞碎片。

9. 加入适量（如 4mL）的 DPD 培养基，小心地将原生质体悬浮起来，取少量用血细胞计数板计数，计算血细胞计数板上四角的四大格内的细胞总数，按下列公式即可算出每毫升悬浮液中的细胞数：

$$\text{细胞数/mL}=\frac{\text{四大格的细胞总数}}{4}\times 10\,000\times\text{稀释倍数}$$

离心去掉上述加入的培养基，再按计数结果加入相应量的培养基，使培养基中悬浮原生质体的密度为 10^5 个/mL。

10. 用吸管将原生质体悬液转入灭过菌的培养皿内，控制液体的厚度在 1mm 左右，并用封口膜封住培养皿，置 26℃恒温培养。

11. 培养 10d 左右，在倒置显微镜下统计原生质体再生分裂的频率。

12. 当大部分原生质体再生了细胞壁并有部分发育成愈伤组织（约 2 周）时，添加含 0.2mol/L 甘露醇的新鲜培养基。

13. 培养一个月左右，出现瘤状愈伤组织时，将其转入 MS 培养基（配方见实验 22）附加 NAA 0.2mg/L，6-BA 3mg/L 的固体培养基上，诱导芽的分化。

实验说明

所分离到的原生质体是否健康和是否具有活力，是以后培养成功的关键因素之一。下面两种方法可用于测定原生质体的活力。

方法一：染色法。可用二乙酸荧光素（fluorescein diacetate，FDA）、酚藏花红、伊文思蓝等染料对原生质体染色后，显微镜检查原生质体的活力。FDA 染色后，在荧光显微镜下检查，活的原生质体发出黄绿色的荧光；0.01%酚藏花红染色后，光学显微镜检查，活的原生质体染成红色；用 0.25%伊文思蓝染色，染成蓝色的原生质体为无活力。

方法二：胞质环流法。在显微镜下观察，凡具有胞质环流者，为代谢旺盛的原生质体。

注意事项

1. 原生质体的产量和活力与所用酶的质量和处理时间有关。每克材料大约加 10mL 酶液。

2. 原生质体培养的密度是影响培养成功与否的重要因素。起始密度一般为 $10^4 \sim 10^5$ 个/mL。

作业

记录分析原生质体培养的生长发育情况。

参 考 文 献

李浚明. 2002. 植物组织培养教程［M］. 2 版. 北京：中国农业大学出版社
林加涵，魏文铃. 2000. 现代生物学实验［M］. 北京：高等教育出版社
周维燕. 2001. 植物细胞工程原理与技术［M］. 北京：中国农业大学出版社

（何炎明）

实验24

水稻绿色原生质体的制备与瞬时基因表达

实验目的

1. 掌握水稻绿色原生质体的分离、提纯和培养技术。
2. 学习利用原生质体进行瞬时基因表达的方法。
3. 观察基因瞬时表达的蛋白质在细胞中的定位情况。

实验原理

植物瞬时表达基因方法由于其快速、高效，被广泛应用于基因功能鉴定和高通量分析基因功能上。植物原生质体是一种生理的、通用的细胞系统，常常用于进行植物瞬时基因表达的研究，尤其是绿色原生质体，已经成功应用于激素、代谢和环境信号等植物信号转导相关的研究，其常用于细胞形态观察、细胞器形态观察、蛋白质的亚细胞定位、蛋白质相互作用，以及瞬时表达外源基因对细胞生理、生化与结构等方面的影响等方面的研究。

本实验采用酶解法分离原生质体，其原理是根据由纤维素酶和离析酶配制而成的溶液对细胞壁成分进行降解，释放出原生质体。原生质体的得率和活力与材料的来源、生理状态、酶液组成，以及原生质体收集方法有关。酶液通常需要保持较高的渗透压，以使原生质体在分离前细胞处于质壁分离状态，与在分离后不致膨胀破裂，本方法采用甘露醇作为渗透剂。酶液中还应含一定量的钙离子来稳定原生质体膜。分离出来的原生质体通过滤网进行收集。

利用聚乙二醇（PEG）介导将 DNA 转入原生质体，进行目的蛋白的瞬时表达。其中，PEG4000 起到 DNA 与原生质体的融合剂作用，在转化过程中，PEG4000 与水分子之间以氢键结合，使原生质体脱水，在高浓度钙离子帮助下，PEG4000 形成 DNA 和原生质体之间的分子桥，引导 DNA 进入脱水后的原生质体，完成转化过程。然后除去 PEG4000，将转化后的原生质体在 WI 或 W5 溶液中培养，表达转化的目的蛋白。

实验仪器和试剂

1. 仪器与用具

显微镜，镊子，刀片，平皿，移液器及枪头，0.45μm 和 40μm 滤器，血小板计数器，盖玻片，10mL 圆底离心管，水平转子离心机。

2. 试剂

1/2 MS 培养基，纤维素酶 RS（Cellulase RS），离析酶 R-10（Macerozyme R-10），甘露醇（Mannitol），2-吗啉乙磺酸钠（MES），NaCl，KCl，PEG 4000（Fluka，货号：81240），$CaCl_2$。

3. 质粒

pUC-35S-GFP，DNA 纯度要求 OD_{260}/OD_{280} 为 1.8～2.0。

【实验材料】

水稻‘日本晴’（*Oryza sativa* L. *japonica*. cv. Nipponbare）

方法与步骤

1. 溶液的配制

（1）母液：

0.2mol/L MES（pH 5.7）	3.9g MES 定容至 100mL，用 KOH 调 pH
0.8mol/L 甘露醇	72.8g 甘露醇定容至 500mL
1mol/L $CaCl_2$	14.7g $CaCl_2 \cdot H_2O$ 定容至 100mL
2mol/L KCl	14.9g KCl 定容至 100mL
2mol/L $MgCl_2$	20.3g $MgCl_2$ 定容至 50mL
10% BSA	1g BSA 定容至 10mL

（2）酶解液（20mL 酶液体系）：

1.5% 纤维素酶 RS（Yakult，Japan）	0.3g
0.75% 离析酶 R-10（Yakult，Japan）	0.15g
0.6mol/L 甘露醇	15mL 0.8mol/L 甘露醇
10mmol/L MES	1mL 0.2mol/L MES
H_2O	3.6mL

55℃水浴 10min，冷却至室温后加入以下试剂：

10mmol/L $CaCl_2$	0.2mL 1mol/L $CaCl_2$
0.1% BSA	0.2mL 10% BSA

用 0.45μm 滤膜过滤灭菌后使用。

（3）W5 溶液（1L 体系）：

154mmol/L NaCl	9g NaCl
125mmol/L $CaCl_2$	18.4g $CaCl_2 \cdot H_2O$
5mmol/L KCl	0.37g KCl
2mmol/L MES	0.3g MES

用 KOH 调 pH 至 5.8；

高压灭菌或用 0.45μm 滤膜过滤灭菌后使用。

（4）PEG 溶液（约 10mL 体系）：

PEG4000	4g
0.8mol/L 甘露醇	2.5mL
1mol/L $CaCl_2$	1mL
H_2O	3mL

(5) MMG 溶液（100mL 体系）：

15mmol/L $MgCl_2$	0.3045g $MgCl_2$
0.4mmol/L 甘露醇	7.28g 甘露醇
4mmol/L MES	0.078g MES

用 KOH 调 pH 至 5.7；

用 0.45μm 滤膜过滤灭菌后使用。

(6) WI 溶液（20mL 体系）：

0.5mol/L 甘露醇	12.5mL 0.8mol/L 甘露醇
4mmol/L MES	0.4mL 0.2mol/L MES
20mmol/L KCl	0.2mL 2mol/L KCl
dH_2O	7.1mL

用 KOH 调 pH 至 5.7；

用 0.45μm 滤膜过滤灭菌后使用。

2. 水稻绿色原生质体的分离

(1) 水稻‘日本晴’种子剥去颖壳，加入 75%乙醇消毒 1min，去离子水清洗 3 遍。2.5%次氯酸钠消毒 20min，超净台内去离子水清洗 5 遍。

(2) 将消毒后的种子均匀的播种在 1/2 MS 培养基上，培养条件：12h 光照，约 150μmol/(m^2 · s) 和 12h 黑暗，26℃。水稻培养与生长状态如图 24-1 所示。

注意：新鲜、幼嫩的 7～10d 龄水稻幼苗所分离的绿色原生质体具有最高的转化效率。

(3) 取 40～60 棵水稻幼苗切取幼嫩的茎组织用于原生质体制备（图 24-1 和图 24-2A）。选取中部生长良好的幼茎，用锋利的刀片将一束幼茎切成 0.5mm 长的小段（图 24-2B），放入 0.6mol/L 无菌甘露醇中黑暗下处理 10min，调节渗透压（图 24-2C），用镊子帮助使茎段完全浸入其中。

图 24-1　8d 龄水稻（见彩版）

(4) 移除甘露醇，在水稻幼茎小段中加入酶解液置于黑暗处轻摇（60～80r/min）酶解 4～5h。

注意：酶解时温度高一点有助于提高酶的活力，但一般不超过 30℃。

此时可配制后续使用溶液，如 PEG 溶液等。

(5) 酶解后，加入等体积的 W5 溶液，用手剧烈摇动 10s，然后通过 40μm 尼龙过滤网收集在圆底离心管中；用 W5 溶液反复洗酶解残渣 3～5 次，收集洗脱液，将收集到的原生质体溶液置于水平离心机中离心 1500r/min，3min，移除上清。

(6) 加入 MMG 溶液重悬沉淀使原生质体浓度达到 2×10^6 个细胞/mL（图 24-2D）。

注意：使用血小板计数器计数，并调至该浓度。

(7) 使用 0.01% 二乙酸荧光素（FDA）染色，荧光观察检测活细胞，在蓝光激发下能发散出绿色荧光的细胞即为活细胞（图 24-3）。

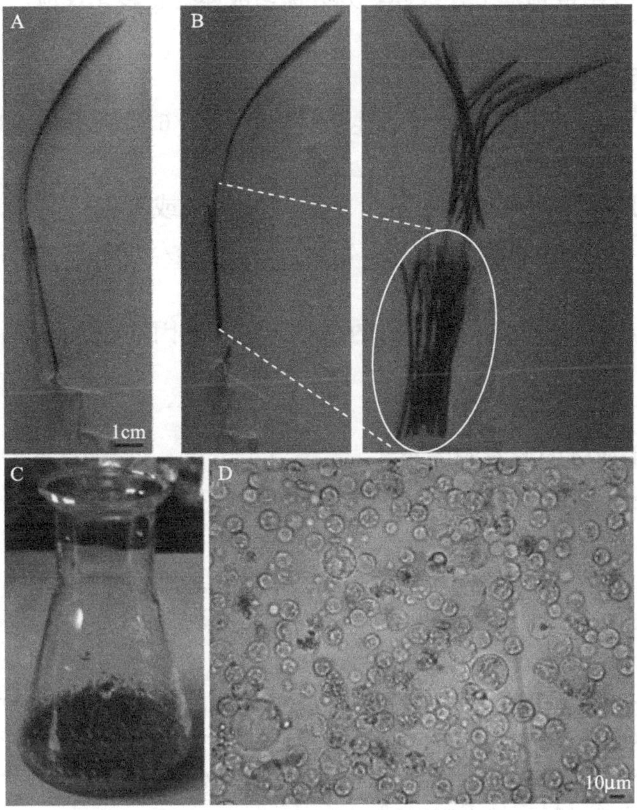

图 24-2　水稻绿色原生质体的分离（见彩版）

A. 8d 龄水稻幼苗，标尺为 1cm；B. 最佳选取部位如虚线部分所示；C. 于 50mL 锥形瓶中调节渗透压和酶解；D. 分离得到的绿色原生质体，标尺为 10μm

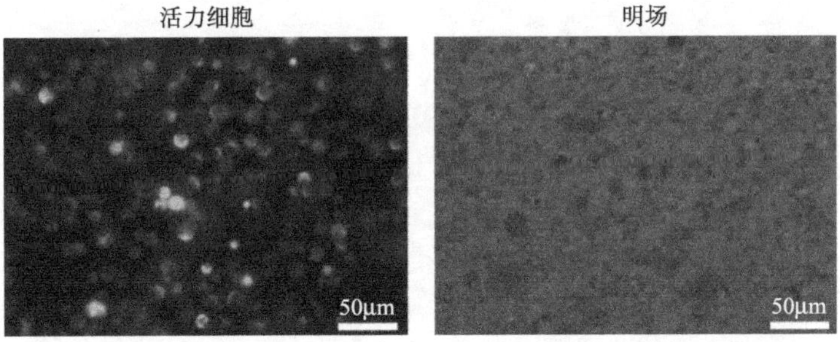

图 24-3　水稻绿色原生质体活性检测（见彩版）

使用 10%的二乙酸荧光素（FDA）对水稻绿色原生质体进行染色。活细胞在荧光显微镜下呈绿色。标尺为 50μm

3. 水稻原生质体瞬时转化

（1）在 2mL 离心管中加入 5～10μg 质粒 DNA。

注意：质粒加入体积不超过 20μL。

（2）加入 100μL 原生质体轻轻混合。

（3）加入 110μL PEG 溶液，充分混合。放置于 25℃黑暗处理 15min。

(4) 用 440μL W5 溶液稀释上述液体，充分摇匀液体终止转化反应。水平离心 1500r/min，3min，去除上清。

注意：必须使用水平转子离心机。

(5) 加入 1mL WI 或 W5 溶液重悬原生质体，转移到 6 孔板中在黑暗或者光照条件下培养 6～16h。

注意：本方法可以根据不同实验目的，选择使用黑暗或者光照培养。

(6) 收取原生质体到 2mL 离心管中，水平离心 1500r/min，4min，留有上清约 100μL。轻弹悬起原生质体。

(7) 根据不同应用目的，使用所获得的瞬时表达了基因的原生质体。

作业

1. 记录分析原生质体的形态与大小。
2. 根据观察结果，计算瞬时表达基因的转化效率。

参考文献

Bart R, Chern M, Park C J, et al. 2006. A novel system for gene silencing using siRNAs in rice leaf and stem-derived protoplasts [J]. Plant Methods, 2: 13

Chen S, Tao L, Zeng L, et al. 2006. A highly efficient transient protoplast system for analyzing defence gene expression and protein-protein interactions in rice [J]. Mol Plant Pathol, 7: 417-427

Yoo S D, Cho Y H, Sheen J. 2007. *Arabidopsis* mesophyll protoplasts: a versatile cell system for transient gene expression analysis [J]. Nat Protoc, 2: 1565-1572

Zhang Y, Su J, Duan S, et al. 2011. A highly efficient rice green tissue protoplast system for transient gene expression and studying light/chloroplast-related processes [J]. Plant Methods, 7: 30

（张　洋　苏建斌）

实验25

拟南芥叶肉细胞原生质体分离与瞬时表达

实验目的

学习和掌握拟南芥细胞酶解去壁、原生质体瞬时转化、原生质体计数与活性检测的方法。

实验原理

植物原生质体是除去细胞壁后为原生质所包围的“裸露细胞”，是开展基础研究的理想材料。其中酶解法分离原生质体是一个常用的技术，其原理是植物细胞壁主要由纤维素、半纤维素和果胶质组成，因而使用纤维素酶、半纤维素酶和果胶酶能降解细胞壁成分，除去细胞壁。

许多化学、物理学和生物学方法可诱导原生质体融合，现在被广泛采用并证明行之有效的融合方法是聚乙二醇（PEG）法。

PEG 作为一种高分子化合物，20%～50%的浓度能对原生质体产生瞬间冲击效应，原生质体很快发生收缩与粘连，随后用高 Ca 高 pH 法进行清洗，使原生质体融合得以完成。

PEG 诱导融合的机理：PEG 由于含有醚键而具负极性，与水、蛋白质和碳水化合物等一些正极化基团能形成氢键，当 PEG 分子足够长时，可作为邻近原生质表面之间的分子桥而使之粘连。PEG 也能连接 Ca^{2+} 等阳离子，Ca^{2+} 可在一些负极化基团和 PEG 之间形成桥，因而促进粘连。在洗涤过程中，连接在原生质体膜上的 PEG 分子可被洗脱。这样将引起电荷的紊乱和再分布，从而引起原生质体融合，高 Ca 高 pH 由于增加了质膜的流动性，因而也大大提高了融合率，洗涤时的渗透压冲击对融合也可能起作用。

原生质体分离纯化或融合后，在适当的培养基上应用合适的培养方法，能够再生细胞壁，并启动细胞持续分裂，直至形成细胞团，长成愈伤组织或胚状体，再分化发育成苗。其中，选择合适的培养基及培养方法是原生质体培养中最基础也是最关键的环节。

实验仪器和试剂

1. 仪器与用具

荧光显微镜，培养皿，注射器，0.45μm 滤头，刀片，镊子，尼龙过滤网，真空泵，移液器，EP 管等。

2. 试剂

（1）母液：

0.2mol/L 2-吗啉乙磺酸钠（MES）（pH 5.7），0.8mol/L 甘露醇（Mannitol），1mol/L $CaCl_2$，2mol/L KCl，2mol/L $MgCl_2$。

（2）酶液（10mL）：

0.2mol/L　MES（pH 5.7）	1mL
0.8mol/L　甘露醇	5mL
2mol/L　KCl	100μL
纤维素酶 R-10	0.15g
离析酶 R-10	0.04g
ddH_2O	3.7mL
55℃加热 10min，冷却至室温	
1mol/L　$CaCl_2$	100μL
10%　BSA	100μL
0.45μm 滤头过滤	

（3）W5 溶液（200mL）：

0.2mol/L　MES（pH 5.7）	1mL
NaCl	1.8g
$CaCl_2 \cdot 2H_2O$	3.675g
2mol/L　KCl	500μL
ddH_2O	197.5mL

（4）MMg 溶液（10mL）：

0.2mol/L　MES（pH 5.7）	200μL
0.8mol/L　甘露醇	5mL
1mol/L $MgCl_2$	150μL
ddH_2O	197.5mL

（5）PEG/Ca^{2+}：

0.8mol/L　甘露醇	2.5mL
1mol/L $CaCl_2$	1mL
PEG 4000	4g
ddH_2O	3mL

（6）二乙酸荧光素（FDA）：将 1mg FDA 溶于 1mL 丙酮，配成 1mg/mL 的 FDA 母液。

实验材料

拟南芥是一种十字花科植物，广泛用于植物遗传学、发育生物学和分子生物学的研究，已成为一种典型的模式植物，其原因主要基于该植物具有以下特点（图 25-1）。

1. 植株形态个体小，高度只有 30cm 左右；
2. 生长周期快，每代时间短，从播种到收获种子一般只需 6 周左右；
3. 种子多，每株每代可产生数千粒种子；
4. 形态特征简单，生命力强，用普通培养基就可进行人工培养；

图 25-1　拟南芥的形态学观察（见彩版）

5. 基因组小，只有 5 对染色体。

实验用拟南芥材料为：100μmol/(m^2 · s）光照条件下培养的 3～4 周龄、充分伸展的拟南芥叶片（叶位：2、3、4 对）。

方法与步骤

1. 原生质体分离

选取 3～4 周龄、充分伸展的拟南芥叶片（叶位：2、3、4 对）。将酶液用 0.45μm 的滤器过滤至一个 15cm 的平皿中，用刀片将叶片切成 0.5～1mm 的细条，及时放入酶液，用镊子小心翻动叶片细条，使它们浸没在酶液中。10mmHg① 抽真空 30min，黑暗静置酶解约 3h。

轻轻晃动平皿，释放原生质体，此时，酶液应该变绿。加入等体积的 W5 溶液，轻轻晃动平皿，充分释放原生质体。用 55μm 的尼龙网过滤原生质体，收集至 15mL 圆底塑料试管中，800r/min 离心 1～2min，用预冷的 W5 溶液清洗一次，冰上静置 30min。

2. 原生质体活力与密度测定

FDA 法：将 FDA 工作液与原生质体悬浮液 1∶1 混合，在常温黑暗处孵育 5min。用枪头吸取一滴混合液，置于血细胞计数板盖玻片的边缘，使悬液缓缓渗入。用荧光显微镜观察，激发光波长为 484nm，活的原生质体产生黄绿色荧光，仅有红色荧光的为无活力的原生质体（图 25-2）。以有活力的原生质体数目占原生质体总数的百分数表示原生质体活力。

原生质体活力（%）＝（发荧光原生质体数/明视野下原生质体总数）×100%

3. 原生质体计数

将清洁干燥的血细胞计数板计数室上加盖盖玻片，吸取一滴原生质体悬浮液，滴于盖玻片边缘，让培养液自行缓缓渗入，防止产生气泡，在显微镜下计数。计数格内共有 25 个中

① 1mmHg＝1.333 22×10^2Pa。

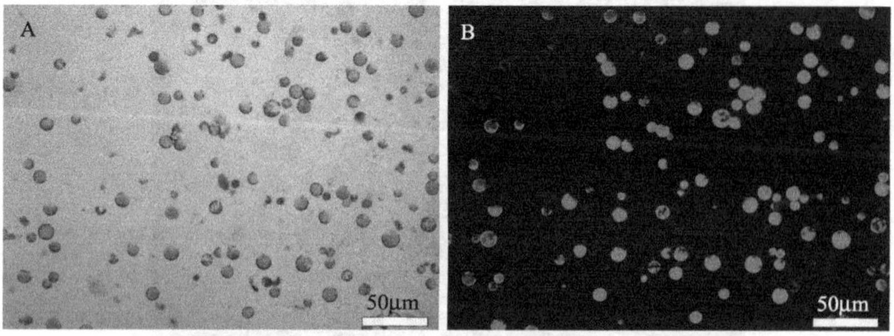

图 25-2　显微镜观察拟南芥原生质体及其活性检测

A. 光镜下原生质体的制备效果观察，光镜下可见原生质体形态成规则的圆形；

B. FDA 染色检测原生质体的活性，有活性的原生质体呈现黄绿色

格，每个中格中有 16 个小格（图 25-3）。计算 4 个角和中央中格（共 80 个小格）内的原生质体数，按如下公式计算原生质体密度：

原生质体数/mL＝5 个大格内总原生质体数/80×400×10 000

将原生质体调整密度到 2×10^5 个/mL。

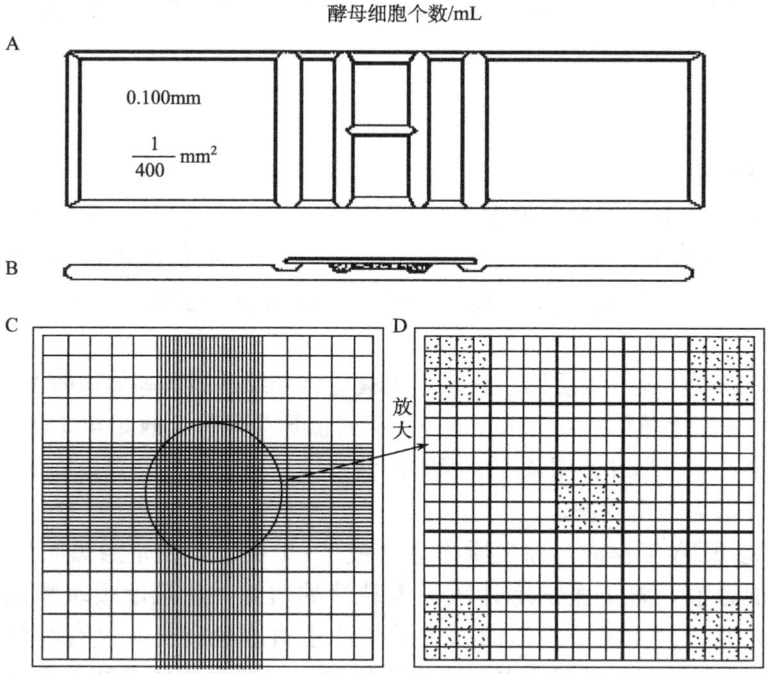

图 25-3　血细胞计数板构造示意图

A. 正面图；B. 纵切面图；C. 放大后方格网计数室；D. 放大后计数室

4. PEG 转化

镜检原生质体，计数。从冰上取出原生质体，800r/min 离心 1min。去上清，用 MMg 溶液重悬原生质体，定量至 1×10^5～2×10^5/mL。

在一个 2mL 的圆底 EP 管中加入 10μL DNA（5kb 大小的质粒 DNA 10～20μg），加入

100μL 原生质体（2×10^4 个原生质体），混匀。加入 110μL PEG/Ca^{2+} 溶液，混匀。每次操作 6～10 个样。从第一个开始计时，黑暗放置 15min。用 440μL W5 溶液稀释，并轻轻混匀。800r/min 离心 2min，去上清。加入一定体积的 WI 溶液（配方见实验 24），分散原生质体，平铺于 6/12/24 孔板中培养。

过夜培养。

根据实验需要可以扩大或减小实验比例：

用于 RNA 分析时，原生质体培养的时间为 2～6h；

用于酶活分析及蛋白质印记时，原生质体培养的时间为 2～16h；

10^2～10^3 个原生质体即可用于报告基因检测；

10^4～10^5个原生质体即可用于蛋白质印记、免疫沉淀；

RNA 分析则需要 10^6 个原生质体。

作业

1. 拍照记录拟南芥原生质体分离与 FDA 染色的结果。
2. 简述拟南芥原生质体瞬时转化技术有哪些应用前景？

参 考 文 献

郭仰东. 2009. 植物细胞组织培养实验教程［M］. 北京：中国农业大学出版社

王蒂. 2008. 植物组织培养实验指导［M］. 北京：中国农业出版社

Yoo S D, Cho Y H, Sheen J. 2007. *Arabidopsis* mesophyll protoplasts: a versatile cell system for transient gene expression analysis [J]. Nat Protoc, 2 (7): 1565-1572

（段　珊）

实验26 植物多倍体的诱发与鉴定

实验目的

1. 了解人工诱发植物多倍体的原理及其在植物育种中的应用意义。
2. 掌握用秋水仙碱诱发植物多倍体的方法。
3. 掌握鉴别植物多倍体的技术。

实验原理

染色体（chromosome）是细胞核中含有直线排列基因的、能自我复制的结构单位。在自然界中，各种生物的染色体数目一般是相对恒定的，表明物种在自然界中的相对稳定，也是物种的基本特征之一。在表示染色体倍数时，一般把高等植物配子细胞的染色体数目用 n 表示，它只含有体细胞一半的染色体数目，又称为单倍体（haploid）。高等植物体细胞含有配子细胞 2 倍的染色体数目，称二倍体（diploid），用 $2n$ 表示。胚乳细胞含 3 倍于配子细胞的染色体数目，用 $3n$ 表示。整倍多倍体是指每个细胞中含有三整套以上染色体组的生物。

在真核生物中，每个染色体组所包含的染色体数目称为基数，通常用 x 表示。对于二倍体生物来说，$x=n$，如玉米的染色体数目是 $2n=2x=20$。在这里 $2n$ 代表体细胞染色体数目；$2x$ 表示这种植物是二倍体，具有两个染色体组；x 表示体细胞的染色体组。

对于多倍体生物来说，$x\neq n$，这是由于 n 只是代表配子细胞的染色体数目，而 x 则代表体细胞的染色体组数目，即整倍体的倍数。例如，在小麦属（$x=7$）的系列中，可用下列方式表示：

一粒小麦　$2n=2x=14$，$n=7$，$x=7$，二倍体；

二粒小麦　$2n=4x=28$，$n=14$，$x=7$，四倍体；

普通小麦　$2n=6x=42$，$n=21$，$x=7$，六倍体。

多倍体普遍存在于植物界，目前已知被子植物中有 50%或更多的物种是多倍体，包括许多重要农作物，如小麦、大豆、油菜、马铃薯等。根据多倍体中染色体组的来源，区分为同源多倍体和异源多倍体。凡增加的染色体组来自同一物种或者是原来的染色体组加倍的结果，称为同源多倍体；如果增加的染色体组来自不同的物种，则称为异源多倍体。异源多倍体通常由杂交和染色体加倍过程形成。

用人工方法诱导的多倍体可以得到一般二倍体没有的优良性状，如穗大、粒大、内含物量增加、抗逆性增强等。例如，番茄 $2n=4x$ 维生素 C 含量比 $2n=2x$ 的多 1 倍；$2n=3x$ 的西瓜、香蕉、菠萝都是无籽的；$2n=3x$ 的杜鹃因不育而花期特长；八倍体的小黑麦在高寒地区仍能获高产，并且蛋白质含量较高等。

利用一些物理和化学的方法可以人工诱发植物产生多倍体。物理的方法，如高温、低温、射线照射、嫁接、反复切断等。化学的方法，如秋水仙碱、萘嵌戊烷、植物生长激素、富民农等，其中以秋水仙素诱导效果最好。秋水仙碱（colchicine，$C_{22}H_{25}NO_6=399.44$）是从百合科植物秋水仙（*Colchicum autumnale*）的种子及其他器官中提炼出来的一种生物碱，它的作用机制是抑制细胞分裂时纺锤丝微管蛋白的组装，不能形成纺锤体，使复制后的染色体不走向两极而被阻止在分裂中期，从而导致染色体数目加倍。若染色体加倍的细胞继续分裂，就形成多倍体的组织，由多倍性组织分化产生的性细胞所产生的配子是多倍性的，因而可以通过有性生殖途径把多倍体特性遗传给下一代。

多倍体植物鉴定的方法有两种：直接法和间接法。

直接法：直接检查根尖、茎尖分生组织或花粉母细胞的染色体数目。

间接法：主要是鉴定叶片保卫细胞、花器、花粉粒、果实、种子的形态。人工诱发的多倍体植物其气孔、花器、花粉粒、果实等明显变大，气孔数目减少而且密度变稀，气孔保卫细胞叶绿素增加。

实验仪器和试剂

1. 仪器与用具

显微镜，培养箱，恒温水浴箱，目镜测微尺，镜台测微尺，剪刀，镊子，刀片，培养皿，烧杯，小指管，载玻片，盖玻片，吸水纸等。

2. 试剂

（1）0.05%秋水仙碱；

（2）Carnoy 固定液（甲醇∶冰醋酸 = 3∶1）；

（3）1mol/L 盐酸（配制方法见附录 1）；

（4）改良苯酚品红染色液（配制方法见附录 5）。

实验材料

洋葱（*Allium cepa* L.）鳞茎，细胞染色体（$2n=2x=16$）；玉米（*Zea mays* L.）种子，细胞染色体（$2n=2x=20$）。

方法与步骤

1. 多倍体的诱发

（1）洋葱的处理：剥去鳞茎外层干鳞片，整理干净根盘，浸入盛有清水的小烧杯中，使其生根的部位恰好接触到水面，25℃培养 3～4d，待不定根长出约 2cm 时，转到 0.05%秋水仙碱溶液中处理约 2d，可看到根尖膨大（图 26-1）。此时将膨大的根尖剪下，用 Carnoy 固定液固定 6～12h，再依次转到 95%、85%、70%乙醇中，密封，置 4℃保存。

（2）玉米种子处理：先将种子用清水浸泡 4～6h，然后转入有湿润吸水纸的培养皿中，25℃培养箱中催芽 36～48h。待根长 0.5～1.0cm 时，用水洗净，吸干，加入 0.05%秋水仙碱溶液中处理 24h，然后将根尖剪下，用 Carnoy 固定液固定 6～12h，再依次转到 95%、85%、70%乙醇中，密封，置 4℃保存。

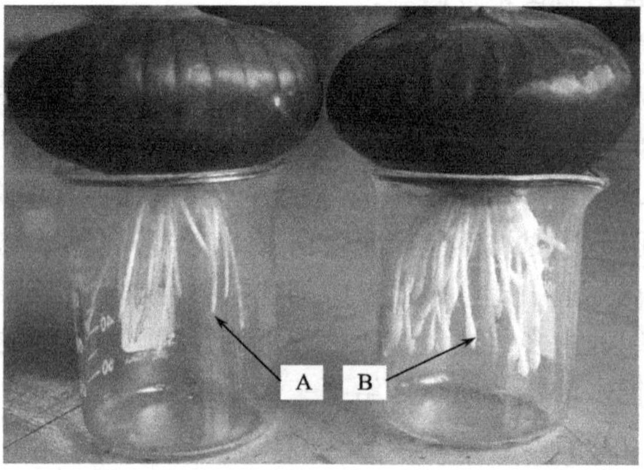

图 26-1　洋葱根尖

A. 正常根尖；B. 膨大的多倍体根尖

2. 多倍体鉴定

(1) 细胞学鉴定：取已经加倍和未加倍（对照）的根尖，分别放入不同的小指管中，加入 1mol/L 盐酸，60℃水浴锅中解离 10min。弃去盐酸，用自来水将根尖反复清洗几次，然后把根尖放在载玻片上，吸干水分，切取分生区部分，镊子捣碎，改良苯酚品红染色液染色 5min，压片，在显微镜下观察计数，结果如图 26-2 所示。

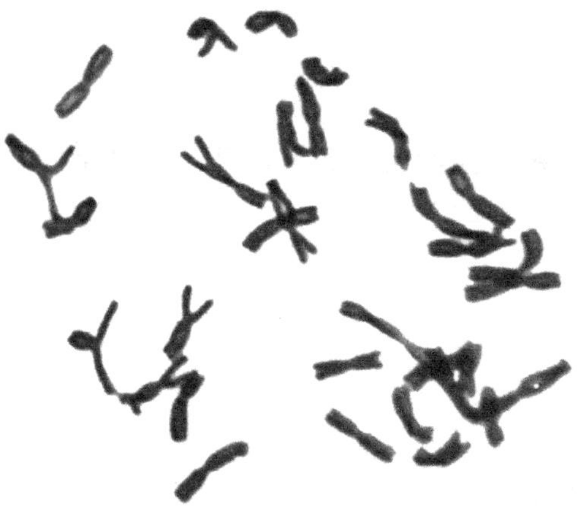

图 26-2　洋葱根尖细胞多倍体（$2n=4x=32$）染色体

(2) 形态鉴定：观察比较二倍体和多倍体植株形态上的差别。

(3) 气孔及保卫细胞的鉴定：分别撕取二倍体和多倍体植株叶片的下表皮，置载玻片上，加一滴蒸馏水铺平，镜检用目镜测微尺测量二倍体和多倍体气孔及保卫细胞的大小，各测定 30 个计算出平均值。观察 10 个视野，统计气孔数目，计算气孔密度，并同时计算各保卫细胞的叶绿体数。

$$\text{目镜测微尺每小格长度}(\mu\text{m}) = \frac{\text{镜台测微尺小格数} \times 10\mu\text{m}}{\text{目镜测微尺小格数}}$$

用目镜测微尺量出细胞长、宽的格数，乘上换算值，即得实际长度 μ。

气孔密度测定方法：将叶片表皮制片置显微镜下观察，计算每个视野气孔数，观察 10 个视野，求出平均值。

视野面积的计算，用目镜测微尺量出视野直径，按公式 $S=\pi r^2$ 计算。

作业

1. 绘制四倍体细胞中期染色体图像。
2. 简述诱发多倍体植物的原理和意义。
3. 将检查结果填入下表中，并作出解释。

不同倍性植株性状比较

植物名称	倍数性	染色体数目	气孔大小 长×宽	保卫细胞 长×宽	气孔密度

参考文献

贺竹梅.2011. 现代遗传学教程［M］.2版. 北京：高等教育出版社
李懋学，张赞平.1996. 作物染色体及其研究技术［M］. 北京：中国农业出版社. 2-3
刘祖洞，江绍慧.1987. 遗传学实验［M］. 2版. 北京：高等教育出版社
鄢慧民，袁文静.1994. 遗传学实验［M］. 武汉：武汉大学出版社

（戚康标）

实验27

微核检测技术

实验目的

1. 了解细胞微核发生的机理及其形态特点。
2. 掌握小鼠骨髓嗜多染红细胞和植物细胞微核检测技术。

实验原理

微核（micronucleus，MCN）是真核生物细胞中的一种异常结构，它是由于细胞受到损伤后，由细胞分裂过程中丧失着丝粒的染色体断片或落后染色体产生的。这些断片或染色体在分裂过程中行动滞后，在分裂末期不能进入主核，便形成了主核之外的核块，大小是主核1/3以下，故称微核。微核的折光率及细胞化学反应性质和主核一致，也具有合成DNA的能力。现在已经证实微核率的大小和用药剂量或辐射累积效应呈正相关。所以微核计算已成为灵敏度高、技术简便的一种测试系统。它可用于辐射损伤、辐射防护、化学诱变、新药试验、食品添加剂等的安全评价，以及染色体遗传病诊断等方面。

微核的检测系统多数是采用哺乳动物骨髓嗜多染红细胞（图27-1）和植物四分孢子期细胞或者根尖细胞。

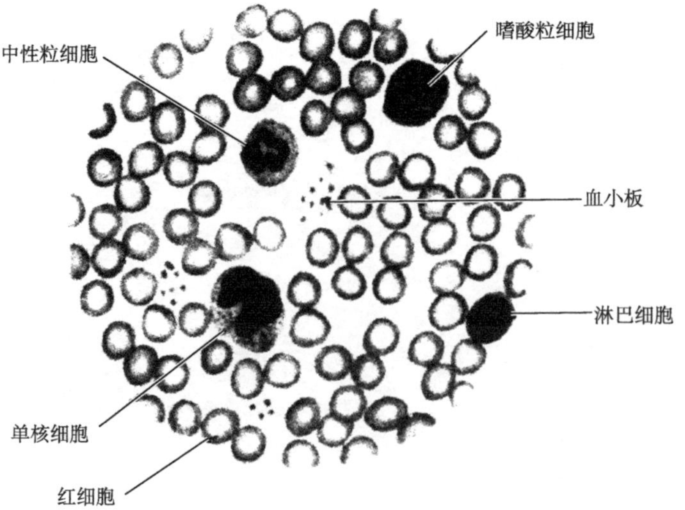

图 27-1　骨髓嗜多染红细胞

实验仪器和试剂

1. 仪器与用具

显微镜，载玻片，解剖剪，解剖镊，1mL 及 5mL 注射器，5mL 刻度离心管，吸管，染色缸，离心机，止血钳，恒温水浴锅，手动计数器，镊子等。

2. 试剂

盐酸，甲醇，冰醋酸，改良苯酚品红，环磷酰胺（CP），叠氮化钠（NaN_3），甲基磺酸乙酯（EMS），灭活小牛血清（FCS），生理盐水，Giemsa 染液。

实验材料

健康小鼠体重 20～25g，水葱花或韭菜花穗。

方法与步骤

（一）小鼠骨髓嗜多染红细胞微核测定

1. 染毒

取成年小鼠，按每千克体重 45mg 的剂量，腹腔注射环磷酰胺 3 次，每日 1 次。

2. 取材

最后一次染毒 30h 后，用颈椎脱臼法处死小鼠。取小鼠骨髓可采用以下两种方法。

（1）取两侧股骨：剔除肌肉，用刀片切开股骨两端，用注射器吸取小牛血清 3mL，将针头穿入股骨骨髓腔内，冲洗骨髓细胞于离心管中，用吸管轻轻吹打数次，以 1000r/min 离心 8～10min，弃去上清液，留少量液体混匀，吸取一小滴细胞悬液，滴于载片上，用玻片推成薄层，制成涂片。

（2）取小鼠胸骨：迅速干净地剪去两旁肋骨及肌肉，剪断胸骨体，用止血钳夹紧胸骨，挤出骨髓，涂于事先加有一小滴小牛血清的载玻片上，然后推片。

3. 固定

将涂片在空气中晾干或 37℃烘干，置于 100％的甲醇溶液中固定 10～15min，取出后晾干。

4. 染色

将固定好的骨髓涂片，用新配制的 pH6.8 的磷酸缓冲液稀释的 10％Giemsa 染液染色 10～15min，蒸馏水冲洗后风干。

5. 镜检

先用低倍镜和高倍镜观察，选择细胞分散均匀、形态完整、染色良好的区域，再用油镜对细胞质清晰的嗜多染红细胞和微核进行观察、计数。

嗜多染红细胞呈灰蓝色，成熟红细胞呈橘红色。嗜多染红细胞中的微核位于细胞质内，嗜染性与核质一致，呈紫红色或蓝紫色。典型的微核大多数呈圆形、椭圆形或不规则形小体，单个的或多个的微核边缘整齐、光滑，与主核完全脱离，游离于细胞质中，直径为主核的 1/3 以下，一个嗜多染红细胞中多数只有一个微核，若出现两个以上的微核，仍按一个有微核的细胞计算。每只动物计数 1000～2000 个嗜多染红细胞，计算含有微核的嗜多染红细胞的比例。微核细胞率以千分率表示。

（二）植物花粉母细胞微核的检测

1. 取材

剪取 10～15cm 未开放的水葱花或韭菜花花穗（外面仍有膜状总苞包着）若干，分别插在 0.8～1.5mmol/L NaN_3、150～200mmol/L EMS 溶液中 24～30h，或 γ 射线（剂量为 0.258C/kg）辐照处理，然后再移到自来水中培养 24h。

2. 固定

用新配制的 Carnoy 固定液（甲醇：冰醋酸＝3：1）固定 12h，经 95%、85%乙醇各 30min，70%乙醇 4℃保存。

3. 制片

取经过固定的颖花放在载玻片上，用镊子剥出花药，再用镊子轻轻捣碎，滴一滴改良苯酚品红染色 5～10min，去掉残渣，盖上盖玻片。

4. 镜检

先用低倍镜再用高倍镜观察，处于二分孢子或四分孢子期的细胞一般都能见到有 1～3 个微核，微核大小在主核 1/3 以下。

作业

1. 叙述微核形成原理。
2. 微核检测有何意义？
3. 统计微核细胞数，计算微核细胞千分率。

参考文献

卢龙斗，常重杰．1996. 遗传学实验技术［M］．安徽：中国科技大学出版社
杨建一．2010. 医学细胞生物学与遗传学实验指导［M］．2 版. 北京：科学出版社

（何炎明）

实验28

细菌诱变

实验目的

1. 了解自发突变和紫外线诱变的机理及其意义。
2. 描述测定某一特定基因自然突变率和诱导突变率的过程。

实验原理

突变可以分为自然突变和诱导突变。自然突变是由若干因素诱发的自然发生的突变，如错误的复制、宇宙射线、背景辐射。换言之，突变的确切原因是未知的。所有基因座都有一个特征性的自然突变比率，它可以高至 10^{-3} 或低至 10^{-8}。如果一个已知因子引起突变概率大于自然突变概率，则这些突变就是诱导突变。

诱导突变分为物理诱变和化学诱变。物理诱变采用紫外线、X 射线、α 射线、β 射线、γ 射线、快中子和超声波等。其中紫外线诱变因其效果好、实验设备简单等优点而成为应用最为广泛的物理诱变剂。而化学诱变则是采用一些可以和 DNA 起作用，改变其分子结构，最终引起遗传改变的化学物质对诱变对象进行处理而得到。实验室中常用的有亚硝酸、硫酸二乙酯、亚硝基胍等（这 3 种诱变剂诱变效果依次增加，毒性也依次增大）。

非电离辐射最典型的就是紫外线，其电磁波谱位置为 40～390nm（400～3900Å）。而由于 DNA 分子的紫外吸收峰位于 260nm（2600Å）。因而波长在200～300nm（2000～3000Å）的紫外线被用于紫外诱变。紫外诱变时的剂量与所用紫外灯管的功率及照射距离和照射时间相关，实验中往往采用改变照射时间来改变照射剂量。由于照射致死率在 95%～99%的时候回复突变株出现率最高，因而实践中多用 70%～80%的致死率进行诱变。

化学诱变与物理诱变相比主要的差别是诱变的特异性强，往往专一作用于 DNA 分子的特定结构。化学诱变剂主要分为 4 大类：碱基类似物、烷化剂、移码突变剂和其他类。由于不同的化学诱变剂性能差别很大，在使用前必须对影响其使用效果的温度、pH、光照、溶剂等做清楚的分析，同时对其半衰期、毒性及防护也要充分了解，这样才能保证使用的有效性和人体安全性。化学诱变的剂量是由使用浓度和处理时间决定的，操作中可以根据需要选择高浓度短时间处理或是低浓度长时间处理。

利用某些抗生素可测定基因或基因传递耐抗生素特性的自然突变率。例如，青霉素能阻止细胞壁生长；利福平能阻止 RNA 聚合酶的活性。这些抗生素能限制任何不携带耐药基因的细菌生长。因此，敏感的细菌最终死亡。具有耐药性基因的细菌能够繁殖，并且在含有抗生素的营养琼脂平板上形成细菌的菌落。

本实验以大肠杆菌为材料，选择紫外线为诱变剂，进行诱变处理；筛选青霉素抗性菌，绘制致死曲线并计算诱导突变率。

实验仪器和试剂

1. 仪器与用具

离心机，水浴锅，紫外线照射箱，培养皿，三角瓶，离心管，试管，吸管，取液器等。

2. 试剂

(1) BP 培养基（牛肉膏蛋白胨培养基）：

牛肉膏	5g
蛋白胨	10g
NaCl	5g
葡萄糖	5g
蒸馏水	1000mL

调 pH 至 7.2。

(2) 青霉素 BP 培养基：

牛肉膏	5g
蛋白胨	10g
NaCl	5g
葡萄糖	5g
蒸馏水	1000mL

调 pH 至 7.2。

配制 100mg/mL 青霉素母液，过滤灭菌后待用。

如果配制液体培养基，将 BP 培养基灭菌冷却后加入青霉素母液，使终浓度为 30mg/L。

如果配制固体培养基，则 BP 培养基灭菌后待冷却至 60℃左右时加入青霉素，使终浓度为 30mg/L，立刻倒平皿。

(3) 0.85%生理盐水。

实验材料

大肠杆菌（*Escherichia coli*）。

方法与步骤

1. 菌体准备

(1) 细菌培养：接种 *E. coli* 到 BP 液体培养基（500mL 三角瓶装 100mL 培养基），置 37℃、200r/min 培养 16～18h，这时摇瓶中的菌液密度为 10^7～10^8 个/mL。

(2) 收集菌体：将三角瓶的菌液转入离心管中，4000r/min 离心 10min。

(3) 倒去上清液，加入 100mL 无菌生理盐水溶液和玻璃珠将细菌沉淀打匀，待用（取用之前务必摇匀）。

2. 细菌计数

(1) 菌液稀释：取三角瓶中的菌液 0.5mL，采用 10 倍稀释法稀释至10^{-4}～10^{-6}。

(2) 平皿涂布：分取 3 个稀释度的菌液各 0.1mL 加入到 BP 固体培养基平皿中，用无菌涂棒将菌液涂匀。每个稀释度涂布 2 个平皿。将平皿置于 37℃培养箱中培养过夜。

（3）细菌统计：对培养后的平皿进行活菌统计，按本实验后附的统计原则进行统计，算出原菌液中的菌密度。

3. 自发突变

取三角瓶中 0.1mL 菌液加入到含有青霉素的 BP 固体培养基平皿中，涂布 3 个平皿。依照步骤 2 进行细菌培养和计数。

4. 诱变处理

由于紫外诱变引起的 DNA 变化有光复活作用，所以诱变过程最好在红光下进行操作，并应把涂布好的平皿用报纸包好后置 37℃培养箱培养。

（1）分别吸取三角瓶中菌液 3mL 于 4 个无菌培养皿内。将培养皿放在 10～15W 的紫外灯下（距离 30cm 左右）。

（2）在诱变前先打开紫外灯稳定 15～30min（使紫外灯输出功率稳定后进行实验，使致死曲线更准确），将待处理的 4 个培养皿连盖放在紫外灯下灭菌 1min，将 4 个培养皿开盖后进行紫外照射，分别在 15s、30s、60s 和 120s 的时候将培养皿的盖子盖上，然后关上紫外灯（如果有条件，应将平皿放在磁力搅拌器上，在照射过程中对菌液进行搅拌，使菌液均匀便于紫外线的作用）。

（3）分别对照射 15s、30s、60s 和 120s 的 4 个培养皿做菌液稀释计数。分别稀释到 10^{-4}、10^{-3}、10^{-2}和 10^{-1}，进行 2 个稀释度的涂布，每个涂布 2 个培养皿，进行培养计数及进行致死曲线绘制（如果有条件，应该做“3×3”计数，即对一个样本进行计数，应做 3 个稀释度、3 个重复样的计数）。

（4）将照射后的 4 个培养皿中的菌液 0.1mL 分别加入到含有青霉素的 BP 固体培养基平皿中，涂布 3 个平皿。依照步骤 2 进行细菌培养和计数。

5. 光复活

实验操作基本与诱变处理步骤相同，其中在诱变处理步骤（2）之后将平皿暴露在白光中 30min，然后再进行步骤（3）之后的操作。

6. 实验记录（菌落计数原则见下面附录）

（1）原菌液计数（表 28-1）。

表 28-1　菌液活菌计数

稀释度				细菌数/(个/mL)
平皿 A/(个/0.1mL)				
平皿 B/(个/0.1mL)				
平均值/(个/0.1mL)				

（2）自发突变计数（表 28-2）。

表 28-2　自发突变计数

平皿 A	平皿 B	平皿 C	平均突变菌数	自发突变率

注：自发突变率＝每毫升（mL）菌液中自发突变菌数/每毫升（mL）菌液中活菌数。

（3）诱变记录见表 28-3。

表 28-3 诱变结果计数

照射时间	稀释度	平皿 A	平皿 B	平均值	致死率	
15s						
	抗性突变菌				突变率	
30s						
	抗性突变菌				突变率	
60s						
	抗性突变菌				突变率	
120s						
	抗性突变菌				突变率	

（4）光复活实验记录见表 28-4。

表 28-4 诱变后进行光复活实验细菌计数

照射时间	稀释度	平皿 A	平皿 B	平均值	致死率	
15s						
	抗性突变菌				突变率	
30S						
	抗性突变菌				突变率	
60s						
	抗性突变菌				突变率	
120s						
	抗性突变菌				突变率	

附：菌落计数法原则

1. 先计算稀释度相同的平皿中的菌落数，平皿中应该没有菌苔，否则影响计数结果；如果平皿中一半有菌苔，而另一半菌落分布均匀时，可以对分布均匀的一半进行计数，将结果乘以 2 作为平皿中的菌落数。

2. 最适合的平皿菌落数为 30～300，当只有一个稀释度的菌落数在这个范围时，则以此稀释度来进行计数（表 28-5 中例 1）。

3. 若有两个稀释度的平均菌落数为 30～300，则按这两者分别算出的菌落数之比来确定。若其比值小于 2，应采用两者的平均数（表 28-5 中例 2），若大于 2，则取其中较少的菌落数（表 28-5 中例 3）。

表 28-5 菌落计数法统计

例号	不同稀释度的菌落数			两稀释度菌落数比	菌落数	备注
	10^{-3}	10^{-4}	10^{-5}			
1	1780	261	24	—	2.6×10^6	以四舍五入保留两位有效数字
2	2860	275	38	1.4	3.3×10^6	
3	250	58	5	2.3	2.5×10^5	
4	过多	2400	420	—	4.2×10^7	
5	26	5	2	—	2.6×10^4	
6	过多	330	13	—	3.3×10^6	

4. 若所有菌落数均大于 300，则按稀释度最高的计数（表 28-5 中例 4）。
5. 若所有菌落数均小于 30，则按稀释度最低的计数（表 28-5 中例 5）。
6. 若所有菌落数有的多于 300，有的少于 30，则按最接近 300 的进行计数（表 28-5 中例 6）。

作业

1. 自发突变和诱变在机理上有什么不同？
2. 如果紫外线能诱导突变，其突变比率比自然突变比率大多少？
3. 比较暗操作和光复活情况下的致死率和抗青霉素突变率的差别。
4. 你如何解释紫外线诱导突变比率在光处理对暗处理群体之间的差异？

参考文献

卢龙斗，常重杰. 1996. 遗传学实验技术 [M]. 安徽：中国科技大学出版社
张贵友，林琳，吴琼，等. 2003. 普通遗传学实验转导 [M]. 北京：清华大学出版社
Thomas R M，Robert L H. 2001. Genetics-laboratory Investigations [M]. 12th ed. New Jersey：A Division of Pearson Education Upper Saddle River

（何炎明）

实验29

质粒 DNA 的提取与电泳检测

实验目的

1. 通过本实验学习和掌握碱裂解法提取质粒。
2. 掌握琼脂糖凝胶电泳技术。

实验原理

细菌质粒是一类双链、闭环的 DNA，大小范围从 1kb 至 200kb 以上不等。各种质粒都是存在于细胞质中、独立于细胞染色体之外的自主复制的遗传成分，通常情况下可持续稳定地处于染色体外的游离状态，但在一定条件下也会可逆地整合到寄主染色体上，随着染色体的复制而复制，并通过细胞分裂传递到后代。

质粒是携带外源基因进入细菌和植物细胞中扩增和表达的重要媒介物，这种基因运载工具在植物遗传工程中有着极为广泛的应用前景，而质粒 DNA 的分离提取是植物遗传工程中经常使用的最基本的工作，质粒 DNA 的提取效率和纯度直接影响到植物遗传工程中实验的成功与否，如酶切、连接、大肠杆菌的转化、PCR 扩增等。

已有许多方法可用于质粒 DNA 的提取，目前常用的有羟基磷灰石柱层析法、煮沸法、SDS 法、碱裂解法等。由于碱裂解法具有效果好、成本低的特点，故本实验采用该法提取质粒 DNA。碱裂解法提取质粒是根据共价闭合环状质粒 DNA 与线性染色体 DNA 在拓扑学上的差异来分离它们。在 pH 介于 12.0～12.5 这个狭窄的范围内，线性的 DNA 双螺旋结构解开而被变性，尽管在这样的条件下，共价闭环质粒 DNA 的氢键会断裂，但两条互补链彼此相互盘绕，仍会紧密地结合在一起。当加入 pH4.8 的乙酸钾高盐缓冲液恢复 pH 至中性时，共价闭合环状的质粒 DNA 的两条互补链仍保持在一起，因此复性迅速而准确，而线性的染色体 DNA 的两条互补链彼此已完全分开，复性就不会那么迅速而准确，它们缠绕形成网状结构，通过离心，染色体 DNA 与不稳定的大分子 RNA、蛋白质-SDS 复合物等一起沉淀下来而被除去。

琼脂糖凝胶电泳是一个基于电荷基团之间不同吸引力的性质而区分不同分子的技术。由于 DNA 的脱氧骨架上连接着的磷酸基团而带有负电荷，它将在一个电场中向着正极迁移。琼脂糖是琼脂的高度纯化形式，它在凝胶状态是可以形成一个网络结构让 DNA 通过。由于 DNA 片段大小不同，它们通过琼脂糖的速度也有所不同，大片段 DNA 通过的速度慢而小片段 DNA 通过的速度快。这些不同的迁移速率就使得我们可以根据分子质量的不同而区分出由不同大小 DNA 片段所组成的混合物。通过一个特定 DNA 的分子质量可以大致确定其所含核苷酸数目。注意，其他因素也可能影响 DNA 的迁移速率，如 DNA 是线状、环状还是超螺旋及所用电泳缓冲液离子强度等。

凝胶电泳不仅可分离不同分子质量的 DNA，也可以分离分子质量相同，但构型不同的 DNA 分子。例如，某些质粒 DNA 有 3 种构型：超螺旋的共价闭合环状质粒 DNA（covalently closed circular DNA，cccDNA）；开环质粒 DNA（open circular DNA，ocDNA），即共价闭合环状质粒 DNA 1 条链断裂；线状质粒 DNA（linear DNA，lDNA），即共价闭合环状质粒 DNA 2 条链发生断裂。这 3 种构型的质粒 DNA 分子在凝胶电泳中的迁移率不同。因此电泳后呈 3 条带，超螺旋质粒 DNA 泳动最快，其次为线状质粒 DNA，最慢的为开环质粒 DNA。

实验仪器和试剂

1. 仪器与用具

恒温培养箱，恒温摇床，台式离心机，高压灭菌锅，1.5mL 离心管（EP），吸头，微量移液器，琼脂糖凝胶电泳系统，紫外透射仪。

2. 试剂

(1) 溶液Ⅰ：50mmol/L 葡萄糖，25mmol/L Tris-Cl（pH8.0），10mmol/L EDTA（pH8.0），4℃保存。

(2) 溶液Ⅱ：0.2mol/L NaOH，1% SDS。

(3) 溶液Ⅲ：60mL KAc，11.5mL 冰乙酸，28.5mL H_2O，pH 为 4.8，4℃保存。

(4) TE 缓冲液：10mmol/L Tris·HCl，1mmol/L EDTA（pH8.0）。

(5) 胰 RNA 酶（RNase A）：将 RNA 酶溶于 10mmol/L Tris·HCl（pH7.5）、15mmol/L NaCl 中，配成 10mg/mL 的浓度，于 100℃加热 15min，缓慢冷却至室温，保存于−20℃。

(6) 电泳缓冲液（50×TAE）：242g Tris-base，57.1mL 冰乙酸，100mL 0.5mol/L EDTA（pH8.0），定容至 1L。

(7) 苯酚∶氯仿∶异戊醇（25∶24∶1）。

(8) 乙醇（无水乙醇、70%乙醇）。

(9) 溴化乙锭（EB）：10mg/mL。

(10) 6×上样缓冲液（loading buffer）：0.25%溴酚蓝，0.25%二甲苯青（FF），40%（*m*/*V*）蔗糖水溶液。

(11) DNA 分子质量标准（DNA Marker）。

实验材料

含质粒的大肠杆菌（*E. coli*）。

方法与步骤

1. 提取质粒

(1) 从新鲜平板上挑取单菌落接种于 5mL 含 Amp 的 LB 培养基，180r/min 培养过夜。

(2) 取 1.5mL 菌液，室温下 12 000r/min 离心 1min 收菌。

(3) 弃去上清后，加入 100μL 冰预冷的溶液Ⅰ，彻底振荡悬浮菌体。

(4) 加入 200μL 溶液Ⅱ，立即上下颠倒混匀，冰上放置 5min。

(5) 加入 150μL 冰预冷的溶液Ⅲ，颠倒混匀，然后冰上放置 5min。

(6) 室温下 12 000r/min 离心 5min。

(7) 转移上清至新的 EP 管，加入等体积的苯酚：氯仿：异戊醇（25：24：1），颠倒混匀，室温下大于 12 000r/min 离心 5min。

(8) 转移上层水相至新的 EP 管，加入 1/10 体积的 3mol/L NaAc 和 2 倍体积的无水乙醇，室温静置 30min，12 000r/min 离心 5min。

(9) 75％乙醇洗涤沉淀 2 次。彻底弃去乙醇，室温下风干 20min。

(10) 沉淀吹干后溶于 40μL 含有 10μg/mL RNase A 的 TE（pH 8.0）中，65℃消化 30min。取 1μL 电泳检测。

2. 质粒的琼脂糖凝胶电泳

(1) 准备凝胶。

a. 称取 2.0g 琼脂糖，小心加入 250mL 烧杯中，注意都倒入杯底。

b. 用量筒量取 100mL 电泳缓冲液，移入 250mL 装有琼脂糖的烧杯中，配成 2.0％的琼脂糖凝胶。随后，混匀溶液并加热至沸腾，混合液开始时呈现白色混浊，当其变清澈时就可以使用。

c. 当加热琼脂糖时，检查电泳槽是否清洁，如不干净则用蒸馏水清洗并用纸擦干。小心不要损坏电泳槽底部的电极丝。用胶带将制胶槽两端的口封闭。

d. 封好胶槽后，放置好电泳梳子。尽量将梳子放于靠近胶槽的一端的位置，并且注意梳子的底部不能接触到槽面。琼脂糖倾注并且凝固后，则可以拔出梳子，所留下的梳孔可以用于加入 DNA 样品。

e. 待加热的琼脂糖凝胶冷却至 60℃左右，加 EB 母液（10mg/mL）至终浓度0.5μg/mL（注意：EB 为强诱变剂，操作时戴手套），轻轻摇匀，倒入胶槽中，并且确保凝胶中没有气泡。注意，在插入梳子的时候要轻柔，以防止产生气泡。加热的凝胶凝固需要大约 15min。

f. 一旦凝胶凝固，将胶条撕去，将凝胶置于电泳槽中，加入电泳缓冲液覆盖凝胶（大约 1cm）。将凝胶在缓冲液中静置 1～2min，拔去梳子，缓冲液将填满梳孔。如果梳孔中的气泡阻止了缓冲液的进入，用一个枪头轻轻赶走气泡。将凝胶置于该状态下数小时。注意，如果梳子在凝胶尚未完全凝固时就拔出，梳孔会被破坏，并在随后的电泳中导致梳孔中的样品渗漏出梳孔。

(2) 加样及凝胶电泳。

a. 用微量移液器取 5μL 质粒 DNA，与 2μL 的 10×上样缓冲液混合，将混合液加入梳孔中。

b. 在所有的样品加完后，盖上电泳槽盖。将黑色电极线插入负极、红色电极线插入正极，将电极线的另一端插入电泳仪的输出端口。注意，由于 DNA 带负电荷，因此正极应该位于远离点样孔的一端。

c. 在 200V 的条件下电泳 5min，让 DNA 样品汇集在梳孔壁处，随后调整到 75V 进行随后的电泳。

d. 用高电压先电泳以便汇集 DNA 样品，这有利于产生清晰的电泳条带。随着电泳的进行，可以观察到蓝色和蓝绿色两条染料带，当第一条带迁移至凝胶的 2/3 处，第二条带迁移至凝胶的 1/3 处时停止电泳，这需要 2～4h。

e. 依据胶块大小的不同，电泳过程的时间也有差别，一块 14cm 长的胶块需要在 75V 条件下跑大约 4h。一般情况下，14cm 的胶块可以让第一条染料带迁移至离胶块末端 1～2cm 处。增加电压会缩短电泳的时间，但同时也会降低 DNA 条带的分辨率并且增加缓冲液的温度。在电泳进行到一半时，停止电泳并换入新鲜并预冷的缓冲液后继续电泳。

f. 将胶块放于紫外透射仪上进行观察。为了减少暴露于紫外线下，紫外透射仪放置于一个有机玻璃罩后，戴上有机玻璃安全防护眼镜，打开透射仪电源进行观察。与 DNA 交联的溴化乙锭会发出橙色的荧光。如果没有紫外透射仪，也可以用手持式紫外观测仪代替。

实验结果

实验的结果可以通过照相或者成像系统成像记录，参考图 29-1。

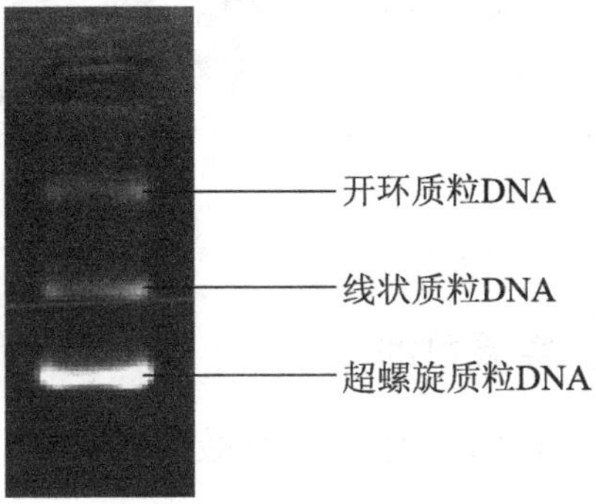

图 29-1　质粒电泳图

注意事项

1. 溶液Ⅱ需新鲜配制。
2. 加入溶液Ⅱ后，动作一定要轻柔，让溶液沿管壁慢慢旋转、混匀，避免双链震散。

作业

1. 简述质粒提取的原理及注意事项。
2. 为什么用酚与氯仿抽提 DNA 时，还要加少量的异戊醇?
3. 对照你的电泳图，分析质粒 DNA 提取及检测的效果。

参考文献

李亮，蔡志强，赵希岳，等 . 2003. 细菌质粒 DNA 的快速提取及检测［J］. 江苏工业学院学报，15（3）：30-31

薛仁镐，谢宏峰，金圣爱，等 . 2005. 碱裂解法提取细菌质粒 DNA 的改良［J］. 生物技术，15（3）：44-46

王玲玲，赵颂民，朱正歌，等 . 2005. 一种简易提取细菌质粒 DNA 的方法［J］. 中学生物学，21（3）：37-38

（冯冬茹）

实验30

DNA的限制性内切核酸酶酶切

实验目的

了解限制性内切核酸酶的原理以及在遗传学中的用途。

实验原理

限制性内切核酸酶（ restriction endonuclease），简称限制酶，是一类能够识别DNA的特异序列并在识别位点剪切双链DNA的核酸内切酶。主要存在于原核生物中，大多数来自于细菌体内，与相伴存在的甲基化酶共同构成细菌的限制-修饰体系，限制外源DNA、保护内源DNA。1970年H. O. Smith等分离到第一种限制性内切核酸酶Ⅱ型，为DNA分子体外剪切奠定了技术基础。目前已陆续从不同微生物中分离出2300种以上的核酸内切酶。根据酶的组成、所需因子和裂解方式等的不同可以将限制核酸酶分为Ⅰ、Ⅱ、Ⅲ型。Ⅰ型酶最早由Messelson等在1968年从大肠杆菌K株和B株中发现，它能识别特异性的DNA序列，但没有固定的切割位点；而Ⅲ型酶虽有固定位点，但为数不多。这两类酶在同一蛋白质分子中兼有修饰（甲基化）作用和依赖ATP的限制（切割）活性，因此在分子克隆中很少应用。Ⅱ型酶由于其核酸内切酶的活性和甲基化作用是分开的，且核酸内切酶作用又具有序列特异性，所以在基因重组、构建质粒、制备DNA探针和DNA序列分析等分子生物学实验中有着广泛的应用。

大部分Ⅱ型酶识别序列长度为4～6个核苷酸，且呈回文结构。它们种类虽然很多，可是反应条件都十分相似。一般需要较纯的底物DNA、Mg^{2+}、Tris-HCl缓冲液，通常在37℃保温以酶解DNA，但要注意限制性内切核酸酶的星活性问题。

限制性内切核酸酶是能够在特定核苷酸序列位点切割DNA的酶，所产生的切割末端既可以是平末端也可以是黏性末端。例如，限制性内切核酸酶*Eco*RⅠ（根据分离的物种来源而命名）识别六核苷酸序列，并且切割产生了一个黏性末端（参见下面的箭头位置）：

产生片段：

```
    ↓
5′-GAATTC-3′          5′-G       AATTC-3′
              ——→
3′-CTTAAG-5′          3′-CTTAA       G-5′
         ↑
```

如果一个限制性内切核酸酶识别一个六核苷酸序列，它就可能每隔4100个碱基对随机性地切割基因组序列（6个核苷酸出现的概率为$1/4^6$）。当然，并不是所有的DNA片段的长度都是4100个碱基对，某些可能或长或短，其平均长度是4100bp。相应的，一个识别四核苷酸序列的限制核酸酶将产生一个平均片段大小为 $4^4=256$bp。这一信息可以被用于确定你所操作的 DNA 片段的大致大小。

另外，构建体外重组 DNA 分子，最简单的重组方法是在目的基因 DNA 的两端用两种不同的限制性内切核酸酶进行酶解，产生两个不同的黏性末端，再用这两种限制性内切核酸酶去选择合适的载体进行酶切，也产生这两个不同的黏性末端，这样构建的 DNA 分子，目的基因 DNA 片段是从一个方向插入质粒载体中的，重组的效率较高，也易于筛选出重组子。

实验仪器和试剂

1. 仪器与用具

分析天平，水浴箱，振荡器，电泳仪，微波炉，吸头、0.5mL 离心管（EP 管）。

2. 试剂

琼脂糖、限制性内切核酸酶（如 *Eco*RⅠ和 *Hind*Ⅲ）、不同的 10×限制性内切核酸酶缓冲液、蒸馏水、DNA 分子质量标准、电泳缓冲液。

实验材料

实验材料为 λ DNA。λ 是一个噬菌体，其含有一个线性的双链基因组 DNA，大约 50kb。由于其大小合适，并且可以购买到非甲基化的形式，因此适合用于限制性内切核酸酶分析。

方法与步骤

1. λ DNA 的限制性内切核酸酶切

(1) 用微量取样器将 12μL 的 λ DNA 溶液移入一个 0.5mL EP 管。

(2) 在 EP 管中加入 1.5μL 的 10×酶切缓冲液（务必与所使用的限制性内切核酸酶相匹配），在漩涡振荡器上混合或用手指轻弹。

(3) 限制性内切核酸酶可以在 30%～50%甘油溶液中，于−20℃稳定保存，但是在工作缓冲液中则不稳定。

(4) 将 1.5μL 相应的酶分装到 EP 管中（注意每次都要换枪头）。若是双酶切，则每种酶各加 1μL。加完酶后，混匀溶液并在 37℃反应 1h。在消化反应的时候，开始按照步骤 2 的指示准备琼脂糖凝胶。

(5) 1h 后将反应管从水浴中取出，加入 15μL 凝胶染料并混匀。如果某些混合液溅到管壁上，轻敲指管让溶液归于管底。

2. 琼脂糖凝胶电泳

按照实验 29 的方法配制琼脂糖凝胶，并且进行凝胶电泳。

实验结果

利用凝胶成像系统进行电泳结果记录。根据所使用的限制性内切核酸酶的不同，分析电泳结果。

注意事项

1. DNA 样品与限制性内切核酸酶的用量都极少，必须严格注意吸样量的准确性及全部放入反应体系中。

2. 要注意酶切时加样的次序，一般次序为水、缓冲液、DNA 各项试剂，最后才加酶液。取液时，枪头要从溶液表面吸取，以防止枪头沾去过多的液体与酶，待用的限制性内切核酸酶要放在冰浴内，用后盖紧盖子，立即放回－20℃冰箱，防止限制性内切核酸酶失活。

3. 凡用在酶切反应中的一切塑料器皿（EP 管，枪头等）都要新的，最后用重蒸水清洗，湿热灭菌，置 50℃温箱中烘干，使用前打开包装，用镊子夹取，不直接用手去拿，严防手上杂酶污染。

4. 当样品在 37℃与 65℃保温时，要注意：

(1) 防止因盖子未盖严密使水汽进入管内，使反应溶液体积大量增加，造成实验失败。

(2) 防止由于标签脱落，分不清样品类型。

5. 由于温差原因，往往在盖上有水汽，因样品酶切完毕或中间取样电泳要离心 2s，以集中体积内溶液，否则会发现酶切后体积少了。

作业

1. 你使用的是哪种限制性内切核酸酶？电泳中你观察到几条 DNA 带？

2. 你的 DNA 带形与其他限制性内切核酸酶所切割形成的带形有何不同？

3. 带形之间的区别你如何解释？

4. 两种限制性内切核酸酶所形成的 DNA 条带中是否有相同的条带？如果有，这一相似性给了你什么样的提示呢？

参 考 文 献

卢圣栋. 1999. 现代分子生物学实验技术［M］. 北京：中国协和医科大学出版社. 71-80

彭秀玲，袁汉英，谢毅，等. 1997. 基因工程实验技术［M］. 长沙：湖南科学技术出版社. 78-86

Roberts R J，Belfort M，Bestor T，et al. 2003. A nomenclature for restriction enzymes，DNA methyltransferases，homing endonucleases and their genes［J］. Nucleic Acids Res，31（7）：1805-1812

（冯冬茹）

实验31

PCR扩增基因片段

实验目的

了解和初步掌握PCR的原理及方法。

实验原理

PCR反应的设想是由诺贝尔得奖者K. Mullis博士在某天工作完后开车回家的路上想到的。他的想法是，DNA复制及参与该过程的酶类，其特异性依赖于DNA聚合酶的特性（Mullis，1990）。在考虑到DNA聚合酶及复制的特性后，他认为有可能通过人工操作DNA聚合酶及相应的参与复制的成分进行一个特定DNA序列的千万次的拷贝。PCR技术正是源于这个想法，该技术对分子生物学及遗传学产生了革命性的影响。利用PCR技术，目前已经可以扩增并分析任何能够分离的DNA序列，不论该序列来源于12亿年前的已经灭绝的象鼻虫、一个博物馆标本、一具尸体或是一个活的胚胎或个体。因此，PCR已经成为一个整合过程，不仅应用在一个生物基因组及基因表达的分子研究中，也应用在医学遗传学领域，如检测杂合子、检测个体可能的疾病、种群遗传学中分析等位基因频率及其改变（DNA标记如同任何其他的遗传标记一样，可以像孟德尔标准模式种的共显性一样被遗传）、基因与生物体进化历史的研究及法医学研究（与DNA指纹分析一起）等。

DNA聚合酶的两个主要性质是发展PCR技术的关键。首先，所有的DNA聚合酶都必须利用一个已有的3′→5′的DNA模板，依据5′→3′的方向聚合形成一个新的DNA分子。其次，DNA聚合酶在起始DNA合成的时候需要有一个自由的3′-OH末端（如某些引物需要）。在PCR过程中，双链DNA通过加热变性（通常是94℃）。随后，在温度降低（通常为33～65℃）的过程中，一个特异序列的寡核苷酸引物（通常15～30个核苷酸）随后与单链互补的DNA序列杂交。引物的3′端有OH末端，因此DNA聚合酶可以开始新的DNA链的合成。这一合成过程通常在72℃进行。该反应中使用的DNA聚合酶分离自*Thermus aquaticus*或*Thermus thermophilus*（两个菌都来源于热温泉中），这两个DNA聚合酶（*Taq*或*Tth*）比其他的DNA聚合酶具有更高的热稳定性。这里需要指出PCR反应的第三个主要的特性：在变性过程中温度的激烈改变并不会破坏酶的聚合活性。这一特性令DNA的循环复制成为可能，可以通过周期性的改变温度，在一个较低的温度条件下让聚合反应进行，在一个较高的温度条件下使得复制了的DNA双链变性成为单链，接着回复到一个较低的温度让新的引物退火开始新的一轮的复制，其结果是，通过重复这一温度的改变过程，完成了由引物所决定的DNA特异性扩增。

PCR 反应通常包括 3 个基本步骤：①变性（denature）：目的双链 DNA 片段在 94℃下解链；②退火（anneal）：两种寡核苷酸引物在适当温度（50℃左右）下与模板上的目的序列通过氢键配对；③延伸（extension）：在 *Taq* DNA 聚合酶合成 DNA 的最适温度下，以目的 DNA 为模板进行合成。由这 3 个基本步骤组成一轮循环，理论上每一轮循环将使目的 DNA 扩增 1 倍（图 31-1），这些经合成产生的 DNA 又可作为下一轮循环的模板，所以经 25～35 轮循环就可使 DNA 扩增达 10^6 倍。

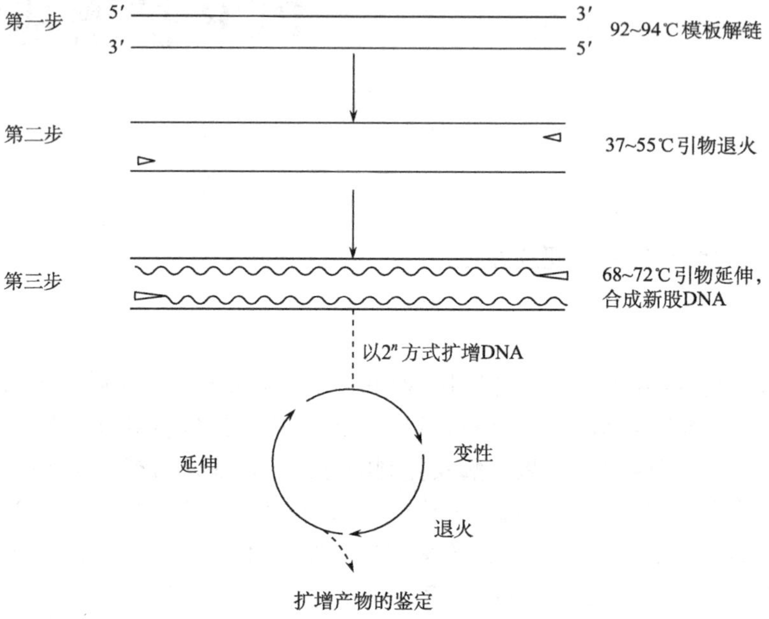

图 31-1　聚合酶链反应（PCR）示意图

典型的 PCR 反应体系由如下组分组成：DNA 模板、反应缓冲液、dNTP、$MgCl_2$、两个合成的 DNA 引物、耐热 *Tag* 聚合酶或 *Pfu* 聚合酶。以上两种聚合酶中，*Taq* 聚合酶扩增效率高，但保真度低；*Pfu* 聚合酶相反，扩增的效率低，但保真度高。因为 *Taq* 聚合酶价格便宜，在保真度要求不高的时候一般选用 *Taq* 聚合酶，而在要求高保真度时选用 *Pfu* 聚合酶。另外，要保证 PCR 反应能准确、特异、有效地对模板 DNA 进行扩增，引物的设计也极为重要。

实验仪器和试剂

1. 仪器与用具

PCR 仪，吸头，微量移液器，琼脂糖凝胶电泳系统。

2. 试剂

(1) 10×缓冲液。

(2) 4×dNTP（10mmol/L dATP、10mmol/L dCTP、10mmol/L dGTP、10mmol/L dTTP）。

(3) *Tag* 聚合酶：10U/μL。

(4) DNA 模板：1ng/μL。

(5) 引物溶液浓度：10pmol/μL。

(6) 琼脂糖。

(7) DNA 分子质量标准物。

实验材料

含有目的片段的 DNA。

方法与步骤

1. 在 0.2mL PCR 小管内配制 50μL 反应体系

反应物	体积/μL
ddH_2O	35
10×PCR 缓冲液	5
4×dNTP	1
25mmol/L $MgCl_2$	5
引物 1	1
引物 2	1
模板 DNA	1
Taq 酶	1

轻弹混匀，离心收集。

2. 按下述程序进行扩增

(1) 94℃预变性 5min；

(2) 94℃变性 1min；

(3) 60℃退火 1min；

(4) 72℃延伸 1.5min；

(5) 重复步骤 (2)～(4)，30 次；

(6) 72℃延伸 7min。

3. 琼脂糖凝胶电泳分析 PCR 结果

用 1%琼脂糖凝胶，取 5μL 扩增产物，加 3μL 样品缓冲液，混合后上样电泳，检测 PCR 产物。

实验结果

利用凝胶成像系统进行电泳结果记录，可见在凝胶中预期大小的位置出现 DNA 条带。

注意事项

1. 所用的所有溶液都应该没有核酸和（或）核酸酶（DNase 和 RNase）污染。

2. 引物浓度要合适，太高容易引起错配及非特异性产物的形成。

3. 酶浓度过高容易导致非特异性产物的形成。

4. 在 PCR 自动热循环中，最关键的因素是变性与退火的温度。变性温度是决定 PCR 反应中双链 DNA 解链的温度，达不到变性温度就不会产生单链 DNA 模板，PCR 也就不会启动。变性温度低则变性不完全，DNA 双链会很快复性，因而减少产量。一般取 90～95℃。样品一旦到达此温度宜迅速冷却到退火温度。DNA 变性只需要几秒钟，时间过久没有必要；反之，在高温时间应尽量缩短，以保持 *Taq* DNA 聚合酶的活力，加入 *Taq* DNA 聚合酶后最高变性温度不宜超过 95℃。退火温度决定 PCR 特异性与产量；温度高特异性强，但过高则引物不能与模板牢固结合，DNA 扩增效率下降；温度低产量高，但过低可造成引物与模板错配，非特异性产物增加。一般实验中退火温度比扩增引物的解链温度低 5℃。

作业

简述 PCR 实验原理，分析实验结果。

参考文献

卢圣栋. 1999. 现代分子生物学实验技术 [M]. 北京：中国协和医科大学出版社. 458-477

张惠展. 2005. 基因工程 [M]. 上海：华东理工大学出版社. 99-104

张文超. 2005. 聚合酶链反应（PCR）技术与基因扩增分析仪器（PCR 仪）[J]. 生命科学仪器，3（3）：13-19

（冯冬茹）

实验32

动物基因组总DNA的分离

实验目的

1. 了解分离基因组DNA的原理及要求。
2. 学习分离动物DNA的常用方法。

实验原理

分离动植物DNA是分子遗传学的基本操作，是进行基因组DNA序列分析、遗传标记分析、基因克隆、基因定位等的基本步骤。不同的研究目的对DNA的纯度和量的要求不尽相同。例如，在构建用于筛选植物基因或其他诸如RFLP这样的遗传标记基因组DNA文库时，需要使用高相对分子质量、高纯度的DNA；而在进行遗传标记分析时，对DNA纯度的要求就可以低一些，但其他要求如DNA的产量则显得更为重要了。

一般而言，一个好的DNA分离程序应符合以下3个主要标准。

(1) 所得DNA的纯度应满足下游操作的要求：用于RFLP分析的DNA，其纯度的要求为可用限制性内切核酸酶完全酶解，并可成功地转移到膜上进行Southern杂交；用于PCR分析的DNA则不应含干扰PCR反应的污染物。

(2) 所得DNA应当完整，电泳检查时给出精确性高、重复性好的迁移带形。

(3) 所得DNA应有足够的量，以满足不同的研究目的。

动植物DNA的提取程序应包括以下几个主要步骤。

(1) 对植物细胞来说，必须破碎（或消化）细胞壁，释放出细胞内容物。然而许多操作在破壁的同时也会剪切DNA，因此任何方法都是在DNA的产量和完整性这两个方面之间折中考虑的结果。分离总基因组DNA常用的破壁方法是将植物组织研磨成细粉；或者将新鲜植物组织在液氮中快速冷冻后，用研钵将其磨成粉。分离核DNA或细胞器DNA时则应采取更为温和的破壁方法，以免过早破坏内膜系统，人们通常在含有渗透剂的缓冲液中用4℃下匀浆的方法来破壁。动物组织块也可经液氮中冷冻后用研钵研磨成粉。

(2) 必须破坏细胞膜使DNA释放到提取缓冲液中。这一步骤通常靠诸如十二烷基磺酸钠（SDS）或十六烷基三甲基溴化铵（CTAB）一类的去污剂来完成。去污剂还可以保护DNA免受内源核酸酶的降解。通常提取缓冲液中还包含乙二胺四乙酸（EDTA），它可以螯合大多数核酸酶所需的辅助因子——镁离子。

(3) 一旦DNA释放出来，其剪切破坏的程度一定要降到最低。剧烈振荡或小孔快速抽吸都会打断溶液中高分子质量的DNA。一般来说，如果操作得当，可以得到50～100kb

的 DNA。

不过，分离高分子质量的 DNA 还只是工作的一部分。因为在 DNA 粗提物中往往含有大量 RNA、蛋白质、多糖、单宁和色素等杂质，这些杂质有时很难从 DNA 中除去。大多数蛋白质可通过氯仿或苯酚变性处理后变性、沉淀除去，绝大部分 RNA 则可通过使用经处理过的 RNaseA 除去。

从动物组织块、培养细胞、血液、毛发等均可分离出 DNA，根据下列方法制备的哺乳动物 DNA 分子质量为 20～50kb，适于作为 PCR 反应的模板。DNA 产量在 0.5～3.0μg/mg 组织之间变化，或者是 5～15μg/300μL 全血。

实验仪器和试剂

1. 仪器与用具

连有真空管的抽吸装置，研钵和研棒，恒温水浴锅，离心机，冰柜。

2. 试剂

(1) 裂解缓冲液：

10mmol/L Tris · HCl (pH8.0)

1mmol/L EDTA (pH8.0)

0.1% (*m/V*) SDS

缓冲液贮存于室温，但是在进行步骤 2 之前需冰冻一部分。

(2) 乙醇，异丙醇。

(3) 乙酸钾溶液：60mL 的 5mol/L 乙酸钾，11.5mL 冰醋酸，28.5mL 蒸馏水。

混合均匀，溶液中钾离子浓度为 3mol/L，醋酸根浓度为 5mol/L。缓冲液于室温保存。

(4) 红细胞裂解缓冲液：20mmol/L Tris-HCl (pH7.6)。

(5) TE 缓冲液：10mmol/L Tris-HCl，1mmol/L EDTA，pH7.6。

(6) 无 DNase 的 RNase (4mg/mL)，蛋白酶 K (20mg/mL)。

实验材料

哺乳动物组织或全血。

方法与步骤

1. 准备用于分离 DNA 的组织或全血

(1) 组织。

a. 切下 10～20mg 动物组织。

b. 用剃刀或解剖刀切碎组织或者将组织冷冻于液氮中，然后用在液氮中预冷的研钵研磨成粉。

(2) 血液。

a. 在两个微量离心管中分别转移 300μL 全血样品，每管中加入 900μL 红细胞裂解缓冲液，盖上盖子，颠倒混匀，然后将溶液于室温下放置 10min，中间颠倒混匀几次。

b. 室温下用最大转速离心 20s。

c. 每管保留 20μL 上清液，弃去其他部分。

d. 用剩余的少量上清液重悬白细胞沉淀，并将两管中的沉淀合成一管。

2. 将切碎的组织或者重悬的白细胞沉淀转移到加有 600μL 冰冷的细胞裂解缓冲液的离心管中。用微量研棒迅速研磨 30～50 下，混匀悬浊液（冰冷的细胞裂解缓冲液可能导致 SDS 沉淀，使溶液看起来混浊。这种沉淀不影响 DNA 的分离）。

3. 向裂解产物中加入 3μL 蛋白酶 K，以增加基因组 DNA 的产量。消化液于 55℃放置 3h 以上，但不要超过 16h。

4. 消化液降至室温，然后加入 3μL 的无 DNase 的 RNase，37℃放置 15～60min。

5. 将样品降至室温。加入 200μL 乙酸钾溶液，剧烈振荡 20s，使其充分混合。

6. 4℃用 5000r/min 离心 3min，使蛋白质-SDS 复合物沉淀出来。离心后，在管子底部应该可以看到一小片蛋白质沉淀。

7. 将上清液转移到加有 600μL 异丙醇的新离心管中，充分混匀，－20℃冰柜中放置 30min，然后室温下 5000r/min 离心 1min。

8. 吸去上清液，加入 70%的乙醇。颠倒管子数次，室温下 5000r/min 离心 1min。

9. 小心吸取上清液，空气中干燥 DNA 沉淀 15min。

10. 将 DNA 沉淀溶解于 100μL TE（pH7.6）。室温下放置 16h 或者 65℃放置 1h 可以加快基因组 DNA 的溶解。

实验结果

DNA 经乙醇沉淀、离心后会在离心管底部形成絮状沉淀。也可用琼脂糖凝胶电泳、紫外分光光度法对经 TE 缓冲液溶解的 DNA 质量进行检测。

注意事项

1. 所有动物材料必须新鲜及时使用。
2. 若采用液氮研磨，研钵需预冻，粉末至加 CTAB 前不要融化。
3. 24∶1 的氯仿∶异戊醇抽提时动作应轻柔，转移用的枪头最好是剪宽了的。

作业

1. 分离动物 DNA 的常用方法有哪些？
2. 提取动物基因组总 DNA 的操作过程中应注意什么？
3. 对照电泳结果，分析基因组 DNA 的带形特征及所提取基因组总 DNA 的效果。

参考文献

萨姆布鲁克 J，拉塞尔 D W. 2002. 分子克隆实验指南［M］. 3 版. 黄培堂译. 北京：科学出版社

王晓谦. 2005. 全血基因组 DNA 的提取和纯化方法比较［J］. 河南科技大学学报（医学版），23（1）：13-14

肖波，李岩，屈慧歌，等. 2005. 两种动物基因组 DNA 提取方法的比较［J］. 烟台师范学院学报（自然科学版），21（1）：56-58

（冯冬茹）

实验33

CTAB法分离植物细胞总DNA

实验目的

1. 了解植物基因组DNA分离的原理与方法。
2. 掌握CTAB法大量分离植物基因组DNA的方法与技术。

实验原理

植物体的根、茎、叶、种子等部位都可用于提取基因组总DNA，由于叶片的纤维、淀粉含量相对较少，且冷冻后易于研磨，因此叶片是最常用的提取DNA的材料。

与动物细胞相比，植物细胞具有细胞壁，因此提取时必须研磨，以破碎细胞壁。而且植物细胞内，多糖、多酚类物质含量较高，不易除去，给植物基因组DNA的分离工作带来了困难。

十六烷基三甲基溴化铵（CTAB）是一种阳离子去污剂，可使细胞膜裂解，释放出内容物。在低离子强度的溶液中可沉淀核酸与酸性多聚糖，在这种条件下，蛋白质和中性多聚糖仍留在溶液里；而在高离子强度的溶液里，CTAB与蛋白质和除大多数酸性多聚糖以外的多聚糖形成复合物，但不会沉淀核酸。因此CTAB适用于从多糖含量高的植物中制备纯化DNA。

实验仪器和试剂

1. 仪器与用具

电子天平，陶瓷研钵和研棒，50mL聚丙烯离心管，EP离心管，金属小匙，微量移液器及吸头，水浴锅，高速离心机。

2. 试剂

（1）2×CTAB缓冲液：2% CTAB，0.1mol/L Tris·HCl（pH 8.0），20mmol/L EDTA（pH 8.0），1.4mol/L NaCl，1%聚乙烯吡咯烷酮（PVP），0.2% β-巯基乙醇（用前加入）。

（2）DNA洗液：10mmol/L 醋酸铵，75%乙醇。

（3）TE溶液：10mmol/L Tris·HCl（pH 8.0），1mmol/L EDTA。

（4）Tris平衡酚。

（5）氯仿∶异戊醇（24∶1）。

（6）无水异丙醇。

（7）无水乙醇，75%乙醇。

（8）3mol/L NaAC（pH 5.2）。

（9）RNase A 溶液（浓度 100mg/mL）。

（10）液氮。

实验材料

烟草种子，置于容器中的湿基质上萌发。当小苗生长到约 10cm 高时，就可收集用于实验。

方法与步骤

1. 10g 新鲜植物材料用液氮速冻，置于液氮冷却的研钵内迅速研磨，将粉末转移到 50mL 离心管中，然后加入 20mL 预热至 65℃的 2×CTAB 抽提缓冲液。轻轻转动离心管，混匀，然后置于 60℃水浴处理 60～90min。

2. 混合物冷至室温后，加入等体积的氯仿/异戊醇（24∶1），颠倒离心管使管内混合均匀。25℃ 10 000*g* 离心 10min 分相，收集上层水相（上清液）。

3. 水相中加入 RNase A 溶液至浓度为 5mg/mL，颠倒混匀，37℃反应 30min。

4. 加入 0.7 倍体积的异丙醇，混匀，室温放置 30min 沉淀 DNA。

5. 用玻璃棒将 DNA 钩出（或离心收集 DNA），在 DNA 洗液中浸泡 30min。倾去洗液，待洗液中的乙醇成分挥发后，沉淀重溶于数倍体积 TE 中。

6. DNA 溶液加入等体积的酚/氯仿/异戊醇混合液（25∶24∶1）（*V*/*V*/*V*），混匀，离心，进一步去除蛋白质成分。

7. 收集上层水相，加入 1/10 体积的 3mol/L NaAC（pH 5.2），再加入 2 倍体积的无水乙醇，低温条件下静置 30min 或者过夜，以充分沉淀 DNA。

8. 离心收集沉淀，75%乙醇洗涤，干燥，重溶。

实验结果

可用琼脂糖凝胶电泳、紫外分光光度法对经 TE 溶解的 DNA 质量进行检测。经 CTAB 法提取的 DNA 分子片段大小一般为 10～20kb。

注意事项

1. CTAB 溶液在低于 15℃时会析出沉淀，因此在加入冷冻的植物材料前必须预热。

2. 为了减少叶绿体 DNA 对核基因组 DNA 提取的污染，也可将小苗在黑暗条件下生长，得到不含叶绿体的黄化苗作为实验材料。

3. 烟草是较易提取 DNA 的植物材料，如果需采用其他材料，如单子叶植物或木本植物，或种子等组织时，由于多酚类化合物的含量高，会使溶液出现褐变现象，这种变色一般不会影响实验结果。如果影响后续操作，应尽量采集幼嫩组织作为材料，或适量增加聚乙烯吡咯烷酮（PVP）用量至 2%浓度。

4. 如果材料中含有较多多糖，一般提取方法将很难去除。多糖常与 DNA 共沉淀而使沉淀物呈胶冻状。少量的多糖一般不影响 DNA 的限制性内切核酸酶酶切反应或 PCR 扩增，但影响后续实验时，则要考虑在提取DNA过程中尽量去除多糖。

参考文献

顾红雅，瞿礼嘉，明小天，等.1995. 植物基因与分子操作［M］. 北京：北京大学出版社
邹喻苹，葛颂，王晓东. 2001. 系统与进化植物学中的分子标记［M］. 北京：科学出版社
Stacey J，Isaac P G. 1994. Isolation of DNA from plants［J］. Methods in Molecular Biology，28：9-15

（刘　兵）

实验34 植物细胞线粒体DNA的提取

实验目的

1. 了解植物线粒体基因组的特点。

2. 学习并掌握植物线粒体DNA的提取方法与技术。

实验原理

在真核生物中，除核基因组外，还存在细胞质基因组，即线粒体基因组和绿色植物中的叶绿体基因组。线粒体基因组和叶绿体基因组均为环状分子，它们的大小随物种的不同而有所变化。已知哺乳动物的线粒体DNA较小，一般在20kb以内，而植物的可达200kb以上。

细胞器基因组在遗传方式、基因组大小与结构、基因编码、基因表达与调控等方面均不同于核基因组，而且叶绿体、线粒体基因组分别具有自身的特点。核、质基因组在功能上的相互协调，是细胞进行生命活动的重要基础，因此，研究细胞器基因组的结构与功能具有重要意义。要获得高纯度的线粒体DNA，关键是获得较纯的完整线粒体，这可通过差速离心或梯度离心来完成。完整的线粒体裂解后再通过CsCl离心或酚/氯仿抽提法获得DNA。在裂解细胞器之前常用DNA酶清除非细胞器的DNA污染。

实验仪器和试剂

1. 仪器与用具

匀浆器，冷冻离心机，微型离心机，恒温水浴等。

2. 试剂

(1) 缓冲液A（研磨缓冲液）：0.4mol/L甘露醇，50mmol/L Tris-HCl，1mmol/L Na_2EDTA，5mmol/L KCl，pH7.5（使用前加入2mmol/L β-巯基乙醇），0.1%牛血清白蛋白（BSA），10mg/mL聚乙烯吡咯烷酮（PVP）。

(2) 缓冲液B：0.2mol/L甘露醇，10mmol/L Tris-HCl，1mmol/L EDTA，pH7.2。

(3) 缓冲液C：1mmol/L EDTA，15mmol/L Tris-HCl，pH 7.2。

(4) 蛋白酶K（25mg/mL）。

(5) 蔗糖（20%、40%、52%、60%）。

(6) $MgCl_2$（0.1mol/L）。

(7) DNase Ⅰ溶液（2mg/mL，溶于水）。

(8) TE缓冲液（10mmol/L Tris-HCl，1mmol/L Na_2EDTA，pH 8.0）。

(9) 10%SDS，RNase (30mg/mL)，3mol/L 乙酸钠，乙醇，苯酚，氯仿，异戊醇等。

(10) EDTA 溶液 (0.5mol/L，pH 8.0)。

(11) Tris 平衡酚 (pH 8.0)。

(12) 氯仿/异戊醇 (24∶1)。

实验材料

新鲜菠菜叶片或其他叶片。

方法与步骤

1. 称量材料。

2. 按每克材料 10mL 研磨缓冲液的比例加入研磨缓冲液，冰浴匀浆，纱布过滤，收集滤液。

3. 滤液于 4℃ 3000*g* 离心 15min，收集上清液。

4. 上清液于 4℃ 10 000*g* 离心 25min，弃上清液。

5. 沉淀用缓冲液 A（不含 β-巯基乙醇、BSA 和 PVP）悬浮，并重复 2、3 步骤，收集的沉淀即为粗制线粒体。

6. 加入 $MgCl_2$ 至终浓度为 5mmol/L，加入 DNase Ⅰ 至终浓度为 30μg/mL，冰浴 1h。

7. 加入 EDTA 至终浓度为 15mmol/L，以终止 DNase Ⅰ 的反应。

8. 粗制线粒体铺于不连续蔗糖梯度上（蔗糖浓度由上至下依次为 20%、52%、60%，体积依次为 7mL、10mL、10mL、7mL，用缓冲液 C 配制），4℃ 20 000*g* 离心 2.5h，吸取 40%与 52%蔗糖界面的线粒体。

9. 在线粒体条带收集产物中加入 4 倍体积的缓冲液 B，4℃ 10 000*g* 离心 15min，所得沉淀即为纯净、完整且表面无核基因组污染的线粒体。

10. 将线粒体悬浮于裂解缓冲液中，加入 1/10 体积的 10% SDS 和 1/100 体积的 30mg/mL RNase 液，50℃水浴 30min。

11. 加入 1/150 体积的 25mg/mL 的蛋白酶 K，37℃水浴 30min。

12. 用苯酚/氯仿/异戊醇抽提 2 次。

13. 上清加入 1/10 体积 3mol/L 乙酸钠和 2 倍体积的无水乙醇，混匀，−20℃放置至少数小时以上，4℃ 10 000*g* 离心 15min，收集 DNA。

14. 沉淀 DNA 用 75%乙醇洗 2～3 次。

15. 干燥后溶于少量 TE 缓冲液。

注意事项

用于提取线粒体 DNA 的植物最好进行暗培养，得到黄化苗，以减少叶绿体的干扰。

参考文献

史公军，王彦华，侯喜林. 2004. 不结球白菜线粒体 DNA 的提取及分析 [J]. 西北农业学报，13 (1)：52-54

Richard K，Tewari K K. 1972. Physicochemical characterization of mitochondrial DNA from pea leaves [J]. Proc Natl Acad Sci U S A，69 (7)：1830-1834

Thompson R D，Kemble R J，Flavell R B. 1980. Variations in mitochondrial DNA organisation between normal and male-sterile cytoplasms of maize [J]. Nucleic Acids Res，8 (9)：1999-2008

（刘　兵）

实验35

植物细胞叶绿体 DNA 的分离纯化

实验目的

学习并掌握密度梯度法分离纯化叶绿体，以及从叶绿体中分离 DNA 的原理和技术。

实验原理

叶绿体为植物细胞特有的细胞器。叶绿体 DNA 呈环状，高等植物的叶绿体 DNA 品种差别很大，一般为 100～200kb。与分离植物线粒体 DNA 的方法相似，实验中必须破碎细胞壁的同时保持叶绿体的完整。从破碎细胞中释放出来的叶绿体等质体可经适当的梯度离心，将完整叶绿体和破碎叶绿体分开。

植物细胞的质体中储存的淀粉致密颗粒可能在离心过程中造成质体破裂，因此可在较低光照条件下预处理植物 1～2d，以消除淀粉的积累作用。

用 Percoll（聚乙烯吡咯烷酮包被的硅颗粒）梯度进行叶绿体的分级分离，与蔗糖相比，Percoll 基本上不在梯度内产生渗透压，黏性也较蔗糖低，因而能缩短离心时间。成分中的聚乙二醇（PEG）可对破碎了的叶绿体及过氧化物酶体的条带密度造成影响，因而减小此类破碎细胞器对完整叶绿体的污染程度。PEG、Ficoll 和 BSA 有利于维持叶绿体的生物活性。叶绿体经 Percoll 分级分离后比较稳定，可在冰上保持数小时。叶绿体得率可通过检测叶绿素含量来确定。

完整叶绿体经蛋白酶 K 消化及酚/氯仿抽提，可制备叶绿体 DNA。

实验仪器和试剂

1. 仪器与用具

玻璃匀浆器，高速冷冻离心机，大容量离心管及微量离心管，可见分光光度计，尼龙网，移液器，研钵（用于液氮），石英砂，笔刷（优质艺术笔刷），尼龙布。

2. 试剂

（1）匀浆悬浮缓冲液：2mmol/L EDTA（pH 8.0），1mmol/L $MgCl_2$，1mmol/L $MnCl_2$，50mmol/L Hepes-KOH（pH 8.0），0.33mol/L 山梨醇，0.5g/L BSA（无脂肪酸），5mmol/L 抗坏血酸钠盐（使用前添加）。

（2）50% PBF-Percoll 梯度：2mmol/L EDTA（pH 8.0），1mmol/L $MgCl_2$，1mmol/L $MnCl_2$，50mmol/L Hepes-KOH（pH 8.0），0.33mol/L 山梨醇，50% Percoll（*V/V*），3%

PEG 6000 (m/V)，1% BSA（无脂肪酸）(m/V)，1% Ficoll (m/V)。

(3) 1×SH：50mmol/L Hepes-KOH（pH 8.0），0.33mol/L 山梨醇。

(4) 丙酮。

(5) 裂解缓冲液：0.5%SDS，50mmol/L Tris-HCl，0.4mmol/L EDTA，0.1%蛋白酶 K (m/V)，pH 8.0。

蛋白酶 K 用前加，如裂解缓冲液在室温下析出沉淀，使用前可先预热。

(6) 1×TE 缓冲液：10mmol/L Tris，5mmol/L Na_2-EDTA，pH 7.5。

(7) Tris 平衡酚（pH 8.0）。

(8) 氯仿∶异戊醇（24∶1）。

(9) 无水乙醇，75%乙醇。

(10) 3mol/L NaAc。

实验材料

新鲜菠菜或豌豆叶。

方法与步骤

1. 叶绿体的制备

(1) 梯度的制备：制备 50% PBF-Percoll 梯度，在每个 50mL 离心管中加入 25mL 的 PBF-Percoll 溶液。29 000g 离心 15min，即可形成梯度（制好的梯度可于 4℃过夜存放）。

(2) 材料的准备：菠菜或豌豆叶材料可直接购买，或用种子进行水萌发，光照培养。

(3) 匀浆：取 50～100g 的叶组织，研钵中加液氮，迅速研磨几下（为增加研磨强度可添加少许石英砂），转入预冷的匀浆悬浮缓冲液匀浆，避免过度匀浆及产生泡沫。

(4) 匀浆液用粗孔尼龙布过滤后，在大容量离心管或离心瓶中 4℃ 2600g 离心 5min，收集沉淀。

(5) 用 2mL 匀浆悬浮缓冲液重悬沉淀（可使用软毛刷轻轻将管壁上的沉淀刷松），小心加到做好的 Percoll 梯度上。4℃ 10 500g 离心 10min。（应见到两条绿色带，上方的条带为破碎的叶绿体，接近底部的为完整叶绿体带。）

(6) 将叶绿体带吸出，用 1×SH 洗涤几次，每次 2400g 离心，收集沉淀。

(7) 悬浮于 1×SH。

2. 检测叶绿素含量

(1) 5μL 叶绿体悬液与 995μL 80%丙酮在微量离心管中混匀。

(2) 室温 13 000g 离心 2min。

(3) 取溶液在 663nm 及 645nm 处检测吸光值。

(4) 计算：叶绿素含量 (mg/mL) $= (8.02A_{663nm} + 20.2A_{645nm})/5$

3. 叶绿体 DNA 的分离

(1) 在悬浮的叶绿体中加入 1/5 体积的裂解缓冲液，并于 50℃保温 30min，使叶绿体裂解。

(2) 依次用等体积的酚及等体积的酚/氯仿/异戊醇抽提。

(3) 将 DNA 溶液（水相）中加入 1/10 体积 3mol/L NaAc 和 2.5 倍体积的无水乙醇，−20℃沉淀 DNA 过夜。

(4) 在 4℃下 10 000g 离心 15min，收集沉淀。

(5) 用 75%乙醇洗涤沉淀，晾干待乙醇挥发。

(6) 溶解于 TE。

注意事项

1. 植物细胞由细胞壁包围，因此分离叶绿体必须保证破碎细胞壁，同时不破坏叶绿体的完整。常采用液氮研磨加匀浆的方案（研磨时加入石英砂是为了增加机械剪切力）。注意不要研磨匀浆过度。

2. 菠菜与豌豆的质体较小，而且都能在不积累淀粉和酶类物质的条件下生长。菠菜的叶绿体/湿重比值较高，而豌豆易于生长。对于那些叶绿体较大且形状不规则或包埋在厚纤维组织中的细胞，可先酶解细胞壁，再破裂原生质体。

3. 使用的牛血清白蛋白（BSA）不能含有脂肪酸，以防止脂肪酸氧化造成膜溶解。

4. 酚类含量较高的材料，可在匀浆悬浮缓冲液中加入 1%（m/V）聚乙烯吡咯烷酮（PVP），并将缓冲液 pH 降至 7.0。

作业

练习使用菠菜或豌豆苗等植物材料分离提取叶绿体。

参考文献

斯佩克特 D L，戈德曼 R D，莱茵万德 L A. 2001. 细胞实验指南［M］. 黄培堂译. 北京：科学出版社

王建波. 2005. 遗传学实验教程［M］. 武汉：武汉大学出版社

（刘　兵）

实验36

植物总 RNA 的提取

实验目的

1. 学习植物 RNA 的提取方法。
2. 认识 RNA 的物理特性和提取的原理。

实验原理

RNA 在遗传的“中心法则”中处于核心位置，DNA 通过转录合成 RNA，RNA 通过加工成熟后发挥不同的功能。成熟的 mRNA 分子在细胞质中翻译合成蛋白质，另一些 RNA 分子加工成熟为 rRNA 和 tRNA，还有 scRNA 和 snRNA 等小分子 RNA。其中 mRNA 占总 RNA 的5%，rRNA 和 tRNA 占总 RNA 的 80%，因此在提取的 RNA 中大部分是 rRNA，通过电泳检测 rRNA 的完整性可以检测提取 RNA 的质量，提取完整的 RNA 将会有 28S rRNA、18S rRNA 和 5S rRNA 组成的三条带。RNA 由 A、G、U、C 4 种核苷酸组成，一般以单链的形式存在，由于在核糖的 2′碳原子上连接的是活泼的羟基，使得 RNA 分子与 DNA 分子的理化性质和生物学功能有很大的不同，RNA 的结构不如双链的 DNA 分子稳定，此外，在环境中 RNA 酶普遍存在，因此 RNA 极容易降解。在提取 RNA 的过程中，最主要的一个方面就是避免 RNA 的降解，因此在选用提取试剂和容器时一定要经过特殊的除 RNA 酶处理。

利用商品化的 Trizol 试剂提取植物的 RNA 有很多的报道验证了它的效果，Trizol 含有苯酚、异硫氰酸胍等物质去除 RNA 酶活性，同时还含有 RNA 溶解剂等，可以在组织破碎机中剧烈破碎组织，使样品匀浆化后细胞裂解，溶解细胞内含物，同时因含有 RNase 抑制剂可保持 RNA 的完整性。Trizol 的主要成分是苯酚。苯酚的主要作用是裂解细胞，使细胞中的蛋白质、核酸物质解聚得到释放。苯酚虽可有效地变性蛋白质，但不能完全抑制 RNA 酶活性，因此 Trizol 中还加入了 8-羟基喹啉、异硫氰酸胍、β-巯基乙醇等来抑制内源和外源 RNase（RNA 酶）。溶解的 RNA 分子经过分离和洗涤过程后溶解在焦碳酸二乙酯（diethylpyrocarbonate，DEPC）水中。

由于提取的 RNA 分子是不稳定的，因此需要将材料保存在－80℃，或进行反转录，经过反转录合成的 cDNA 分子更稳定。

实验仪器和试剂

1. 仪器与用具

研钵，冷冻离心机，涡旋振荡器，1.5mL 离心管，移液器，枪头。

2. 试剂

固相 RNA 酶清除剂，Trizol 试剂，异丙醇，75%乙醇，液氮。

实验材料

水稻‘日本晴’10d 龄幼苗。

方法与步骤

1. 将实验中用到的枪头、离心管、研钵等用 0.1%的 RNA 酶固相清除剂处理后高温灭菌处理。工作环境也喷洒 0.1%的 RNA 酶固相清除剂处理，并尽量减少空气的相对流动。

2. 取材：选用的水稻茎秆组织约 100mg，幼嫩的植物组织的代谢旺盛，有大量的 RNA 转录合成，同时组织更容易破碎，释放出 RNA。选用的组织量不宜过多，否则会影响提取的 RNA 的纯度。

3. 将材料在液氮中研磨至细粉，转入预冷的 1.5mL 离心管，材料研磨时保持在液氮条件下，可以抑制 RNA 酶的活性，同时使组织在冷冻条件下更容易破碎。在解冻条件下将会导致 RNA 分子的降解。这一步是保证 RNA 分子完整性的最重要一步。

4. 向研磨后的材料中加入 1mL Trizol 提取液，在涡旋振荡器上振荡混匀，使得植物细胞经过 Trizol 的处理破碎，释放出细胞中的蛋白质和 RNA 分子。

5. 在室温条件下，静置 5min 后充分破碎的植物细胞释放 RNA。然后加入 0.2mL 的氯仿，剧烈摇动离心管 15s；氯仿能够沉淀 Trizol 溶解的细胞蛋白质，使 RNA 从溶液中分离出来。

6. 在 2～8℃条件下 12 000r/min 离心 15min，溶液分为 3 层：下层红色的苯酚-氯仿层、中间层、上层无色的水样层。RNA 无一例外地存在于水样层当中。将上层液体移入干净离心管。未破碎的组织和沉淀的蛋白质在溶液的下层，而提取的 RNA 溶解在上层的水相中，所以在转移上层水相层的过程中特别注意，不要吸取下层的沉淀，否则会造成分离的 RNA 不纯。

7. 在 15～30℃条件下加入 0.5mL 异丙醇，沉淀 20min；异丙醇可以沉淀水相中的 RNA 分子，2～8℃条件下 12 000r/min 离心 10min，RNA 可以离心沉淀于管壁和底部。

8. 去掉上清液，加入 1mL 75%乙醇洗涤 2 次，以去除异丙醇。

9. 将沉淀风干后，加入 25μL DEPC 水溶解 RNA，储藏于－80℃冰箱备用。

作业

1. 撰写实验报告，阐述实验过程中的注意点与 RNA 特性的关系。

2. 练习从其他植物组织，如水稻叶片、根、茎等材料中提取总 RNA。

参 考 文 献

刘文宝. 2007. 一种快速高质量植物总 RNA 提取方法介绍 [J]. 山东蔬菜，12 (2)：48

赵双宜，吴耀荣. 2002. 介绍一种简单高效的植物总 RNA 提取方法 [J]. 遗传，24 (3)：337-338

Jürgen L. 1987. Improved method for the isolation of RNA from plant tissues [J]. Analytical Biochemistry, 163 (1)：16-20

（敖　英）

实验37 酵母双杂交分析蛋白质之间的相互作用

实验目的

1. 学习酵母的培养方法和各个生长阶段。
2. 了解酵母转化的原理方法。
3. 初步掌握分析蛋白质之间相互作用的原理。

实验原理

酵母双杂交系统（yeast two-hybrid system）是在酵母体内分析蛋白质-蛋白质相互作用的基因系统，也是一个基于转录因子模块结构的遗传学方法。该方法由 S. Fields 等于 1989 年首次建立并得到广泛的应用。酵母双杂交的衍生系统，如酵母双杂交的二元诱饵系统、逆向双杂交系统、非转录读出特点的双杂交系统（如 SOS 蛋白招募系统、PI3K 介导的靶蛋白识别系统和断裂-泛素为基础的双杂交系统），以及转录激活因子与其相关蛋白质之间的相互作用的双杂交系统（如以 polⅢ为基础的杂交系统和 RTA 系统）等在很大程度上克服了传统酵母双杂交系统的局限性，扩大了被研究的蛋白质的范围，提高了系统的灵敏度。酵母双杂交及其衍生系统是鉴定及分析蛋白质-蛋白质、蛋白质-DNA、蛋白质-RNA 相互作用的最常用、最有效的工具之一。

双杂交系统的建立得力于对真核生物调控转录起始过程的认识。细胞起始基因转录需要有反式转录激活因子的参与。20 世纪 80 年代的工作表明，转录激活因子在结构上是组件式的（modular），即这些因子往往由两个或两个以上相互独立的结构域构成，其中有 DNA 结合结构域（DNA binding domain，DB）和转录激活结构域（activation domain，AD），它们是转录激活因子发挥功能所必需的。前者可识别 DNA 上的特异序列，并使转录激活结构域定位于所调节的基因的上游，转录激活结构域可同转录复合体的其他成分作用，启动它所调节的基因的转录。这两个结构域可以在保持各自功能的基础上，在连接区适当部位打开，并且不同的两结构域可重建以发挥转录激活作用。双杂交系统通过激活报告基因的表达探测蛋白质-蛋白质的相互作用，单独的 DB 虽然能和启动子结合，但是不能激活转录，然而不同转录激活因子的 DB 和 AD 形成的杂合蛋白则具有正常的激活转录的功能。例如，酵母细胞的 Gal4 蛋白的 DB 与大肠杆菌的一个酸性激活结构域 B42 融合得到的杂合蛋白仍然可结合到 Gal4 结合位点并激活转录。酵母双杂交系统的另一个重要的元件是报告株，是指经改造的、含报告基因的重组质粒的宿主细胞，最常用的是酵母细胞，其具有许多优点：① 易于转化、便于回收扩增质粒；② 具有可直接进行选择的标记基因和特征性报告基因；③ 酵母的内源性蛋白不易与来源于哺乳动物的蛋白质结合。一般编码一个蛋白质的基因融合到明确的转录调控因子的 DNA-结合结构域（如 GAL4-bd、LexA-bd）；另一个基因融合到转录激活结构域（如 GAL4-ad、VP16）。激活结构域融合基因转入表达结合结构域融合基因的酵母细胞系中，蛋白质间的作用使得转录因子重建导致相邻的报告基因表达，从而可分析蛋白质间的结合作用。

实验仪器和试剂

1. 仪器与用具

试管，培养皿，玻璃珠，载玻片，盖玻片，冷冻离心机，显微镜。

2. 试剂

试剂盒 Yeast marker Yeast Transformation System 2 (Clontech)。

3. 主要溶液和培养基

(1) 1.1×TE/LiAC：取 1.1mL 10×TE 与 1.1mL 10×LiAC，加 7.8mL 双蒸水定容至 10mL。

(2) YPDA 培养基：20g 胰蛋白胨，10g 酵母提取物，30mg 硫酸腺嘌呤，用 NaOH 调节 pH 至 7.0，定容至 950mL，在 1.034 10×10^5Pa 高压下蒸汽灭菌 20min，待冷却至 55～60℃后加入 50mL 40%葡萄糖，若配制固体培养基，则加入 2%的琼脂粉。

(3) SD 培养基：6.7g YNB（无氮源），0.6g/0.64g SD-二缺，20g 葡萄糖，NaOH 调节 pH 至 5.8，定容至 1L，在 1.034 10×10^5Pa 高压下蒸汽灭菌 15min，若配制固体培养基，则加入 2%的琼脂粉。

实验材料

酵母菌株 *S. cerevisiae strain* AH109。

质粒 DNA：*pGADT7*，*pGBKT7*，*pGBKT7-53*，*pGBKT7-Lam*，*pGADT7-T*，热变性鲑鱼精子 DNA。

方法和步骤

1. 复苏酵母

从−70 ℃冰箱中取出酵母冻存液，置于冰盒上解冻。于超净工作台中稀释酵母（加 20μL 酵母冻存液于 500μL 灭菌了的双蒸水中，混匀），取 150μL 稀释液加在 YPDA 固体培养基上，用涂布棒涂匀。用封口膜封好。置于 30℃培养箱中倒置培养约 3d 至酵母菌落直径大于 2mm。

2. 酵母培养

(1) 一级培养：挑菌落（≤4 周，直径 2～3mm），置于 3mL YPDA 液体培养基中培养（用无菌的 15mL 离心管盛装），30℃摇床培养 8h。

(2) 二级培养：在装有 50mL YPDA 培养基的 250mL 三角瓶中加入 5μL 菌液，30℃，230～250r/min 摇床培养 16～20h，至 OD_{600} 为 0.15～0.3。

(3) 三级培养：室温下 700*g* 离心 5min，弃上清，加入 100mL YPDA 液体培养基，重悬细胞，30℃培养 3～5h，至 OD_{600} 为 0.4～0.5。

3. 酵母转化及培养

（1）室温下 700*g* 离心 5min，弃上清，加入 60mL 无菌双蒸水，重悬细胞，室温下 700*g* 离心 5min。

（2）弃上清，加入 3mL 1.1×TE/LiAc 溶液，重悬细胞，分离重悬物至两个 1.5mL EP 管中。

（3）高速离心每个离心管 15s，弃上清，加入 600μL 1.1×TE/LiAc 溶液，重悬细胞。

注意：制备好感受态之后，有活力的细胞应立即用来转化，但如果有需要，这些细胞可以在室温中保存若干小时。

（4）共转化。

a. 准备酵母感受态细胞：

无菌条件下，15mL 试管中依次加入：

20μL	ds cDNA
6μL	pGADT7-Rec（0.5μg/μL）
5μL	pGBKT7（诱饵质粒 DNA）
20μL	热变性鲑鱼精子 DNA

加入 600μL 感受态细胞，温和振荡混匀。

b. 加入 2.5mL PEG/LiAc 溶液，温和振荡混匀。

30℃培养 45min，每隔 15min 混匀细胞。

加入 160mL DMSO，混匀，试管置于 42℃，水浴 20min。每 10min 混匀一次。

700*g* 离心 5min。

弃上清，加入 3mL YPD 液体培养基，重悬细胞（此步培养基一定要用试剂盒自带的）30℃。摇床培养 90min。

700*g* 离心 5min。

弃上清，加入 6mL（0.9%）NaCl 溶液，重悬细胞。

c. 涂平板。

涂布一个二缺平板（稀释：加 20μL 至 500μL 灭菌的双蒸水中）。

在已准备好的四缺、三缺平板上加入 150μL 菌液，用玻璃珠涂布。

用封口膜封好，30℃倒置培养，转接菌落。

4～5d 后，平板上长出了菌落。

取一个新的四缺平板，在反面画好格子，用枪头蘸取菌落，在每个格子中画线并编号（四缺上长出的每个菌都转接，三缺上直径大于 3mm 的菌液转接）。

用封口膜封好，30℃倒置培养。

作业

写实验报告，观察记录酵母生长过程，拍照记录酵母在缺陷平板上的生长情况。

参考文献

陈天艳，成军，张树林．2003．酵母双杂交系统的原理及应用．世界华人消化杂志［J］．11（4）：451-455

Bendixen C，Gangloff S，Rothstein R．1994．A yeast mating-selection scheme for detection of protein-protein interactions [J]. Nucleic Acids Res，22：1778-1779

Fields S，Song O. 1989. A novel genetic system to detect protein-protein interactions [J]. Nature，340：245-246

Yan J H，Ye Q N，Zhu J H，et al. 2003. Isolation and characterization of a BRCA1-interacting protein [J]. 遗传学报，30：1161-1166

（王　鹏）

实验38

绿色荧光蛋白（GFP）基因的定点突变

实验目的

掌握利用 PCR 方法进行基因定点突变的基本原理和实验方法。

实验原理

PCR 即聚合酶链反应，它是近年来发展起来的一种体外扩增特异性 DNA 扩增技术。通过改变引物中的核苷酸序列或者数目，可以利用 PCR 反应进行基因的定点突变，引入突变的位点可以在基因的任何部分。定点突变主要用途是对于已知基因的特定位点进行功能研究。

绿色荧光蛋白来源于海洋生物水母，其基因可在异源组织中表达并产生荧光，GFP cDNA开放阅读框长度约 714bp，编码 238 个氨基酸残基，其肽链内部第 65～67 位丝氨酸-脱氢酪氨酸-甘氨酸通过自身环化和氧化形成一个发色基因，GFP 有特异的光谱特征，两个吸收峰，主峰在 395nm，次峰在 470nm；发射光波长 509nm，波肩在 540nm。*gfp* 基因曾在许多异体系统（包括不同种属原核、真核细胞）中表达成功。该蛋白质对热、碱性、去污剂和许多蛋白酶有高度稳定性，并且其荧光不依赖于其他蛋白质、底物或协同因子的存在。目前，绿色荧光蛋白是常用的报告基因之一，为了提高 GFP 的应用效率，对野生型的 GFP 进行了许多的改造。

本实验利用含绿色荧光蛋白基因（*mgfp5*）的质粒为扩增模板（序列如下），在绿色荧光蛋白基因 cDNA 的上游引物中引入突变，将 MGFP5 的 Gly4 突变为 Glu，即获得 MGFP5 的突变体——MGFP5-G4E。

1	ATGAGTAAAG	GAGAAGAACT	TTTCACTGGA	GTTGTCCCAA	TTCTTGTTGA	ATTAGATGGT
61	GATGTTAATG	GGCACAAATT	TTCTGTCAGT	GGAGAGGGTG	AAGGTGATGC	AACATACGGA
121	AAACTTACCC	TTAAATTTAT	TTGCACTACT	GGAAAACTAC	CTGTTCCATG	GCCAACACTT
181	GTCACTACTT	TCTCTTATGG	TGTTCAATGC	TTTTCAAGAT	ACCCAGATCA	TATGAAGCGG
241	CACGACTTCT	TCAAGAGCGC	CATGCCTGAG	GGATACGTGC	AGGAGAGGAC	CATCTTCTTC
301	AAGGACGACG	GGAACTACAA	GACACGTGCT	GAAGTCAAGT	TTGAGGGAGA	CACCCTCGTC
361	AACAGGATCG	AGCTTAAGGG	AATCGATTTC	AAGGAGGACG	GAAACATCCT	CGGCCACAAG
421	TTGGAATACA	ACTACAACTC	CCACAACGTA	TACATCATGG	CCGACAAGCA	AAAGAACGGC
481	ATCAAAGCCA	ACTTCAAGAC	CCGCCACAAC	ATCGAAGACG	GCGGCGTGCA	ACTCGCTGAT

541 CATTATCAAC AAAATACTCC AATTGGCGAT GGCCCTGTCC TTTTACCAGA CAACCATTAC
601 CTGTCCACAC AATCTGCCCT TTCGAAAGAT CCCAACGAAA AGAGAGACCA CATGGTCCTT
661 CTTGAGTTTG TAACAGCTGC TGGGATTACA CATGGCATGG ATGAACTATA CAAATAA

实验仪器和试剂

1. 仪器与用具

PCR 循环仪，小型离心机，电泳仪，紫外透射仪，凝胶成像仪，各种国产或进口移液器（10μL、20μL、100μL），消毒的 0.2mL PCR 管，10μL 枪头，100μL 枪头。

2. 试剂

（1）*Taq* DNA 聚合酶（浓度为 5U/μL，50μL 反应液中加 1U）。

（2）dNTP（2.5mmol/L 分别取等体积的 10mol/L 的 dATP、dGTP、dTTP、dCTP 4 种混合即成）。

（3）10×缓冲液（购买 *Taq* 酶有配套的缓冲液）。

（4）10×$MgCl_2$，浓度 25mmol/L。

（5）50×TAE：242g Tris-base，57.1mL 冰乙酸，100mL 0.5mol/L EDTA（pH8.0），定容至 1L。

（6）无菌水。

（7）6×上样缓冲液：0.25% 二甲苯青 FF，0.25% 溴酚蓝，30% 甘油。

（8）溴化乙锭（EB）溶液（10mg/mL）（避光保存）：每 100mL 琼脂糖凝胶加 5μL 贮存液，即凝胶中 EB 终浓度为 0.5μg/mL。此试剂为强致癌物，需戴手套操作，避免污染环境。

（9）DNA 分子质量标准（DNA Marker）。

（10）凝胶回收纯化试剂盒。

实验材料

1. 带有 *mgfp5* 基因的质粒 DNA，浓度为 2ng/μL，即 50μL 反应液中加 10ng 质粒 DNA。

2. 引物

上游引物 1：5′ TCT <u>GGA TCC</u> ATG AGT AAA GGA GAA GAA CTT 3′；

（下画线为 *Bam*H Ⅰ 酶切位点）

下游引物：5′ TCT <u>GAA TTC</u> CTA TTA TTT GTA TAG TTC ATC 3′；

（下画线为 *Eco*R Ⅰ 酶切位点）

上游引物 2：5′ TCT <u>GGA TCC</u> ATG AGT AAA G*A*A GAA GAA CTT 3′；

（5′ 引入点突变的引物，下画线为 *Bam*H Ⅰ 酶切位点，斜体标志突变碱基）

方法与步骤

1. PCR 扩增前准备

取 0.2mL PCR 管，按表 38-1 操作。

表 38-1 操作步骤

试剂	加入量	最终浓度（或含量）
质粒 DNA 模板	5μL (2ng/μL)	10ng
10×缓冲液	5μL	1×缓冲液
10×$MgCl_2$	5μL	2.5mmol/L
dNTP	4μL	
上游引物 1（或 2）	5μL (5μmol/L)	25pmol
下游引物	5μL (5μmol/L)	25pmol
Taq DNA 聚合酶	0.2μL (5U/μL)	1U
无菌水	21μL	
总体积	50μL	

用手指弹管壁混匀，稍离心，盖上盖，编号。于 PCR 循环仪上进行 PCR 反应。

2. PCR 循环

PCR 反应参数为：

(1) 94℃，5min；

(2) 94℃，1min → 55℃，1min → 72℃，1min (35 个循环)；

(3) 72℃，5min；

(4) 4℃，保存。

反应完成后，取 5μL 样品在 0.8% 的琼脂糖凝胶电泳。

3. 琼脂糖凝胶电泳

(1) 制备琼脂糖凝胶：按照被分离 DNA 的大小，决定凝胶中琼脂糖的百分含量，称取 0.8g 琼脂糖倒入三角瓶中，加入 1×TAE 缓冲液 100mL，置微波炉或水浴加热至完全熔化，取出摇匀，稍冷却后加 50μL EB 染色液，摇匀，制备 0.8%的琼脂糖凝胶。

(2) 加样：剪取适当大小的 Parafilm 膜，取 6×上样缓冲液 1μL 点于膜上数点。取 10μL 样品、DNA 分子质量标准分别与上样缓冲液混匀。将其分别加入凝胶的点样孔（记录点样顺序及点样量）。

4. 电泳

接通电源槽与电泳仪的电源（检查正负极，DNA 片段是从负极向正极移动）。DNA 的迁移率与电压成正比，电压不超过 5V/cm 凝胶长度。当溴酚蓝染料移动至凝胶前沿 1～2cm 处，切断电源，停止电泳。

5. 观察结果与成像

取出内槽，在紫外分析仪的玻璃平板上小心推出凝胶，通过防护屏或戴防护眼镜观察紫外灯透射的结果，DNA 存在处应显出橘红色荧光条带，观察 DNA 带的泳动位置。利用凝胶成像系统进行凝胶成像，保存电泳结果。

6. 切胶回收

在紫外分析仪上将约 700bp 片段用手术刀切下。

产物用凝胶回收纯化试剂盒纯化回收，样品于－20℃保存备用。

注意事项

1. PCR 加样过程中，每添加一种试剂时，要使用新的无菌吸头，不要污染储存液。

2. PCR 加样之后，一定要对 PCR 管进行准确的标记，防止样品混淆。

作业

1. 简述利用 PCR 技术进行点突变的原理。

2. 根据你的电泳结果，突变和非突变产物有区别吗？你如何鉴别突变是否对于基因的功能产生影响？

参 考 文 献

Beaudry A A, Joyce G F. 1992. Directed evolution of an RNA enzyme [J] . Science, 257 (5070): 635-641

Beckman R A, Mildvan A S, Loeb L A. 1985. On the fidelity of DNA replication: manganese mutagenesis *in vitro* [J] . Biochemistry, 24 (21): 5810-5817

Keohavong P, Thilly W G. 1989. Fidelity of DNA polymerases in DNA amplification [J] . Proc Natl Acad Sci U S A, 86 (23): 9253-9257

（王宏斌）

实验39

绿色荧光蛋白（GFP）基因的定点突变片段的亚克隆

实验目的

通过本实验理解利用黏性末端连接方法进行外源 DNA 亚克隆的技术原理与技术。

实验原理

通过 PCR 获得的目的基因片段，通常需要连接到一个载体中，进行扩增及后续的使用，这就是亚克隆技术。PCR 片段的亚克隆方法包括平末端连接、T 末端连接和黏性末端连接 3 种方法。本实验中使用的是黏性末端连接方法。

限制性内切核酸酶是能够在特定核苷酸序列位点切割 DNA 的酶，所产生的切割末端既可以是平末端也可以是黏性末端。例如，限制性内切核酸酶 *Eco*RⅠ识别六核苷酸序列，并且切割产生了一个黏末端（参见下图的箭头位置，详细内容见实验 30）：

产生片段：

```
  ↓
5′-GAATTC-3′         5′-G        AATTC-3′
3′-CTTAAG-5′  ——→    3′-CTTAA        G-5′
        ↑
```

需要注意的是，*Eco*RⅠ所识别的序列为回文序列。大多数情况下，限制性内切核酸酶所切割的是回文序列。限制性内切核酸酶的另外两个特性是：所识别序列的长度大多数为六或四核苷酸；某些限制性内切核酸酶的活性受到所识别序列甲基化的影响。

限制性内切核酸酶在现代遗传学中得到了广泛的应用，其中之一就是重组 DNA 技术。重组 DNA 技术是指质粒 DNA 和外源的 DNA 能够被相同的限制性内切核酸酶切割产生互补的单链末端。如果将这两个 DNA 混合，外源的 DNA 就能通过单链末端和质粒 DNA 相互作用，形成质粒和外源 DNA 复合体或者重组 DNA 分子（图 39-1）。这个重组的 DNA 接着被环化，用来转化。一旦转化发生，包含有外源 DNA 的质粒就能够在细菌中复制，并且当细菌破裂时，就会产生大量的包含有外源 DNA 的质粒，而后者能够被再分离。

转化是将外源 DNA 分子导入到受体细胞，使之获得新的遗传特性的一种方法。转化所用的受体细胞一般是限制-修饰系统缺陷变异株，即不含限制性内切核酸酶和甲基化酶（R^-，M^-）。将对数生长期的细菌（受体细胞）经理化方法处理后，细胞膜的通透性发生暂时性改变，成为能允许外源 DNA 分子进入的感受态细胞。进入受体细胞的 DNA 分子通过复制和表达实现信息的转移，使受体细胞具有了新的遗传性状。将经过转化的细胞在筛选培养基上培养，即可筛选出转化子（带有异源 DNA 分子的细胞）。

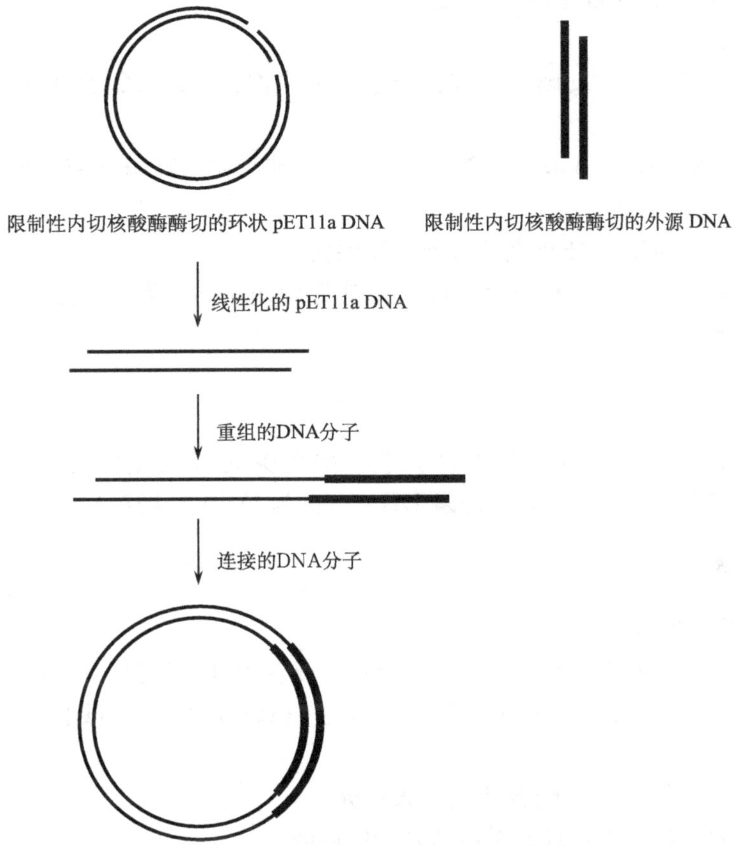

图 39-1　利用黏性末端进行 DNA 重组

制备感受态细胞的方法很多，目前最常用的是 $CaCl_2$ 法，其原理是细胞处于 0～4℃、$CaCl_2$ 低渗溶液中，大肠杆菌细胞膨胀成球状。转化混合物中的 DNA 形成抗 DNA 酶的羟基-钙磷酸复合物黏附于细胞表面，经 42℃、90s 热激处理，促进细胞吸收 DNA 复合物。将细菌放置在非选择性培养基中保温一段时间，促使在转化过程中获得的新的表型，如氨苄青霉素耐药（Amp^r）得到表达，然后将此细菌培养物涂在含 Amp 的选择性培养基上，倒置培养过夜，即可获得细菌菌落。

本实验将以上一实验（实验 38）所获得的 GFP 基因的定点突变片段及非突变片段为材料，利用引物中所引入的酶切位点（*Eco*RⅠ和 *Bam*HⅠ）获得黏性末端片段。分别将这些片段与相同酶切获得的 pET11a 载体进行连接，连接产物通过转化感受态细胞进行重组子的转化。

实验仪器和试剂

1. 仪器与用具

超净工作台，高速冷冻离心机，恒温摇床，恒温箱，恒温水浴锅，消毒离心管（EP管），消毒枪头（tip）、玻璃培养皿（直径 90mm），玻璃涂布器，标记笔，移液器（10μL、20μL、100μL），消毒的 0.2mL PCR 管。

2. 试剂

(1) 限制性内切核酸酶：*Eco*RⅠ和 *Bam*HⅠ，以及 10×通用酶切缓冲液。

(2) T4 连接酶（以及配套的 10×缓冲液）。

(3) 超纯水。

(4) LB 液体培养基：10g 胰蛋白胨、5g 酵母提取物、10g NaCl 加水至 1L，高压灭菌消毒。

(5) LB 固体培养基：LB 液体培养基中加 1.5%琼脂粉，高压灭菌消毒，待冷却至不烫手背时铺培养皿。

(6) 0.1mol/L $CaCl_2$ 高压灭菌消毒或过滤除菌。

(7) 氨苄青霉素：用无菌水或生理盐水配制成 100mg/mL 溶液，置－20℃保存。

(8) 95%乙醇。

实验材料

绿色荧光蛋白基因（*mgfp5*）PCR 产物，绿色荧光蛋白点突变基因（*mgfp5-G4E*）PCR 产物，克隆载体 pET11a，大肠杆菌 DH5α（此为 DNA 扩增菌）。

方法与步骤

1. DNA 酶切与回收

(1) 在灭菌的 EP 管中加入 DNA（质粒 DNA 或者 PCR 产物）5μg（50μL），10μL 10×通用酶切缓冲液，36μL 无菌双蒸水，2μL *Eco*RⅠ（10U）和 *Bam*HⅠ（10U），于 37℃保温 6h。

(2) 酶切完毕后各取 5μL 酶解液做电泳分析。

(3) 将余下的酶解液进行琼脂糖电泳及凝胶回收。

2. 酶切产物的连接

在 0.5mL 反应管中加入下列成分（表 39-1）。

表 39-1 0.5mL 反应管中加入的成分

成分	pET11-MGFP5	pET11-MGFP5-G4E
pET11a（*Eco*RⅠ/*Bam*HⅠ）	5μL	5μL
MGFP5（*Eco*RⅠ/*Bam*HⅠ）	5μL	—
MGFP5-G4E（*Eco*RⅠ/*Bam*HⅠ）	—	5μL
T4 连接酶	5μL（10U）	5μL（10U）
10×通用酶切缓冲液	2μL	2μL
超纯水	3μL	3μL

短暂离心以混匀溶液，16℃ 或 4℃ 过夜。连接反应参照连接酶的使用说明，一般在 10μL 或 20μL 的小体系内进行。黏性末端的连接，外源与载体的比例应为 3∶1。

3. 细菌感受态细胞的制备

(1) 将 DH5α 和 BL21（DE3）菌种分别划线于 LB 琼脂板上。37℃培养过夜。

（2）挑取单菌落接种于 5mL LB 培养基中，37℃ 振荡培养培养过夜。

（3）次日取菌液 1mL 接种至含有 100mL LB 培养基的烧瓶中。

（4）37℃ 剧烈振荡培养 2～3h，待 A_{600} 值达到 0.3～0.4 时将烧瓶置于冰浴 10min。

（5）将细菌转移到一个灭菌处理过的冰预冷的 50mL 离心管中。

（6）4℃，4000*g* 离心 10min，弃培养基，将管倒置于滤纸使最后的残留液体流尽。

（7）加预冷的已过滤除菌的 0.1mol/L $CaCl_2$ 重悬菌体，置冰浴 30min。

（8）4℃，4000*g* 离心 10min，弃培养基。

（9）以 4mL 预冷的 0.1mol/L $CaCl_2$ 轻轻重悬菌体，此细胞即为感受态细胞（若暂时不用，可加入 50%预冷甘油，混匀分装，－20℃冻存备用）。

4. 重组子的转化

（1）在无菌条件下按每管取 100μL 新鲜感受态细菌置于无菌的 1.5mL 塑料离心管中，共 3 管，分别加入两种连接产物和无菌水（作阴性对照）各 5μL，轻轻旋转以混合内容物。

（2）在冰上放置 30min。

（3）42℃，热激 90s，中途不要摇动离心管。

（4）每管加 800μL 无抗生素的、37℃温育的 LB 培养基。

（5）37℃ 空气摇床中以 150r/min 速度振摇 1.5h，使细菌复苏。

（6）每管取 200μL 加至含氨苄青霉素（Amp）的 LB 琼脂平板上，用玻璃涂布器涂布均匀。

（7）室温放置 20min，使液体吸收，然后 37℃倒置培养 12～16h 至单菌落形成。

5. 重组子的鉴定

（1）挑取单菌落摇菌，微量提取质粒后取 5μL（约 1μg）转化子质粒和 5μL（约 1μg）相应的载体在含 EB 的 0.8%的琼脂糖凝胶中电泳，可初步确定迁移率比对照慢的质粒为重组子。

（2）菌液 PCR，即将 PCR 中 DNA 模板换成菌液即可。现在一般采用菌液 PCR 进行初步鉴定。利用目标片段扩增所用的引物进行 PCR 鉴定。

（3）酶切鉴定：将对应的转化子质粒进行限制性内切核酸酶的酶切鉴定，电泳检测后，如除正常线性载体质粒酶切条带外，还有预期的外源片段存在，即可认定其为重组子。

（4）测序鉴定：对于一般的克隆而言，DNA 测序是证明重组子的序列正确性的最终手段；而对定点突变来说，DNA 测序则是验证突变正确性的必需手段。

注意事项

限制性内切核酸酶在不同的缓冲液中的酶切效率不同，因此在双酶切时需要选择两个酶都能够适用的通用酶切缓冲液。

作业

1. 请简述黏性末端克隆的原理与方法。
2. 请简述感受态细胞制备的原理与关键步骤。
3. 重组子鉴定的方法有哪些？各自的优缺点何在？

参考文献

Costa G L，Grafsky A，Weiner M P. 1994. Cloning and analysis of PCR-generated DNA fragments [J]. PCR

Methods Appl, 3 (6): 338-345

Kaufman D L, Evans G A. 1990. Restriction endonuclease cleavage at the termini of PCR products [J]. Biotechniques, 9 (3): 304-306

Thielking V, Alves J, Fliess A, et al. 1990. Accuracy of the *Eco*R Ⅰ restriction endonuclease: binding and cleavage studies with oligodeoxynucleotide substrates containing degenerate recognition sequences [J]. Biochemistry, 29 (19): 4682-4691

（王宏斌）

实验40

绿色荧光蛋白（GFP）突变基因在大肠杆菌表达与检测

实验目的

掌握外源基因在原核生物中诱导表达和检测技术。

实验原理

DNA 重组技术是现代遗传学研究的重要进展之一，DNA 重组技术的一个主要应用就是利用不同的宿主细胞，进行克隆化基因所编码蛋白质的大量表达。目前，存在很多表达系统，包括大肠杆菌表达系统、杆状病毒表达系统及哺乳动物细胞表达系统。其中，大肠杆菌表达技术由于其相对简单的操作步骤、低廉的生产成本及高效的产率，得到了最为广泛的应用。

利用大肠杆菌表达外源基因一般是需要选择合适的表达载体及相应的菌株。载体应该具有下列特征：①选择标记的编码序列，提供可以筛选的选择标记（如各种抗生素性能）；②可控制的转化启动子，经过诱导后能从克隆化基因产生大量的 mRNA；③转录调控序列，如一个核糖体结合位点及起始密码子 ATG；④一个多克隆位点，便于外源基因能够准确地插入载体中。

本实验将利用前面实验（实验 39）中所构建的绿色荧光蛋白及其突变体的表达载体：pET11-MGFP5 和 pET11-MGFP5-G4E，转化大肠杆菌表达宿主菌 BL21（ED3），并且通过 IPTG 诱导表达，检测所表达的 MGFP5 蛋白及 MGFP5-G4E 蛋白的表达情况。

实验仪器和试剂

1. 仪器与用具

超净工作台，高速冷冻离心机，全温摇床，恒温箱，恒温水浴箱，消毒离心管，消毒枪头（tip），玻璃培养皿（直径 90mm），玻璃涂布器，标记笔，移液器（10μL、20μL、100μL）。

2. 试剂

（1）LB 液体培养基：10g 胰蛋白胨，5g 酵母提取物，10g NaCl 加水至 1L，高压灭菌消毒。

（2）LB 固体培养基：LB 液体培养基中加 1.5%琼脂粉，高压灭菌消毒，待冷却至不烫手背时铺培养皿。

(3) 0.1mol/L $CaCl_2$ 高压灭菌消毒或过滤除菌。

(4) 氨苄青霉素：用无菌水或生理盐水配制成 100mg/mL 溶液，置－20℃保存。

(5) IPTG 储备液：2g IPTG 溶于 10mL 蒸馏水中，0.22μm 滤膜过滤除菌，置－20℃保存。

(6) 95%乙醇。

实验材料

质粒：pET11-MGFP5 和 pET11-MGFP5-G4E；大肠杆菌 BL21（DE3）。

方法与步骤

1. BL21 感受态细胞制备

参见实验 39。

2. 质粒转化

将实验 39 获得的 pET11-MGFP5 和 pET11-MGFP5-G4E 质粒及 pET11 质粒载体，分别转化 BL21 感受态细胞。

3. 转化子的鉴定

利用实验 39 介绍的方法，鉴定转化子。

4. MGFP5 与 MGFP5-G4E 的诱导表达

(1) 挑取阳性克隆子单菌落于 5mL LB（含 Amp）培养基中，37℃，250r/min 振荡培养过夜。

(2) 吸取 1mL 菌落培养液于 20mL LB（含 Amp）培养基中，37℃，250r/min 振荡 3～5h，至 OD_{600} 为 0.6～0.8。

(3) 加入 IPTG 至终浓度 1mmol/L，继续培养 3～5h。

5. 重组表达 MGFP5 与 MGFP5-G4E 的检测

(1) 分别吸取 1mL 培养物，3000r/min 离心 5min。

(2) 将 pET11-MGFP5、pET11-MGFP5-G4E 菌体及含有 pET11 质粒空载的菌体，在自然光和紫外光下观察菌体颜色。

注意事项

1. 许多蛋白质高水平表达后会导致形成包含体。包含体是致密的不溶性蛋白和 RNA 的凝聚体，含有大部分的表达蛋白，通常利用低温（25℃）能够抑制包含体的形成。

2. 外源基因诱导表达后，通常可以通过聚丙烯酰胺凝胶电泳检测是否有重组蛋白的表达。

作业

1. 利用大肠杆菌系统表达重组蛋白的优缺点是什么，使用该系统需要注意哪些问题？

2. 通过观察诱导表达菌体，pET11-MGFP5、pET11-MGFP5-G4E 菌体及含有 pET11 质粒空载的菌体的颜色情况如何？为什么会有这样的现象？

参考文献

Chalfie M, Tu Y, Euskirchen G, et al. 1994. Green fluorescent protein as a marker for gene expression [J].

Science，263（5148）：802-805

Inouye S，Tsuji F I. 1994. Aequorea green fluorescent protein. Expression of the gene and fluorescence characteristics of the recombinant protein [J]. FEBS Lett，341（2-3）：277-280

Sambrook J，Maniatis T，Fristch E F. 1989. Molecular Cloning：A Laboratory Manual [M]. 2nd ed. New York：Cold Spring Harbor Laboratory Press

（王宏斌）

实验41

叶绿体分裂环的免疫荧光显示

实验目的

1. 学习用免疫荧光方法显示植物叶绿体分裂环。
2. 了解叶绿体分裂环的结构特征。

实验原理

叶绿体不能从头合成，而是由已有的叶绿体通过二分裂的方式分裂而来。叶绿体的分裂与细菌（*E. coli*）细胞的分裂机制类似，都需要由 FtsZ 蛋白在中央形成一个环（Z 环），然后收缩使叶绿体一分为二。2010 年 B. J. S. C. Olson 等证实 FtsZ 蛋白与细胞骨架中的微管蛋白非常类似，具有 GTPase 活性。K. D. Stokes、S. Vitha、K. W. Osteryoung 等研究证实，与细菌不同的是陆生植物基因组编码两个 FtsZ 蛋白，分别是 FtsZ1 和 FtsZ2。FtsZ1 与 FtsZ2 都是组成叶绿体分裂环（FtsZ 环）的组分。对 FtsZ 蛋白的检测是研究叶绿体分裂的一项重要指标。观察 FtsZ 蛋白可以通过融合荧光蛋白和免疫荧光的方法。利用 FtsZ 蛋白的抗体（一抗）与固定好的叶绿体一起孵育，然后再用荧光素（如 Alex 488 及 FITC 等）标记的免疫球蛋白抗体识别一抗，从而使 FtsZ 蛋白被间接的标记上荧光素。在荧光显微镜上用一定的波长激发就会将 FtsZ 蛋白在叶绿体内的状态及结构显示出来。

实验仪器和试剂

1. 仪器与用具

多聚赖氨酸包被的载玻片，盖玻片，镊子，指甲油，35mm 小染色缸，烧杯，0.45μm 滤器，40μm 滤网，12mL 圆底离心管，水平转子离心机及荧光显微镜。

2. 试剂

(1) 10×PBS 储存液：

1.4mol/L　NaCl	80.0g
27mmol/L　KCl	2g
65mmol/L　Na_2HPO_4	9.2g
$Na_2HPO_4 \cdot 2H_2O$	11.5g
(或 $Na_2HPO_4 \cdot 7H_2O$ 17.4g)	
15mmol/L　KH_2PO_4	2g
3.0mmol/L NaN_3（剧毒）	0.2g

定容至 1L，调 pH 7.3。

（2）酶解液（10mL 酶液体系）：

1.5%纤维素酶 RS（Yakult，Japan）	0.15g
0.4%离析酶 R-10（Yakult，Japan）	0.4g
0.4mol/L 甘露醇	5mL 0.8mol/L 甘露醇
20mmol/L 2-吗琳乙磺酸钠（MES-Na）	1mL 0.2mol/L MES-Na
20mmol/L KCl	0.1mL 2mol/L KCl
H_2O	3.8mL

55℃水浴 10min，冷却至室温后加入以下试剂：

10mmol/L $CaCl_2$	0.1mL 1mol/L $CaCl_2$
0.1% BSA	0.1mL 10% BSA

用 0.45μm 滤膜过滤灭菌后使用。

（3）W5 溶液（1L 体系）：

154mmol/L NaCl	9g NaCl
125mmol/L $CaCl_2$	18.4g $CaCl_2 \cdot H_2O$
5mmol/L KCl	0.37g KCl
2mmol/L MES	0.3g MES

用 KOH 调 pH 至 5.8；

高压灭菌或用 0.45μm 滤膜过滤灭菌后使用。

（4）MSB 溶液（100mL 体系）：

0.5mol/L 蔗糖	9.1g 蔗糖
30mmol/L 哌嗪-*N*,*N*-双(2-乙磺酸)（PIPES）	0.906g PIPES
10mmol/L EDTA	0.374g $EDTA \cdot Na_2 \cdot H_2O$
5mmol/L $MgCl_2 \cdot 6H_2O$	0.1g $MgCl_2 \cdot 6H_2O$

用 KOH 调 pH 至 6.8；

置于 4℃冰箱保存。

（5）固定液：将 0.3g 的多聚甲醛溶于 10mL 的 MSB 溶液中。先向 10mL MSB 溶液中加入 50μL 5mol/L NaOH，然后再加入 0.3g 多聚甲醛，65℃水浴 1h 使多聚甲醛完全溶解，最后加入 10μL HCl 调回 pH。

实验材料

3～6 周龄拟南芥（*Arabidopsis thaliana*）。

方法与步骤

1. 拟南芥叶肉细胞原生质体的制备

（1）取 10～20 片完全伸展的拟南芥叶片，将其切成 0.5mm 的细条置于 10mL 酶溶液中。

（2）用 15mmHg 负压抽真空 30min。

（3）室温酶解 2h。

（4）酶解后，加入等体积的 W5 溶液，用手轻轻摇动几次。

(5) 用 40μm 尼龙网将原生质体过滤收集在 12mL 圆底离心管中，用水平转子离心机 600r/min 离心 1min。

(6) 用 W5 溶液洗涤一次，600r/min 离心 1min，并弃掉 W5 溶液。

2. 固定

(1) 用固定液重悬原生质体，室温固定 30min。

(2) 8000r/min 离心 15s，弃掉固定液。

(3) 用 MSB 溶液洗涤两次。

(4) 将原生质体用 0.2mL MSB 溶液重悬。

3. 制片

(1) 吸取 30μL 原生质体至多聚赖氨酸包被的载玻片上，室温放置约 10min，使原生质体沉于底部。

(2) 小心地将 MSB 溶液吸掉。

(3) 用盖玻片盖住原生质体，然后用一铅笔垂直敲打（4cm 高度落下）盖玻片 3～4 次，使原生质体破碎释放出叶绿体。

(4) 然后小心地将盖玻片取下，室温晾干（约 5min）。

4. 封闭

将载玻片放入盛有含有 3% BSA 的 PBS 封闭液的染色缸内，37 孵℃孵育 30min。

5. 孵育一抗

(1) 将 FtsZ2 的抗体按 1∶600 稀释 [取 1μL 抗体加入到 600μL 的封闭液（含有 3% BSA 的 PBS 溶液）中，同时加入 12μL 的山羊血清]。

(2) 取 100μL 稀释好的抗体，滴在玻片上，使其铺平，然后置于一密闭盛有水的容器内，室温过夜孵育。

6. 洗涤

用 PBS 洗涤两次，每次 10min。

7. 封闭

将载玻片放入盛有 3% BSA 的 PBS 封闭液的染色缸内，37 孵℃孵育 30min。

8. 孵育二抗

(1) 将 Alex488 标记的羊抗兔抗体按 1∶400 稀释 [取 1μL 抗体（抗体保存于 50%的甘油中）加到 200μL 的封闭液中]。

(2) 取 100μL 稀释好的羊抗兔抗体，滴在玻片上，使其铺平，然后置于一密闭盛有水的容器内，避光室温 1h。

9. 洗涤

用 PBS 洗涤两次，每次 10min。

10. 封片

(1) 将玻片用滤纸吸掉多余液体，滴 30μL 的封片剂至玻片上，铺匀。

(2) 用指甲油将玻片四周封好，置于黑暗处保存。

11. 观察及拍照

在荧光显微镜下用 488nm 激发，观察分裂环的结构，结果如图 41-1 所示。

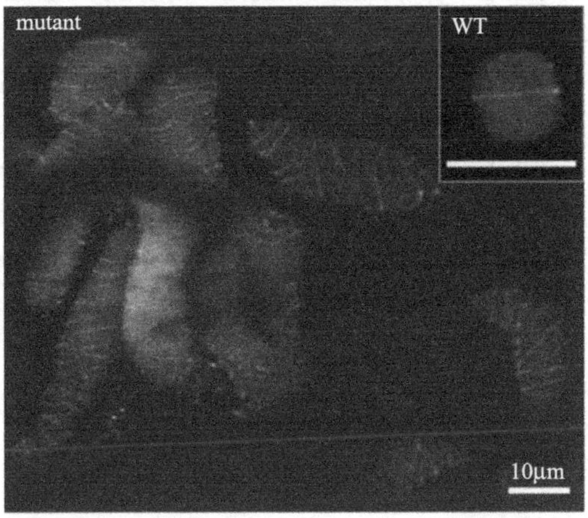

图 41-1 野生型（WT）及突变体（mutant）中 FtsZ 的免疫荧光检测（见彩版）
图右上角框内为野生型叶绿体内的 FtsZ 环，其中只有一个分裂环；一些基因突变后会导致叶绿体分裂过程受阻，在其突变体中叶绿体体积变得异常巨大，其中有多个 FtsZ 分裂环贯穿于整个叶绿体中

注意事项

1. 所选取的拟南芥材料不应太老，3～4 周龄最为适宜，5～6 周龄的尽量选择新生叶片用于原生质体的制备。

2. 设置阴性对照（如不加一抗），因为免疫荧光实验中根据抗体的不同会有非特异荧光信号出现。

3. 孵育二抗及其后面的操作尽量在光线较暗的环境下操作，避免使荧光淬灭，导致信号降低。

一般叶绿体有一个分裂环，一些基因的突变会使得叶绿体变大，并在一个叶绿体内检测到多个分裂环，如图 41-1 所示。

作业

1. 请分析本实验的关键步骤是什么？

2. 对照实验结果，分析实验成败的原因。

参考文献

Miyagishima S Y. 2011. Mechanism of plastid division：from a bacterium to an organelle [J] . Plant Physiol，155：1533-1544

Olson，B J，Wang Q，Osteryoung K W. 2010. GTP-dependent heteropolymer formation and bundling of chloroplast FtsZ1 and FtsZ2 [J] . J Biol Chem，285：20634-20643

Stokes K D，Osteryoung K W. 2003. Early divergence of the FtsZ1 and FtsZ2 plastid division gene families in photosynthetic eukaryotes [J] . Gene，320：97-108

Stokes K D，McAndrew R S，Figueroa R，et al. 2000. Chloroplast division and morphology are differentially affected by overexpression of FtsZ1 and FtsZ2 genes in *Arabidopsis* [J] . Plant Physiol，124：1668-1677

Strawn M A，Marr S K，Inoue K，et al. 2007. *Arabidopsis* isochorismate synthase functional in pathogen-induced salicylate biosynthesis exhibits properties consistent with a role in diverse stress responses [J]. J Biol Chem, 282: 5919-5933

Vitha S, McAndrew R S, Osteryoung K W. 2001. FtsZ ring formation at the chloroplast division site in plants [J]. J Cell Biol, 153: 111-120

Wilson M E, Jensen G S, Haswell E S. 2001. Two mechanosensitive channel homologs influence division ring placement in *Arabidopsis* chloroplasts [J]. Plant Cell, 23: 2939-2949

Yoo S D, Cho Y H, Sheen J. 2007. *Arabidopsis* mesophyll protoplasts: a versatile cell system for transient gene expression analysis [J]. Nat Protoc, 2: 1565-1572

（苏建斌）

实验42 *Pseudomonas syringae tomato* DC3000侵染拟南芥

实验目的

1. 学习细菌 *Pst.* DC3000 的培养和接种。
2. 观察细菌 *Pst.* DC3000 侵染拟南芥的表型。
3. 学习拟南芥叶片感染后的菌体计数。

实验原理

Pst. DC3000（丁香假单胞杆菌）是植物分子病理学研究的重要实验模型，该病原菌感染西红柿和拟南芥后，会产生典型的菌斑（图 42-1）。

P. syringae 根据不同的宿主特异性可划分为许多不同株系，其中 *Pst.* DC3000 具有感染西红柿和拟南芥的能力（图 42-2），可生存于植物细胞内和细胞间空隙，相应的效应因子还在研究之中。另外，*Pst.* DC3000 具有自发的 Rifampicin（Rif）抗性，便于筛选。

拟南芥抗病性研究中，*Pst.* DC3000 是病原菌中的一种典型代表，如果某个基因对该病原菌的侵染具有相应的正调控或负调控，那么在很大程度上，该基因参与了拟南芥的抗病途径。

图 42-1　*Pst.* DC3000 感染的拟南芥（见彩版）

实验仪器和试剂

1. 仪器与用具

离心机，紫外分光光度计，超净工作台，叶盘打孔机，移液枪，96 孔板。

2. 试剂

金氏 B 培养基（KB 培养基），配方见表 42-1。Rif 抗生素（终浓度为 50μg/mL），无菌水。

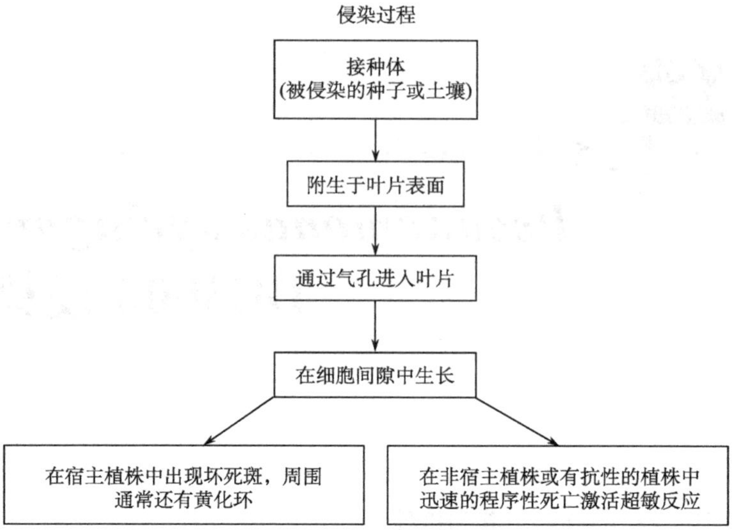

图 42-2　*Pst.* DC3000 侵染植株的流程图

表 42-1　金氏 B 培养基（King's B medium）配方

试剂	配方（1L 体系）
蛋白胨（peptone）	20.0g
K_2HPO_4	1.5g
$MgSO_4 \cdot 7H_2O$	1.5g
甘油（glycerol）	10mL
琼脂（agar）	15g
ddH_2O	至 1L
pH	7.2±0.2

KB 培养基原理：蛋白胨提供氮源；甘油提供碳源；磷酸盐促进荧光素的产生并抑制绿脓色素的产生；硫酸镁为荧光素的产生提供必需的阳离子；琼脂是培养基的凝固剂。

实验材料

3～4 周龄拟南芥（建议使用 23d 大的拟南芥），*Pst.* DC3000。

方法与步骤

1. *Pst.* DC3000 的培养与保种

（1）活化：－80℃冰箱取出 *Pst.* DC3000 保种管，用灭菌枪头蘸取凝固的菌液，在加有抗生素（Rif）的平板上划线，注意整个过程速度要快，若菌液融化则很难划出单菌落。将已接菌的平板放置 28～30℃培养 48h，便可长出单菌落。

（2）接一级菌：用枪头点取单菌落投入装有 5～10mL KB 培养基（含 Rif 抗生素）的试管内，于 27℃ 180～200r/min 条件下培养过夜。培养过夜的菌液可用 40%甘油保种，按菌液：40%甘油=3∶5（V/V）的比例进行保种，于－80℃保存。

（3）接二级菌：将培养过夜的菌液再稀释 50～100 倍（10mL KB 培养液加 100μL 菌液），再培养 5～6h [条件同（2）]。

（4）菌液初步浓度：当菌液吸光值 OD_{600} 在 0.5 左右时准备接种。取 2～4mL 菌液 3000*g* 离心 2min 去上清，用无菌水清洗一次，再用无菌水重悬，加入约 30mL 无菌水时，测 OD_{600}，此时 OD_{600} 值大约为 0.01，无菌水做对照。

（5）菌液最终浓度：OD_{600} 值大约为 0.01 的菌液再稀释 10 倍，可获得浓度约为 10^5 个/mL的菌液，用于接种拟南芥叶片。

2. 接种与表型观察、指标检测

（1）接种：取一支一次性无菌注射器，拔掉针头，吸取上述（5）中的菌液，从选定的叶片（先用记号笔做好记号）背面将菌液轻轻压入叶片，每片叶子从一个一致的部位进行注射，以整片叶片都润湿较好。注意每次吸取菌液前都要充分摇匀，避免出现菌液浓度不均导致实验结果不稳定。材料大小视长势情况而定，一般为3～4 周龄植株（建议使用 23d 大的拟南芥），每株注射 2 片叶子（常用的叶位为第 5，6 天的叶子）。

（2）接种后拟南芥的培养：使用透明盖子盖住接种后的拟南芥，可提高拟南芥生长环境的湿度，利于病原菌 *Pst.* DC3000 的生长和侵染。其他条件与拟南芥正常培养的条件相同。

（3）菌体计数：在接种后的第 0 天、1 天、2 天、3 天，分别剪取相应处理过的拟南芥叶片，先用无菌水清洗干净，再用滤纸吸干叶片表面的水分，用直径为 3mm 的打孔机（图 42-3）在每片叶片的相同部位取一个叶盘（图 42-3）。注意打孔机使用前要灼烧除菌。

图 42-3　叶盘和叶盘打孔机

将每一个叶盘放入 1.5mL 的离心管中，加 50μL 灭菌水磨碎，然后将离心管的混浊液进行系列稀释，取浓度较低的液体进行涂板。涂有菌液的平板于 28℃黑暗培养 2d，最后计数单菌落数目。

作业

提交实验报告，记录细菌 *Pst.* DC3000 的生长情况，总结细菌 *Pst.* DC3000 接种拟南芥的注意细节，描述接种后拟南芥的生长表型，计算拟南芥叶片的菌体数目。

参 考 文 献

Cyril Z, Silke R, Lionel N. 2004. Bacterial disease resistance in *Arabidopsis* through flagellin perception [J]. Nature, 428: 764-767

Ping H, Libo S, Nai-Chun L. 2006. Specific bacterial suppressors of MAMP signaling upstream of MAPKKK in *Arabidopsis* innate immunity [J]. Cell, 125: 563-575

Robert D, Gunter B, Pettko S A. 2007. The *Arabidopsis* mitogen-activated protein kinase kinase MKK3 Is upstream of group C mitogen-activated protein kinases and participates in pathogen signaling [J]. Plant

Cell，19：3266-3279

Steven H S，Zhonglin M，Yasuomi T. 2009. Proteasome-mediated turnover of the transcription coactivator NPR1 plays dual roles in regulating plant immunity [J]. Cell，137：860-872

Vladimir N，Jing L，Martine B. 2009. Control of the pattern-recognition receptor EFR by an ER protein complex in plant immunity [J]. EMBO J，28：3428-3438

（舒胜英）

实验43

根癌农杆菌 EHA105 介导的水稻转化

实验目的

1. 了解根癌农杆菌介导的植物转化的基本原理。
2. 学习植物组织培养的基本过程。
3. 学习根癌农杆菌介导的水稻转化过程。

实验原理

在现代生物学基因功能的研究中，经常涉及转基因材料。农杆菌介导的植物转化已经成为植物转化的常用工具。根癌农杆菌含有 Ti 质粒（tumor-inducing plasmid），Ti 质粒上的 T-DNA（transferred DNA）在 Vir 区（virulence region）基因产物的介导下可以插入到植物基因组中，诱导在宿主植物中瘤状物的形成。因此，将外源目的基因插入到 T-DNA 中，借助 Ti 质粒的功能，可以使目的基因转移进入宿主植物中并进一步整合、表达。

有一些小分子酚类物质能作为信号分子诱导农杆菌对植物细胞的侵染、Vir 基因的表达和 T-DNA 的转移。所以在植物转化过程中可以通过添加酚类物质，如乙酰丁香酮（Acetosyringone，As）来提高转化效率。

水稻是重要的粮食作物，随着水稻基因组测序工作的完成，其已经成为单子叶植物研究中重要的模式植物。尽管早前农杆菌介导的水稻转化技术已经比较成熟，转化效率亦能满足研究需要，但是 3 个多月的漫长转化过程始终是水稻转基因研究的一个瓶颈。2006 年，S. Toki 等发现在含有 2,4-D 的培养基中培养 1d 的日本晴成熟种子就已经具有被农杆菌侵染的能力，在此基础上，他们建立了一套适合日本晴水稻的快速转化体系，在 30 余天就获得了转基因植株。本实验是在 S. Toki 等的基础上加以改进，以便更加有效、方便地利用根癌农杆菌介导的植物转化方法来进行水稻的转基因工作。

实验仪器和试剂

1. 仪器与用具

超净台，25℃和 32℃的光照培养箱，28℃培养箱，摇床，滤纸，培养皿（ϕ9cm×10），培养罐，三角瓶（100mL×1），镊子，电子天平，pH 计，高压蒸汽灭菌锅，标签纸，记号笔。

2. 试剂

诱导培养基（N6D）、共培养培养基（2N6-AS）、AAM 培养基、分化培养基（RE-Ⅲ）、生根培养基（HF）、改良的霍格兰（Hoagland）培养液。

培养基的详细成分见附录 4 的“7. 根癌农杆菌 EHA105 介导的水稻转化培养基配方”。培养基配好以后可以室温放置 2～3 个月，倒好的平板放在 4℃冰箱保存。

筛选培养基即为诱导培养基（N6D）＋50mg/L 潮霉素＋0.4g/L 羧苄青霉素（潮霉素和羧苄青霉素灭菌后加）。

YEP 培养基（利福平＋卡那霉素）：10g/L 蛋白胨＋10g/L 酵母提取物＋5g/L 氯化钠＋12g/L 琼脂粉＋50μg/mL 卡那霉素＋50μg/mL 利福平（卡那霉素和利福平灭菌后加）。

乙酰丁香酮（As），激动素、萘乙酸及抗生素等可以配制成 1000×母液，－20℃冰箱可保存半年左右。

75％乙醇，20％次氯酸钠溶液或者市售的 Bleach 漂渍液，吐温-20，无菌水。

实验材料

水稻授粉后 15～20d 的未成熟穗得到的胚，含有目的基因的农杆菌 EHA105 菌株。

实验步骤

1. 水稻愈伤组织的诱导

（1）取水稻授粉后 15～20d 的未成熟穗，将未成熟种子手工去壳。

（2）取高温高压灭菌过的 100mL 三角瓶，把剥好的水稻胚放置三角瓶内，加入约 40mL、75％乙醇，手摇振荡 1min，倒去乙醇，用无菌水洗 2～3 次（一般一次取 300 颗左右的水稻胚进行实验，太多可能会影响实验效果，此时需要8～10 个倒有诱导培养基的培养皿）。

（3）加入含有一滴吐温-20 的 20％的次氯酸钠溶液（或 Bleach 漂渍液）50～60mL，封好封口后，置于 25℃摇床中 200r/min 振荡灭菌 15min，倒去次氯酸钠溶液（或漂渍液）。

（4）50～60ml 无菌水清洗 5～6 次。

（5）加入 50～60mL 不含吐温-20 的 20％的次氯酸钠溶液（或 Bleach 漂渍液），置于 25℃摇床中 200r/min 振荡灭菌 15min，随后转移至在紫外灭菌约 30min 的超净台中操作。

（6）在超净台中，倒去次氯酸钠溶液（或漂渍液），加入 50～60mL 无菌水清洗 5～6 次。

（7）将清洗后的水稻胚铺在提前灭菌的干净滤纸上，等水分干燥后用镊子一颗一颗地转移至诱导培养基上，每两颗胚之间相距 1cm 左右，避免相互污染，封口膜密封平皿（三层），小心操作避免水稻胚撒开。

（8）32℃、24h 光照条件下诱导愈伤组织 8～10d。健康、长势良好的愈伤组织颜色淡黄且质地致密（图 43-1，图 43-2）。

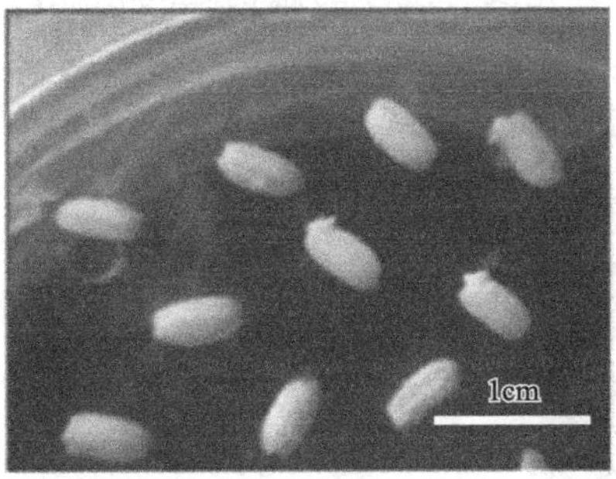

图 43-1　N6D 培养基，32℃，24h 光照诱导培养 1d 的水稻胚（见彩版）

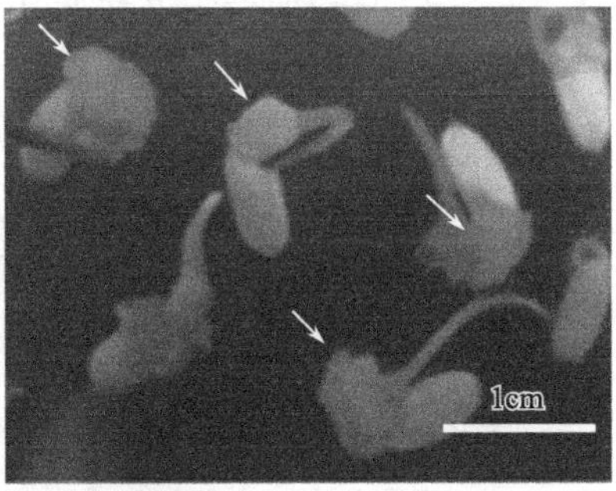

图 43-2　N6D 培养基，32℃，24h 光照诱导培养 8d 的水稻愈伤（白色箭头所示就是诱导产生的水稻愈伤组织）（见彩版）

2. 共培养

（1）取 AAM 培养液，在超净台中添加乙酰丁香酮（As）（注意 As 接触紫外线会分解，其终浓度为 20mg/L）。

（2）倒少量加有 As 的 AAM 培养液于一个三角瓶中（不多于 10mL），将培养了 2d 的三级农杆菌用勺子刮进三角瓶中，用 1mL 微量移液器吹打混匀，再将三角瓶中的 AAM 倒至 50～60mL。

（3）在吹打混匀的、含有农杆菌的 AAM 培养液中放入装有长势良好的愈伤组织，快速摇晃 5min。

（4）倒去三角瓶中液体，将愈伤组织铺到装有无菌滤纸的培养皿上晾干。

（5）将晾干后的愈伤组织转移到加有用 AAM＋As 溶液浸泡过的滤纸的共培养培养基上，25℃暗培养 3d（图 43-3）。

含目标质粒的农杆菌在 YEP（卡那霉素＋利福平）划线培养，一级菌培养 3d，挑取单克隆做二级培养；二级培养 2d 后挑取单克隆做三级培养；三级培养 2d。三级菌应该划满板，以满足转化需要，如果一个培养皿所划的农杆菌不能满足转化需要的话，可以划多个培养皿。此过程与愈伤的诱导时间基本同时进行。

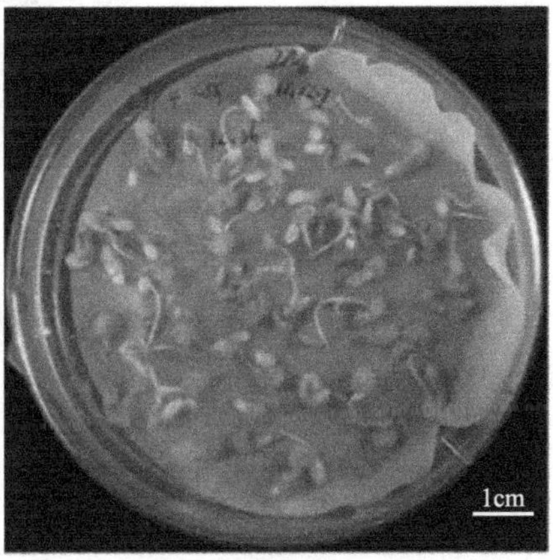

图 43-3　铺有灭菌滤纸，25℃共培养培养基上黑暗培养 3d 的水稻愈伤组织（见封底彩图）

3. 筛选培养

（1）在超净台上将暗培养 3d 后的水稻愈伤小心装入三角瓶中（转多个基因时，注意避免基因间的混淆），用 70～80mL 含有 400mg/L 羧苄青霉素的无菌水手摇振荡冲洗 4～5 次后，将愈伤连有无菌水的三角瓶放在摇床中 25℃，150r/min 摇 15min。

（2）反复重复步骤（1），直到将愈伤洗干净（一般在摇床上摇 10 次左右即可），可以适当延长洗愈伤的时间，直至洗过的水和新加进去的水同样清亮。

（3）将愈伤平铺在无菌滤纸上充分晾干，1h 左右。

（4）将吹干后的愈伤接种到筛选培养基平皿上，每两颗愈伤之间相距 1cm 左右，而且在转移过程中，一旦沾到筛选培养基就不要再移动。避免没有洗净的愈伤之间相互污染。放置一会儿后封口膜封口三层。

(5) 32℃光照培养箱培养，14d左右就可以长出抗性愈伤组织（图43-4，图43-5）。

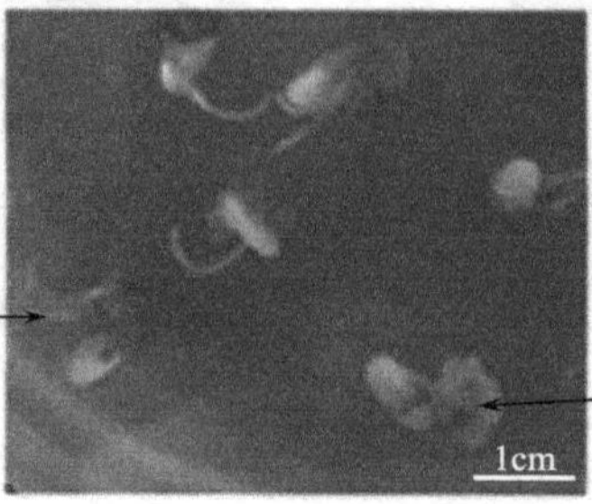

图43-4　筛选培养基，32℃，24h光照，培养15d左右的水稻愈伤组织（见彩版）

图43-5　筛选培养基，32℃，24h光照培养一个月左右的水稻抗性愈伤组织（见封底彩图）
图中颜色较浅的是新长出的带有目的基因的抗性愈伤，颜色较深的是诱导时长出的旧愈伤组织

一般对于一个基因需要准备大约3L无菌水。

在此实验过程中，其关键步骤是侵染后的愈伤洗涤过程，洗涤不彻底则导致农杆菌的生长，通常可采取的措施是：①适当增加羧苄青霉素使用量；②增加每次洗涤的时间；③增加洗涤的水量。

4. 分化培养

(1) 将农杆菌侵染过的愈伤组织从培养箱拿出来，挑选有抗性愈伤长出来的愈伤组织放到分化培养基上，愈伤组织在平板上反复翻滚，使新长出来的愈伤组织（抗性愈伤组织）掉在分化培养基上；筛选培养基上的每个愈伤组织长成的小苗属于同一株系。

(2) 将在分化培养基上已经翻滚过的愈伤组织放回筛选培养基上，封口膜封口三层后放回原环境继续培养，让其继续长出抗性愈伤组织。

(3) 将已经处理好的愈伤组织培养皿分别封口，分化培养基放到25℃，16h光照/8h黑暗的培养箱培养，让其长出绿色的苗（图43-6，图43-7）。

在此过程中，没有转入目的基因的愈伤组织会逐渐褐化死去。

注意：该步骤中，激动素和萘乙酸的比例十分关键。其次，一旦发现有愈伤被农杆菌污染的话，应尽快在超净台内将被污染的愈伤组织连同生长的培养基取出，以防止污染其他愈伤组织。另外，此过程中，使用玻璃培养皿比使用塑料培养皿，抗性愈伤组织的分化效率要高。

图 43-6 分化培养基，25℃，16h 光照/8h 黑暗培养 20d 左右的正在分化的水稻抗性愈伤，箭头所示正在分化的抗性愈伤组织（见彩版）

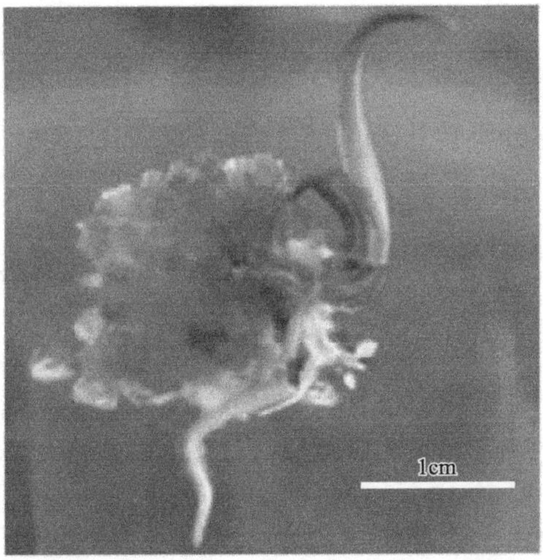

图 43-7 分化培养基，25℃，16h 光照/8h 黑暗培养 30d 左右的正在分化出器官的水稻愈伤组织（见封底彩图）

5. 生根培养

在紫外灭菌约半小时的超净台中，将分化出来的小苗转移到生根培养基，25℃，16h 光照/8h 黑暗进行生根培养（图 43-8）。

6. 水培炼苗

待幼苗生根长成后，移出培养皿，洗净根上的培养基后，移至改良的 Hoagland 培养液，25℃，16h 光照/8h 黑暗培养（图 43-9）。

7. 土培培养

待小苗在改良的 Hoagland 培养液中培养 10d 左右，小苗明显比刚从生根培养基中取出时苗壮。此时，可以转移至大田土进行正常的土培。自此，就可以得到转基因水稻苗。转基因材料需要悉心照料。

图 43-8　生根培养基，25℃，16h 光照/8h 黑暗培养 3～5d 的生根小苗（已经成苗）（见封底彩图）

图 43-9　改良的 Hoagland 培养液，25℃，16h 光照/8h 黑暗培养的小苗（见彩版）

作业

撰写实验报告，阐述与分析转基因水稻苗培养的关键技术和注意的问题。

参考文献

崔广荣．2003. 影响农杆菌转化水稻的主要因素［J］．种子，3（129）：43-46

苏益，黄善金，蔺万煌等．2008. 根癌农杆菌介导的水稻快速转化方法研究［J］．中国农学通报，24（5）：83-86

Seiichi T，Naho H，Kazuko O，et al. 2006. Early infection of scutellum tissue with *Agrobacterium* allows high-speed transformation of rice［J］．The Plant Journal，47：969-976

（李张群）

实验44

拟南芥叶片总蛋白的提取及 Western bolt 检测分析

实验目的

1. 学习并掌握简易的拟南芥叶片蛋白提取方法。
2. 学习 SDS-PAGE 的试剂配制与操作方法。
3. 学习并掌握 Western blot 分析检测拟南芥叶片蛋白组分差异。

实验原理

Western blot 与 Southern 或 Northern 杂交方法类似，但 Western blot 采用的是聚丙烯酰胺凝胶电泳，被检测物是蛋白质，“探针”是抗体，“显色”用标记的二抗。经过 PAGE 分离的蛋白质样品，转移到固相载体（如 NC 膜或 PVDF 膜等）上，固相载体以非共价键形式吸附蛋白质，且能保持电泳分离的多肽类型及其生物学活性不变。以固相载体上的蛋白质或多肽作为抗原，与对应的抗体起免疫反应，再与酶或同位素标记的第二抗体起反应，经过底物显色或放射自显影以检测电泳分离的目的基因表达的蛋白质水平。

实验仪器和试剂

1. 仪器与用具

垂直板电泳槽，电泳仪，电转仪（湿转），水平摇床，冷冻离心机，分光光度计，Odyssey 双色红外激光成像系统。

2. 试剂

一抗——目的蛋白抗体（鼠源或兔源）、内参 β-actin 抗体（鼠源）（Sigma 或 Santa Cruz）。

二抗——HRP 标记羊抗鼠或羊抗兔 IgG（用 HRP 显色液 DAB 检测）。

蛋白质分子质量预染 Marker（Fermentas）。

Western blot 超敏发光液。

3. 主要溶液配制

（1）蛋白质提取缓冲液：50mmol/L Tris-HCl（pH 7.5），500mmol/L NaCl，5mmol/L EDTA，0.1% Triton-X100，0.2% NP40 蛋白酶抑制剂 cocktail。

（2）30%丙烯酰胺凝胶原液：丙烯酰胺 29.2g，*N*，*N*′-甲叉双丙烯酰胺 0.8g，用蒸馏水溶解定容至 100mL。置于棕色瓶中，4℃保存。

(3) 10%过硫酸铵 (AP)：0.4g AP溶于4mL蒸馏水中，250μL分装于EP管，−20℃保存。

(4) 10%SDS：10g SDS用蒸馏水溶解定容至100mL，室温保存。

(5) 浓缩胶缓冲液 (1.0mol/L Tris pH6.8)：Tris-base 12.11g，蒸馏水溶解，用浓HCl (约10mL) 调pH至6.8，蒸馏水定容至100mL，4℃保存。

(6) 分离胶缓冲液 (1.5mol/L Tris pH8.8)：Tris-base 18.165g，蒸馏水溶解，用浓HCl (4.5～5mL) 调pH至8.8，蒸馏水定容至100mL，4℃保存。

(7) 2×SDS上样缓冲液：取浓缩胶缓冲液4mL，10% SDS 16mL，β-巯基乙醇4mL，甘油8mL，溴酚蓝0.008g，蒸馏水溶解定容至40mL，置于棕色瓶中。

(8) 5×SDS电泳缓冲液：Tris-base 15.1g，甘氨酸94g，10%SDS 50mL，用蒸馏水溶解定容至1000mL。使用时稀释5倍。

(9) 2×转膜缓冲液：Tris-base 11.6g，甘氨酸5.8g，甲醇400mL，蒸馏水溶解定容至1000mL (配3000mL)。使用时稀释2倍。

(10) 10×洗涤缓冲液TBST (pH7.6)：Tris-base 24.2g，NaCl 87.6g，吐温-20 5mL，浓HCl (约10mL) 调pH7.6，蒸馏水定容至1000mL。使用时稀释10倍。

(11) 磷酸盐缓冲液 (0.01mol/L pH7.4 PBS)：NaCl 0.8g，KCl 0.02g，KH_2PO_4 0.02g，$Na_2HPO_4 \cdot 12H_2O$ 0.29g，加蒸馏水定容至100mL。

(12) 封闭液 (3%BSA)：3g BSA溶于100mL的TBST。

(13) 浓缩胶和分离胶配方表 (见表44-1，表44-2)。

表44-1　SDS-PAGE分离胶配方表

各种组分名称	各种凝胶体积所对应的各种组分的取样量							
	5mL	10mL	15mL	20mL	25mL	30mL	40mL	50mL
6%浓度胶								
H_2O_2	2.6	5.3	7.9	10.6	13.2	15.9	21.2	26.5
30%聚丙烯酰胺	1.0	2.0	3.0	4.0	5.0	6.0	8.0	10.0
1.5mol/L Tris-HCl (pH8.8)	1.3	2.5	3.8	5.0	6.3	7.5	10.0	12.5
10%SDS	0.05	0.1	0.15	0.2	0.25	0.3	0.4	0.5
10%过硫酸铵	0.05	0.1	0.15	0.2	0.25	0.3	0.4	0.5
TEMED	0.004	0.008	0.012	0.016	0.02	0.024	0.032	0.04
8%浓度胶								
H_2O_2	2.3	4.6	6.9	9.3	11.5	13.9	18.5	23.2
30%聚丙烯酰胺	1.3	2.7	4.0	5.3	6.7	8.0	10.7	13.3
1.5mol/L Tris-HCl (pH8.8)	1.3	2.5	3.8	5.0	6.3	7.5	10.0	12.5
10%SDS	0.05	0.1	0.15	0.2	0.25	0.3	0.4	0.5
10%过硫酸铵	0.05	0.1	0.15	0.2	0.25	0.3	0.4	0.5
TEMED	0.003	0.006	0.009	0.012	0.015	0.018	0.024	0.03

续表

各种组分名称	各种凝胶体积所对应的各种组分的取样量							
	5mL	10mL	15mL	20mL	25mL	30mL	40mL	50mL
10%浓度胶								
H_2O_2	1.9	4	5.9	7.9	9.9	11.9	15.9	19.8
30%聚丙烯酰胺	1.7	3.3	5.0	6.7	8.3	10.0	13.3	16.7
1.5mol/L Tris-HCl（pH8.8）	1.3	2.5	3.8	5.0	6.3	7.5	10.0	12.5
10%SDS	0.05	0.1	0.15	0.2	0.25	0.3	0.4	0.5
10%过硫酸铵	0.05	0.1	0.15	0.2	0.25	0.3	0.4	0.5
TEMED	0.002	0.004	0.006	0.008	0.01	0.012	0.016	0.02
12%浓度胶								
H_2O_2	1.6	3.3	4.9	6.6	8.2	9.9	13.2	16.5
30%聚丙烯酰胺	2.0	4.0	6.0	8.0	10.0	12.0	16.0	20.0
1.5mol/L Tris-HCl（pH8.8）	1.3	2.5	3.8	5.0	6.3	7.5	10.0	12.5
10%SDS	0.05	0.1	0.15	0.2	0.25	0.3	0.4	0.5
10%过硫酸铵	0.05	0.1	0.15	0.2	0.25	0.3	0.4	0.5
TEMED	0.002	0.004	0.006	0.008	0.01	0.012	0.016	0.02
15%浓度胶								
H_2O_2	1.6	3.3	4.9	6.6	8.2	9.9	13.2	11.5
30%聚丙烯酰胺	2.5	5.0	7.5	10.0	12.5	15.0	20.0	25.0
1.5mol/L Tris-HCl（pH8.8）	1.3	2.5	3.8	5.0	6.3	7.5	10.0	12.5
10%SDS	0.05	0.1	0.15	0.2	0.25	0.3	0.4	0.5
10%过硫酸铵	0.05	0.1	0.15	0.2	0.25	0.3	0.4	0.5

表 44-2　SDS-PAGE 浓缩胶配方表（5%聚丙烯酰胺）

各种组分名称	各种凝胶体积所对应的各种组分的取样量							
	1mL	2mL	3mL	4mL	5mL	6mL	8mL	10mL
H_2O_2	2.6	5.3	7.9	10.6	13.2	15.9	21.2	26.5
30%聚丙烯酰胺	0.17	0.33	0.50	0.67	0.83	1.00	1.30	1.70
1.5mol/L Tris-HCl（pH8.8）	0.13	0.25	0.38	0.50	0.63	0.75	1.00	1.25
10%SDS	0.01	0.02	0.03	0.04	0.05	0.06	0.08	0.1
10%过硫酸铵	0.01	0.02	0.03	0.04	0.05	0.06	0.08	0.1
TEMED	0.001	0.002	0.003	0.004	0.005	0.006	0.008	0.01

实验材料

拟南芥（*A. thaliana*）。

方法与步骤

1. 蛋白质的提取

称取 3～4 周龄的拟南芥新生叶片 0.5g 至 1.5mL 的 EP 管中，加入 200μL 蛋白质提取缓冲液，充分研磨（研磨过程最好在冰上操作），研磨过后 14 000r/min 离心 15min。吸取上清，按照 50μL 每管进行分装保存于－80℃。

2. 蛋白质含量的测定

采用紫外分光光度法或 Folin-酚法。

3. SDS-PAGE 制胶（12％分离胶两块）

根据分离胶和浓缩胶的配方配制 2 块 1.5mm 厚的胶，分离胶 15mL，浓缩胶 5mL，分离胶每块灌 7mL，小心在胶上覆盖一层蒸馏水（或者乙醇），待胶聚合后（30～45min），倒出覆盖的水层，用滤纸吸干，加入浓缩胶约 2mL，插入 1.5mm 梳子，待聚合后取出橡皮带，拔出梳子，倒入电泳液，用电泳液冲净加样孔。

（1）上样：将蛋白质提取液与适量 2×SDS 上样缓冲液混合（终浓度 1.2μg/μL 左右），100℃煮沸 5min，置冰上冷却后分装，于－20℃保存，用时取出，溶解后离心取上清上样，上样量10～15μL，预染 Marker 上样 3μL。

（2）电泳：浓缩胶恒压 80V，前沿开始进入分离胶后，恒压 120V 继续电泳至溴酚蓝线迁移至凝胶底端约 1cm 处停止电泳。剥胶，去除浓缩胶。

（3）转膜。

a. 小心取下凝胶，去除浓缩胶，保留分离胶，量好大小后置于转膜缓冲液中浸泡 20min。

b. 按分离胶大小剪好一张 NC 膜（5cm×8.3cm），做好标记以区分正反面（标记面作为反面——非蛋白面），将膜放入转膜液中浸泡 15～30min。

c. 将膜、泡沫物、4 张与胶同样大小的滤纸一并浸于转膜液中［可按照下列顺序依次叠放，泡沫物—2 张滤纸—NC 膜（未标记面朝向凝胶）—凝胶—2 张滤纸—泡沫物，便于下面操作］，平衡至少 5min。

图 44-1　转膜元件的组装顺序示意图

d. 将夹子打开，使黑的一面保持水平。在上面垫上泡沫物，用小试管来回擀几遍以擀走里面的气泡（一手擀另一手要压住泡沫物使其不能随便移动）。在泡沫物上垫两层滤纸，一手固定滤纸一手用小试管擀去其中的气泡，将分离胶盖于滤纸上，用手调整使其与滤纸对齐，轻轻用玻棒擀去气泡。将膜盖于胶上，要盖满整个胶（膜盖下后不可再移动）并除气泡。在膜上盖 2 张滤纸并除去气泡。最后盖上另一个泡沫物，擀几下就可合起夹子。整个操作在转膜缓冲液中进行，要不断地擀去气泡。膜两边的滤纸不能相互接触，接触后会发生短路，如图 44-1所示。

e. 将夹子放入转移槽中，要使夹的黑面对槽的黑面，夹的白面对槽的红面，加满转膜缓冲液。电转移时会产热，要将整个转膜装置置于冰中。一般用恒流 350mA 转移 1～1.5h（实际上应该根据蛋白质分子质量的大小确定转膜时间）。

电泳时间推算可参见表 44-3。

表 44-3 电泳时间推算方法

目的蛋白分子质量/kDa	转移时间/h
80～140	1.5～2.0
25～80	1.5
15～40	0.75
＜20	0.5

f. 转膜后将膜取出，可以观察到预染 Marker 已转到膜上。

4. 免疫反应

（1）取出 NC 膜，放入保鲜盒内（蛋白面朝上），TBST 摇洗一次，1min。

（2）取出 NC 膜浸没于封闭液（3%BSA）中缓慢摇动 1h，以封闭膜上非特异性结合位点。封闭完后用保鲜膜包着 NC 膜，将 72kDa 以上部分剪掉（根据目的蛋白分子质量来剪），将没有样品的部分也剪掉。

（3）用封闭液将目的蛋白抗体适当稀释（根据抗体的性质稀释）（1 张膜用 10mL 抗体液，可以根据膜的大小，制备一个小型器皿，如用封口膜叠成船形）保证蛋白面浸在抗体液之中，室温下轻轻振荡孵育 2h。随后用 TBST 在脱色摇床上洗 3 次，每次 15min。

（4）同上方法准备二抗稀释液［用封闭液将二抗 IRDye® 800CW Conjugated Goat (polyclonal) Anti-Mouse IgG 1∶20 000 倍稀释，或将 HRP 标记羊抗鼠 IgG 1∶1000 倍稀释］并与膜接触，室温下孵育 1h 后，用 TBST 在脱色摇床上洗 3 次，每次 15min。

5. 显色

所用二抗为 HRP 标记羊抗鼠或羊抗兔 IgG，用 HRP 显色液（Western blot 超敏发光液）显色。将膜加入显色液中避光显色，待显色反应达到最佳程度时（5～10min），用自来水轻轻冲洗终止反应，记录实验结果。

作业

提交实验报告，要求提取拟南芥植物总蛋白质，并对 Western 检测结果进行分析。

参考文献

胡源，杜林方，蒋佳宏. 2008. 拟南芥 STN7 和 STN8 蛋白激酶的结构预测和功能分析［J］. 生物物理学报，24（2）：99-107

Lopez-Molina L，Mongrand S，Chua N H. 2001. A postgermination developmental arrest checkpoint is mediated by abscisic acid and requires the ABI5 transcription factor in *Arabidopsis*［J］. Proc Natl Acad Sci U S A，98：4782-4787

Muller A，Guan C，Galweiler L，et al. 1998. AtPIN2 defines a locus of *Arabidopsis* for root gravitropism control［J］. EMBO J，17：6903-6911

Nawrath C，Poirier Y，Somerville C. 1994. Targeting of the polyhydroxybutyrate biosynthetic pathway to the plastids of *Arabidopsis thaliana* results in high levels of polymer accumulation［J］. Proc Natl Acad Sci U S A，91：12760-12764

（王　鹏）

附录1

实验室常用溶液的配制

Ⅰ 常用酸溶液的简便配制

1. 物质的量（摩尔）浓度的配制

1L 溶液中所含溶质的物质的量表示的浓度称为物质的量浓度，简称浓度。单位用符号 mol/L 表示。简便计算公式如下：

相对分子质量÷（化合价×密度×浓度百分比）＝? mL（要取之液态化合物的毫升数）

然后取该液态化合物算得的毫升数加水稀释至 1000mL，即为该液态化合物的摩尔浓度（1mol/L）。

例 1：盐酸的相对分子质量为 36.46（商品），密度为 1.19g/mL，浓度百分比 0.376，配 1mol/L 浓度盐酸溶液，先代入公式计算所需浓盐酸的毫升数：

$$36.46\div(1\times1.19\times0.376)=81.5\ (\mathrm{mL})$$

然后取 81.5mL 的商品盐酸，加水至 1000mL，即可得到 1mol/L 浓度的盐酸溶液。

例 2：市售硝酸相对分子质量为 63.02，密度为 1.42g/mL，浓度百分比 0.70，配 1mol/L 浓度硝酸溶液，代入公式得所需浓硝酸毫升数：

$$63.02\div(1\times1.42\times0.70)=63.40\ (\mathrm{mL})$$

然后取 63.40mL 浓硝酸，加水至 1000mL，即可得到 1mol/L 浓度的硝酸溶液。

2. 原液稀释法

利用原液的摩尔浓度，计算出所需该浓度原液的量，然后加水稀释至 1000mL，即得到需要的摩尔浓度的溶液（附表 1-1）。

附表 1-1 原液稀释配制溶液的方法

名称		相对密度	质量分数/%	配制溶液的方法
浓 HCl	12mol/L	1.19	37.9	取 500mL 12mol/L HCl 加蒸馏水至 1000mL
	6mol/L	1.10	20.0	取 167mL 12mol/L HCl 加蒸馏水至 1000mL
	2mol/L	1.03	7.15	取 84.0mL 12mol/L HCl 加蒸馏水至 1000mL
	1mol/L			
浓 HNO_3	16mol/L	1.42	69.80	取 375mL 16mol/L HNO_3 加蒸馏水至 1000mL
	6mol/L	1.20	32.36	取 125mL 16mol/L HNO_3 加蒸馏水至 1000mL
	2mol/L			取 63.0mL 16mol/L HNO_3 加蒸馏水至 1000mL
	1mol/L			

续表

名称		相对密度	质量分数/%	配制溶液的方法
浓 H_3PO_4	15mol/L	1.69	85	取 335.0mL 15mol/L H_3PO_4 加蒸水至 1000mL
	5mol/L			取 67mL 15mol/L H_3PO_4 加蒸水至 1000mL
	1mol/L			
浓 H_2SO_4	36mol/L	1.84	95.6	取 167mL 36mol/L H_2SO_4 加蒸馏水至 1000mL
	6mol/L	1.16	24.8	取 56mL 36mol/L H_2SO_4 加蒸馏水至 1000mL
	2mol/L	1.06	9.25	取 28mL 36mol/L H_2SO_4 加蒸馏水至 1000mL
	1mol/L			
浓 CH_3COOH	17mol/L	1.05	99.5	取 353mL 17mol/L CH_3COOH 加蒸水至 1000mL
	6mol/L	1.044	35.0	取 118mL 17mol/L CH_3COOH 加蒸水至 1000mL
	2mol/L	1.015	12.1	取 59.0mL 17mol/L CH_3COOH 加蒸水至 1000mL
	1mol/L			

Ⅱ　常用碱溶液的简便配制

碱溶液的配制方法基本与酸溶液相同，可以用摩尔浓度配制方法的公式计算，也可以通过查表配制，方法简便（附表 1-2）。

附表 1-2　常用碱溶液的简便配制方法

名称		相对密度	质量分数/%	配制溶液的方法
浓 NH_4OH	15mol/L	0.9	28.4	取 400mL 15mol/L NH_4OH 加蒸馏水至 1000mL
	6mol/L			取 133mL 15mol/L NH_4OH 加蒸馏水至 1000mL
	2mol/L			取 67mL 15mol/L NH_4OH 加蒸馏水至 1000mL
	1mol/L			
$Ba(OH)_2$（饱和液）	0.2mol/L			取 63g $Ba(OH)_2 \cdot 8H_2O$ 加蒸馏水至 1000mL，振荡 2～3h，沉淀下降后防止与空气接触生成 $BaCO_3$，配制时需加盖
KOH	2mol/L	1.08	10.3	取 112g KOH 溶于少量蒸馏水后，再加蒸馏水至 1000mL
$Ca(OH)_2$	0.2mol/L			取 25g $Ca(OH)_2$ 加蒸馏水至 1000mL，振荡 2～3h，沉淀后过滤，密封，防止吸收 CO_2，现配现用，不能长久保存
NaOH	6mol/L	1.22	19.7	取 240g NaOH 溶于 1000mL 蒸馏水中
	2mol/L			取 80g NaOH 溶于 1000mL 蒸馏水中
	1mol/L			取 40g NaOH 溶于 1000mL 蒸馏水中

Ⅲ　常用盐溶液的配制方法

盐类溶液的配制方法基本上同酸、碱溶液，可以用摩尔浓度的配制方法的公式计算，也可以通过查表配制（附表 1-3）。

附表 1-3　常用盐溶液的配制方法

名　称	相对分子质量	配制方法
$CaCl_2 \cdot 6H_2O$，0.25mol/L	219.07	取 54.8g 盐溶于少量蒸馏水中，加蒸馏水至 1000mL
$CuSO_4 \cdot 5H_2O$，0.02%	249.67	取 0.2g 盐溶于少量蒸馏水中，加蒸馏水至 1000mL
$K_2Cr_2O_7$，0.5mol/L	294.20	取 73.5g 盐溶于少量蒸馏水中，加蒸馏水至 1000mL
$K_3Fe(CN)_6$，1mol/L	329.26	取 109.75g 盐溶于少量蒸馏水中，加蒸馏水至 1000mL
$KMnO_4$，0.01mol/L	158.04	取 1.58g 盐溶于少量蒸馏水中，加蒸馏水至 1000mL
$NaAc \cdot 3H_2O$，3mol/L	136.08	取 408.24g 盐溶于少量蒸馏水中，加蒸馏水至 1000mL
Na_2CO_3，3mol/L	105.99	取 159g 盐溶于少量蒸馏水中，加蒸馏水至 1000mL
$Na_2HPO_4 \cdot 12H_2O$，0.5mol/L	358.14	取 59.69g 盐溶于少量蒸馏水中，加蒸馏水至 1000mL
饱和 $NaCO_3$	105.99	取 220g 盐溶于少量蒸馏水中，加蒸馏水至 1000mL

Ⅳ　常用蛋白质相对分子质量标准参照物（附表 1-4）

附表 1-4　常用蛋白质相对分子质量标准参照物

高相对分子质量标准参照		中相对分子质量标准参照		低相对分子质量标准参照	
蛋白质	M_r	蛋白质	M_r	蛋白质	M_r
肌球蛋白	212 000	磷酸化酶 B	97 400	碳酸酐酶	31 000
β-半乳糖苷酶	116 000	牛血清蛋白	66 200	大豆胰蛋白酶抑制剂	21 500
磷酸化酶 B	97 400	谷氨酸脱氢酶	55 000	马心肌球蛋白	16 900
牛血清蛋白	66 200	卵清蛋白	42 700	溶菌酶	14 400
过氧化氢酶	57 000	醛缩酶	40 000	肌球蛋白（F1）	8 100
醛缩酶	40 000	碳酸酐酶	31 000	肌球蛋白（F2）	6 200
		大豆胰蛋白酶抑制剂	21 500	肌球蛋白（F3）	2 500
		溶菌酶	14 400		

Ⅴ　化学试剂的级别与用途（附表 1-5）

附表 1-5　化学试剂的规格

级 别	名 称	代 号	标签颜色	用 途
一级试剂	保证试剂（优质纯）	G. R.	绿色	杂质含量最低，纯度最高，适用于很精密的科学研究和分析工作
二级试剂	分析试剂（分析纯）	A. R.	红色	杂质含量低，纯度高，适用于精确的科学研究和分析工作
三级试剂	化学纯粹试剂（化学纯）	C. P.	蓝色	质量略低于二级试剂，适用于一般的分析实验
四级试剂	实验试剂	L. R.	棕色、黄色或其他颜色	纯度较低，但高于工业用试剂，适用于一般定性实验
生物试剂	生物试剂	B. R. 或 C. R.		根据说明使用

附录2

细菌培养基的配制

1. 营养肉汤培养基（NA培养基）

牛肉膏 3.0g、蛋白胨 5.0g、NaCl 5.0g、蒸馏水 1000mL，pH 7.0。

2. 淀粉培养基

蛋白胨 10.0g、NaCl 5.0g、牛肉膏 5.0g、可溶性淀粉 2.0g、蒸馏水1000mL，pH7.0。

3. CB培养基

蛋白胨 10.0g、牛肉膏 10.0g、NaCl 5.0g、蒸馏水 1000mL，pH 7.0～7.2。

4. LB培养基

胰蛋白胨 10.0g、酵母膏 5.0g、NaCl 10.0g、蒸馏水 1 000mL，pH7.0。

5. SOB培养基

胰蛋白胨 20.0g、酵母膏 5.0g、NaCl 5.0g、KCl（250mmol/L）10mL、$MgCl_2$（2mmol/L）5mL、蒸馏水 1 000mL，pH7.0。

6. SOC培养基

SOB＋葡萄糖（终浓度 20mmol/L）。

7. YT培养基

胰蛋白胨 8.0 g、酵母膏 5.0 g、NaCl 5.0g、蒸馏水 1000mL，pH7.0。

8. EMB培养基

蛋白胨 10.0g、酵母膏 1.0g、NaCl 5.0g、KH_2PO_4 2.0g、蒸馏水1000mL,pH7.2。

灭菌后加入：伊红（4%）10mL、美兰（0.65%）10mL、乳糖（20%）50mL。

9. 完全培养基（CM）

葡萄糖 20g、酵母膏 10g、蛋白胨 10g、蒸馏水 1000mL，pH6.0。

10. 基本培养基（MM）

K_2HPO_4 10.0g、KH_2PO_4 4.5g、$(NH_4)_2SO_4$ 1.0g、柠檬酸钠・$2H_2O$ 0.5g，pH7.0。

灭菌后加入：糖（20%）10mL、维生素 B_1（硫胺素）（1%）0.5mL、$MgSO_4 \cdot H_2O$（20%）1.0mL。

需要时补加：氨基酸（10mg/mL）4mL，终浓度为 40μg/mL；碱基（10mg/mL）4mL，终浓度为 40μg/mL；生物素（10mg/mL）0.5mL，终浓度为 5μg/mL；链霉素（50mg/mL）4mL，终浓度为 200μg/mL；利福平（25mg/mL）4mL，终浓度为 100μg/mL；四环素（5mg/mL）4mL，终浓度为 20μg/mL；卡那霉素（5mg/mL）4mL，终浓度为 20μg/mL；氨苄青霉素（50mg/mL）0.5～1mL，终浓度为 25～50μg/mL。

11. NCE培养基（50 ×）

KH_2PO_4 197.0g、$K_2HPO_4 \cdot H_2O$ 325.1g、$Na(NH_4)HPO_4 \cdot H_2O$ 175.0g、蒸馏水

925mL，pH 自然值。

12. NCE·甘露糖培养基

甘露糖浓度为 0.5%，补加四环素终浓度为 10μg/mL。

13. 高渗基本培养基（HMM）

基本培养基＋甘露醇（终浓度为 0.8mol/L）。

14. 高渗完全培养基（HCM）

完全培养基＋甘露醇（终浓度为 0.8mol/L）。

附录3

粗糙链孢霉菌培养基的配制

1. 基本培养基

柠檬酸钠（$Na_3C_6H_5O_7 \cdot 2H_2O$）	3.0g
KH_2PO_4	5.0g
NH_4NO_3	2.0g
$MgSO_4 \cdot 7H_2O$	0.2g
$CaCl_2 \cdot 2H_2O$	0.1g
微量元素溶液	1.0mL
生物素溶液（10μg/mL）	1.0mL
蔗糖	20.0g
琼脂	15.0g

加蒸馏水至1000mL。

2. 杂交培养基

KNO_3	1.0g
KH_2PO_4	1.0g
$MgSO_4 \cdot 7H_2O$	0.5g
NaCl	0.1g
$CaCl_2 \cdot 2H_2O$	0.1g
微量元素溶液（见3）	1.0mL
生物素溶液（10μg/mL）	1.0mL
蔗糖	20.0g
琼脂	15.0g

加蒸馏水至1000mL。

3. 微量元素溶液（基本培养基和杂交培养基用）

柠檬酸·H_2O	500mg
$ZnSO_4 \cdot 7H_2O$	500mg
$Fe(NH_4)_2(SO_4)_2 \cdot 6H_2O$	100mg
$CuSO_4 \cdot 5H_2O$	25mg
$MnSO_4 \cdot 4H_2O$	5mg
H_3BO_3	5mg
$Na_2MoO_4 \cdot 2H_2O$	5mg

加蒸馏水至1000mL。

4. 补充培养基

在基本培养基上补加一种或多种生长物质，如氨基酸、核酸碱基、维生素等。氨基酸用量一般是100mL基本培养基中加5～10mg。

本实验所用补充培养基只要在基本培养基中加适量的赖氨酸，赖氨酸缺陷菌株就能生长。

5. 完全培养基

基本培养基	1000mL
酵母膏	5g
麦芽汁（可省）	5g
酶解酪素	1g
维生素混合液（按下述配方配置）	10mL
硫胺素	10mg
核黄素	5mg
吡哆醇	5mg
泛酸钙	50mg
对一氨基苯甲酸	5mg
菸酰胺	5mg
胆碱	100mg
肌醇	100mg
叶酸	1mg
蒸馏水	1000mL
蔗糖	20g

加2%琼脂，即为固体完全培养基。

6. 马铃薯培养基

将马铃薯洗净去皮，切碎，取200g，加水1000mL，煮熟，然后用纱布过滤，弃去残渣，滤下的汁加2%琼脂，20g蔗糖，煮融，分装到试管中。也可将马铃薯切成黄豆大小碎块，每支试管放4～5块，再加入融化好的琼脂、蔗糖。上述培养基分装试管后，55.2kPa灭菌30min，取出摆成斜面，可代替完全培养基使用。

7. 玉米杂交培养基

把玉米浸泡软化，稍压破，每管3～4粒，加少量琼脂（约0.1g），加少量水把玉米粒和琼脂刚好浸没，在把一滤纸（3cm×4cm）折成屏风状插入试管，塞上棉塞，高压消毒即成，此配方不需摆斜面。

附录4 几种常用的植物组织培养基配方

1. Ms 培养基配方

成分	浓度/(mg/L)	成分	浓度/(mg/L)	成分	浓度/(mg/L)
NH_4NO_3	1650	$MnSO_4 \cdot 4H_2O$	22.3	肌醇	100
KNO_3	1900	$ZnSO_4 \cdot 7H_2O$	8.6	烟酸	0.5
$CaCl_2 \cdot 2H_2O$	440	$Na_2MoO_4 \cdot 2H_2O$	0.25	盐酸硫胺素	0.1
$MgSO_4 \cdot 7H_2O$	370	$CuSO_4 \cdot 5H_2O$	0.025	盐酸吡哆醇	0.5
KH_2PO_4	170	$CoCl_2 \cdot 6H_2O$	0.025	甘氨酸	2.0
KI	0.83	铁盐：$FeSO_4 \cdot 7H_2O$ Na_2-EDTA	37.3 27.8		
H_3BO_3	6.2				

2. B_5 培养基

成分	浓度/(mg/L)	成分	浓度/(mg/L)	成分	浓度/(mg/L)
$(NH_4)_2SO_4$	134	$MnSO_4 \cdot 4H_2O$	10	盐酸硫胺素	10.0
KNO_3	2500	$ZnSO_4 \cdot 7H_2O$	2.0	盐酸吡哆醇	1.0
$CaCl_2 \cdot 2H_2O$	150	$Na_2MoO_4 \cdot 2H_2O$	0.25	烟酸	1.0
$MgSO_4 \cdot 7H_2O$	250	$CuSO_4 \cdot 5H_2O$	0.025		
$NaHPO_4 \cdot H_2O$	150	$CoCl_2 \cdot 6H_2O$	0.025		
KI	0.75	铁盐：$Fe_2SO_4 \cdot 7H_2O$ Na_2-EDTA	37.3 27.8		
H_3BO_3	3.0	肌醇	100		

3. N_6 培养基配方

成 分	浓度 /(mg/L)	成 分	浓度 /(mg/L)
$(NH_4)_2SO_4$	463	KI	0.8
KNO_3	2830	H_3BO_3	1.6
$CaCl_2 \cdot 2H_2O$	166	$MnSO_4 \cdot 4H_2O$	4.4
$MgSO_4 \cdot 7H_2O$	185	$ZnSO_4 \cdot 7H_2O$	1.5
KH_2PO_4	400	铁盐：$FeSO_4 \cdot 7H_2O$ Na_2-EDTA	37.3 27.8

4. Kao 原生质体培养基配方（pH5.6）

成 分	浓度 /(mg/L)	成 分	浓度 /(mg/L)	成 分	浓度 /(mg/L)
NH_4NO_3	600	$CuSO_4 \cdot 5H_2O$	0.025	氯化胆碱	1.0
KNO_3	1 900	$CoCl_2 \cdot 6H_2O$	0.025	维生素 B_2	0.2
$CaCl_2 \cdot 2H_2O$	600	$FeSO_4 \cdot 7H_2O$	28	维生素 C	2.0
$MgSO_4 \cdot 7H_2O$	300	肌醇	100	维生素 A	0.01
KH_2PO_4	170	烟酰胺	1.0	维生素 D_3	0.01
KCl	300	维生素 B_6	1.0	维生素 B_{12}	0.02
KI	0.75	维生素 B_1	1.0	2，4-D	0.2
H_3BO_3	3.0	泛酸钙	1.0	玉米素	0.5
$MnSO_4 \cdot H_2O$	10.0	叶酸	0.1	萘乙酸	1.0
$ZnSO_4 \cdot 7H_2O$	2.0	氨基苯甲酸	0.02	蔗糖	250
$Na_2MoO_4 \cdot 2H_2O$	0.25	生长素	0.01	葡萄糖	68 400

5. MSB 培养基配方

MS 培养基的无机成分与 B5 培养基的有机成分的混合物，pH5.8。

6. 1/2MS 培养基配方

MS 培养基的大量元素含量减半，其他成分的含量不变，pH5.8。

7. 根癌农杆菌 EHA105 介导的水稻转化培养基配方

成分	诱导培养基（N6D）/(mg/L)	共培养培养基（2N6-AS）/(mg/L)	AAM 培养基 /(mg/L)	分化培养基（RE-Ⅲ）/(mg/L)	生根培养基（HF）/(mg/L)	改良的 Hoagland 培养液/(mg/L)
大量成分						
KNO_3	2 830	2 830		1 900	1 900	506
$Ca(NO_3)_2 \cdot 4H_2O$						945
NH_4NO_3				1 650	1 650	80

续表

成分	诱导培养基（N6D）/(mg/L)	共培养培养基（2N6-AS）/(mg/L)	AAM 培养基 /(mg/L)	分化培养基（RE-Ⅲ）/(mg/L)	生根培养基（HF）/(mg/L)	改良的 Hoagland 培养液/(mg/L)
大量成分						
$(NH_4)_2SO_4$	463	463				
$MgSO_4 \cdot 7H_2O$	185	185	250	370	370	493
$CaCl_2 \cdot 2H_2O$	166	166	150	440	440	
$NaH_2PO_4 \cdot 2H_2O$			150			
KH_2PO_4	400	400		170	170	136
KCl			3 000			
微量成分						
Na_2EDTA	37.3	37.3		37.3	37.3	37.3
$FeSO_4 \cdot 7H_2O$	27.8	27.8		27.8	27.8	27.8
Fe-EDTA			40			
$MnSO_4 \cdot 4H_2O$ ($MnSO_4 \cdot 4\text{-}6H_2O$)	4.4	4.4	10[a]	22.3	22.3	22.3
$ZnSO_4 \cdot 7H_2O$	1.5	1.5	2.0	8.6	8.6	8.6
$CuSO_4 \cdot 5H_2O$			0.025	0.025	0.025	0.025
$CoCl_2 \cdot 6H_2O$			0.025	0.025	0.025	0.025
KI	0.8	0.8	0.75	0.83	0.83	0.83
H_3BO_3	1.6	1.6	3.0	6.2	6.2	6.2
$Na_2MoO_4 \cdot 2H_2O$			0.25	0.25	0.25	0.25
有机成分						
酸水解干酪素	300	300	500	2 000		
甘氨酸	2.0	2.0	7.5	2.0	2.0	
L-精氨酸			176.7			
L-脯氨酸	2 878					
L-谷氨酰胺			900			
L-天冬氨酸			300			
肌醇	100	100	100	100	100	
烟酸	0.5	0.5	1.0	0.5	0.5	
吡哆醇	0.5	0.5	1.0	0.5	0.5	
硫胺素	1.0	1.0	10	0.1	0.1	
植物激素						
2，4-D（2，4-二氯苯氧基乙酸）	2.0	2.0				

续表

成分	诱导培养基（N6D）/(mg/L)	共培养培养基（2N6-AS）/(mg/L)	AAM培养基/(mg/L)	分化培养基（RE-Ⅲ）/(mg/L)	生根培养基（HF）/(mg/L)	改良的Hoagland培养液/(mg/L)
植物激素						
1-萘乙酸				0.02		
6-呋喃氨基嘌呤				2.0		
乙酰丁香酮（3′,5′-二甲氧基-4′-对羟基苯乙酮）		20	20			
碳源						
蔗糖	30 000	30 000	68 500	30 000	30 000	
山梨醇				30 000		
葡萄糖		10 000	36 000			
pH	5.8	5.2	5.2	5.8	5.8	6.0

a. $MnSO_4 \cdot 4\text{-}6H_2O$。

附录5

常用染色液和试剂的配制

Ⅰ 常用染色液的配制

1. 醋酸洋红染色液

将100mL 45%醋酸加热煮沸，移去火源，然后缓缓加入1g洋红粉末，并不断搅动使其溶解，在此过程中要特别注意防止溅沸。待完全溶解后，重新置火上加热煮沸1～2min，此时用一根细线悬一枚生锈的小铁钉浸入染色液中，约1min后取出。铁为媒染物，染色液中含有微量铁离子可明显增强洋红的染色能力。配制完毕，在室温下静置约12h后过滤，滤液放入棕色瓶中盖紧贮存，并避免阳光直射。

2. 醋酸地衣红染色液

取冰醋酸45mL，加热到近于沸腾，徐徐加入地衣红。用玻璃棒搅动，微热至染料完全溶解，冷却后加入蒸馏水55mL。振荡，过滤。

3. 苯酚（石炭酸）品红，又称卡宝品红（Carbolfuchsin）

（1）配方一，苯酚品红染色液

原液A：称取3g碱性品红溶于100mL 70%乙醇中（此液可于4℃冰箱中长期保存）。

原液B：取10mL原液A，加入90mL 5%的石炭酸（苯酚）水溶液中（2周内使用）。

染色液：取45mL原液B加6mL冰醋酸和6mL 37%的甲醛，此为苯酚品红染色液。

此染液适合于植物细胞原生质体培养中的细胞核和核分裂染色，这是因为此染液中含有较多的甲醛，可以使原生质体硬化而保持其固有的圆球状的完整形态。但也正是因为它含有较多的甲醛，不能使组织软化，所以不太适合于植物组织的染色体压片染色。在此基础上加以改进的配方二，则为改良苯酚品红，此染色液可以普遍用于一般植物组织的染色体压片的染色，效果很好。

（2）配方二，改良苯酚品红

取配苯酚品红染色液10mL，加90～98mL 45%醋酸和1.8g山梨醇（注意山梨醇如果多了，会呈现结晶，影响制片效果），即为改良苯酚品红。此染色液配制后为淡品红色，如果立即使用，染色较淡，若放置2周后，染色能力显著增强，而且放置时间越久，染色效果越好。此染色液在室温下存放，2年内染色性能保持稳定，无沉淀，也不褪色。

4. 铁明矾媒染色液

用蒸馏水配制成4%的铁明矾水溶液，过滤后备用。因放置一定时间后易发生混浊，故不宜大量配制，以随使用随配制为宜。

5. 苏木精染色液

将苏木精0.5g放入95%乙醇10mL中令其溶解，再加入蒸馏水90mL。此液须经1～

2个月成熟。瓶口盖以纱布数层或塞一棉塞以保持通气。临用时过滤。此液可以直接应或用蒸馏水稀释1倍后使用，可反复使用数次（每次均需过滤）。若不能预先配成，在配时可加碘酸钠使其氧化成熟。苏木精0.5g需加碘酸钠0.1g，溶解后即可使用。

6. 希夫（Schiff）染色液

取碱性品红1g，放入200mL煮沸的蒸馏水中，用玻璃棒搅拌其充分溶解。冷至50℃时过滤，加入1mol/L盐酸20mL于溶液内，冷却到20～25℃，加入偏重亚硫酸钠（钾）$Na_2S_2O_5$（或无水亚硫酸氢钠$NaHSO_3$）1～2g，封闭瓶口，置于暗处12～24h，液体应成淡黄色或无色，若颜色过深可加适量活性炭，过滤后贮于暗处。

7. Giemsa染色液

配方：

Giemsa粉	0.5g
甘油	33mL
甲醇	33mL

先将少量甘油加入研钵中，取0.5g Giemsa粉末在研钵上充分研细，再倒入剩余甘油，并在56℃温箱中保温2h，然后再加入33mL甲醇，充分搅拌，用滤纸过滤，于棕色细口瓶中保存，作为原液。用时以磷酸缓冲液稀释。此原液经过数月贮藏的要比新配制的着色好。

8. 台盼蓝染色液

取台盼蓝2g置研钵中，加入几滴三蒸水研细，溶于100mL三蒸水中，活细胞染色后是圆形白色透明的，死细胞呈深蓝色。

9. 瑞特氏（Wright）染色液

取0.1g Wright染色粉，甲醇60mL 。先在研钵中用少量甲醇研磨，直到染料完全溶解，倒入棕色瓶，在室温保存7d后即可使用。新配制染液偏碱性，放置后可呈酸性，保持时间越久，染色力越佳。瓶盖塞紧，否则甲醇可氧化而产生甲酸，如果久存染液的染色结果变坏时，首先应考虑由于甲酸所致。染液中切忌混入水滴，因产生沉淀，影响染色作用。

10. 龙胆紫染色液（AGV）

将30mL的冰醋酸加热至40℃，放入龙胆紫0.75g，溶解后加入蒸馏水70mL，过滤后备用。

11. 芥子喹吖因染色液

将35.3mL 0.1mol/L柠檬酸加到164.7mL 0.2mol/L磷酸氢二钠的蒸馏水溶液中，制成总量为200mL的缓冲液，调节pH至7.0；将一份芥子喹吖因水溶液加入缓冲液中，使最终浓度为50μg/mL。

12. 硫堇染色液

（1）硫堇原液：1g硫堇溶解在100mL的50％乙醇中。

（2）Michaelis缓冲液：9.7g乙酸钠（$CH_3COONa \cdot 3H_2O$），14.7g巴比妥钠溶于500mL煮沸后的蒸馏水中。

（3）28mL的缓冲液和32mL的0.1mol/L HCl，再加硫堇原液至100mL，pH5.7±0.2。

13. Macllvaine缓冲液

A液：0.1mol/L柠檬酸溶液。柠檬酸（$C_6H_5O_7 \cdot H_2O$）21g，蒸馏水1000mL溶解。

B液：0.2mol/L磷酸氢二钠溶液。磷酸氢二钠（$Na_2HPO_4 \cdot 12H_2O$）71.6g，蒸馏水1000mL溶解。

pH=6 的缓冲液：A 液 3.7mL，B 液 126.3mL 混合（以 200mL 计）。

14. 2×SSC 溶液（0.3mol/L NaCl=0.03mol/L 柠檬酸钠）

称取 NaCl 17.53g 和柠檬酸钠 8.8233g 置于容量瓶中，加水至 1000mL。

15. 乳酸-醋酸-地衣红染色液

用 70%的乳酸稀释醋酸-地衣红，比例 1∶1，过滤后使用。

16. 甲基绿染色液

将 0.11g 甲基绿溶解于 25mL 0.1mol/L 磷酸缓冲液中，调至 pH 为 6.8，即为贮存液。取 2mL 贮存液加到 50mL 的磷酸缓冲液（0.1mol/L）中，调至 pH 为 6.8，即为工作液。

Ⅱ　实验室常用试剂的配制

1. Carnoy 固定液

无水乙醇 3 份，冰醋酸 1 份，二者混合。也可以无水乙醇 6 份，二氯甲烷 3 份，冰醋酸 1 份，三者混合。

2. 醋酸甲醇固定液

冰醋酸 1 份，甲醇 3 份，二者混合。

3. Carnoy-Lebrum 固定液

冰醋酸 3 份。三氟甲烷 1 份、加氯化汞至饱和为止。

4. FAA 固定液

50%乙醇 90mL，冰醋酸 5mL，甲醛 5mL。所有的固定液都应现配现用。

5. 盐酸离析液（1mol/L HCl）

取浓盐酸（相对密度 1.19）82.5mL，用蒸馏水定容至 1000mL。

6. 盐酸乙醇解离液

95%乙醇 1 份，浓盐酸 1 份，二者混合。

7. 1%酶液

果胶酶 1g，纤维素酶 1g，蒸馏水或缓冲液 98mL。

8. 0.1%秋水仙碱溶液

秋水仙碱 0.1g，蒸馏水 100mL，待完全溶解后将棕色瓶再用黑纸包装起来，4℃冰箱中保存备用。

9. 0.002mol/L 8-羟基喹啉溶液

8-羟基喹啉 0.29g，蒸馏水 100mL。

10. 漂洗液

10%偏重亚硫酸钠 5mL，1mol/L HCl 5mL，蒸馏水 90mL。

11. 低渗液（0.075mol/L KCl）

氯化钾 5.6g。蒸馏水 1000mL。

12. 等渗液

柠檬酸钠 2.2g 蒸馏水 100mL。

13. 0.25%胰蛋白酶溶液

胰蛋白酶 2.5g，用 0.85%NaCl 定容至 1000mL。

14. 生理盐水

0.85%～0.9% NaCl，适用于哺乳动物；0.75% NaCl 适用于鸟类和无脊椎动物；

0.64%NaCl 适用于两栖类；0.6%～0.8%NaCl 适用于昆虫类。

15. 洗涤液

(1) 常用洗涤液：重铬酸钾 100g，浓硫酸 100mL，水 1000mL。先将重铬酸钾溶于水中，然后慢慢加入浓硫酸，徐徐搅拌以使其不发热，若容器发热，温度很高时，可以停止加浓硫酸，待降温后再继续加入，配好后盛于密闭的玻璃容器中备用。

(2) 细胞培养常用洗涤液（附表 5-1）：

附表 5-1　洗涤液配制配方

	弱 液	次强液	强 液
重铬酸钾/g	100	120	63
浓硫酸/mL	100	200	1000
蒸馏水/mL	1000	1000	200

16. 100×Denhardt 溶液

水溶液聚蔗糖（Ficoll）	10g
聚乙烯吡咯烷酮（PVP）	10g
牛血清白蛋白（BSA）	10g

加水定容至 500mL，灭菌后分装，−20℃备用。

17. 预杂交液（用于原位杂交）

6×SSC	3mL 20×SSC
5×Denhardt	10mL 50×Denhardt
T-DNA	1mL 10mg/mL T-DNA 溶液
0.1%SDS	1mL 10%SDS
10mmol/L Tris-HCl	1mL 1mol/L Tris-HCl，pH7.4

加水定容至 100mL。

18. 杂交液（用于原位杂交）

6×SSC	3mL 20×SSC
5×Denhardt	1mL 50×Denhardt
0.5%SDS	0.05mol 10%SDS
^{32}P 标记探针	50μL

加水定容至 10mL。

19. 预杂交液（用于 Southern blot）

20×SSPE	2.5mL
100%去离子甲酰胺	5.0mL
100×Denhardt	0.5mL
10mg/mL ssDNA	1.0mL
10%甘氨酸	1.0mL

20. 杂交液（用于 Southern blot）

20×SSPE	2.5mL
100%去离子甲酰胺	5.0mL

100×Denhardt	0.2mL
10%SDS	0.3mL
50%硫酸葡聚糖钠	2.0mL

21. CPW 溶液

$CaCl_2 \cdot 2H_2O$	1480.0mg
KH_2PO_4	27.2mg
KNO_3	101.0mg
$MgSO_4 \cdot 7H_2O$	246mg
$CuSO_4 \cdot 5H_2O$	0.025mg
KI	0.16g

加水定容至1000mL，pH5.8。

22. T-DNA 溶液

100mg小牛胸腺DNA溶于10mL水中，用带针头的注射器反复抽吸，沸水浴10min，冰浴速冷后，置于−20℃中备用，用前沸水浴10min，冰浴速冷。

Ⅲ 组织和细胞培养常用溶液的配制

（一）平衡盐溶液

平衡盐溶液可区分为两类，用空气平衡或用含5%高CO_2的气体平衡。

1. Hank 平衡盐溶液（g/L）（1949年）

NaCl	8.00
KCl	0.40
$CaCl_2$（无水）	0.14
$MgSO_4 \cdot 7H_2O$	0.20
$Na_2HPO_4 \cdot 2H_2O$	0.06
KH_2PO_4	0.06
葡萄糖	1.00
$NaHCO_3$	0.35
酚红	0.20

2. Earle 平衡盐溶液（g/L）（1943年）

NaCl	6.80
KCl	0.40
$CaCl_2$（无水）	0.02
$MgSO_4 \cdot 7H_2O$	0.20
$NaH_2PO_4 \cdot H_2O$	0.14
葡萄糖	1.00
$NaHCO_3$	2.20
酚红	0.02

平衡盐溶液的配制主要是防止磷酸钙沉淀，为了防止沉淀的产生，可采用两个主要措施。将$CaCl_2$单独溶解，不加$NaHCO_3$。一方面因为在高压灭菌时$NaHCO_3$会分解为NaOH，在使用时必需要用无菌CO_2气体进行恢复和调节；另一方面当固体的$NaHCO_3$加

入已溶解的其他成分时，会使溶液造成局部偏碱的环境，致使磷酸钙沉析出来。

平衡盐溶液的配制有各种方法，据我们的经验采用下述方法是比较简便的。

(1) 将 $CaCl_2$ 溶解在 100mL 培养用纯化水中。

(2) 将其他成分逐一溶解在 750mL 纯化水中（$NaHCO_3$ 除外，要待前一药品溶解后再加入下一药品，必要时可稍加热）。

(3) 用数滴 7.4%$NaHCO_3$ 溶解酚红（或用 Na_2HPO_4 溶液溶解酚红）。

(4) 将 (1) 缓慢地倒入 (2) 中，加入 (3) 后，补蒸馏水至 1000mL，充分振荡后滤纸过滤，棉纱塞包装，用 55.2kPa 高压灭菌 30min，补充水量，换上橡皮塞，包装后置于 4℃冰箱保存。

(5) 另配 7.4%$NaHCO_3$ 溶液，G_6 玻璃除菌滤器除菌过滤，分装备用。使用时用 $NaHCO_3$ 调节 pH 7.2～7.4。

3. 0.01mol/L 磷酸缓冲液（PBC）

A. 0.2mol/L 磷酸氢二钠

$Na_2HPO_4 \cdot 2H_2O$	35.61g
或 $Na_2HPO_4 \cdot 7H_2O$	53.65g
或 $Na_2HPO_4 \cdot 12H_2O$	71.64g

加蒸馏水至 1000mL。

B. 0.2mol/L 磷酸二氢钠

$NaH_2PO_4 \cdot H_2O$	27.6g
或 $NaH_2PO_4 \cdot 2H_2O$	31.21g

加蒸馏水至 1000mL。

30.5mL (A) ＋19.5mL (B) 加水至 100mL 即成 0.01mol/L PBS（pH 6.8～7.0）。

（二）消化液

主要用于分离组织和分散细胞，常用的有胰蛋白酶和 EDTA 两种溶液。

1. 胰蛋白酶（Trypsin）溶液

胰蛋白酶是白色或淡黄色粉末，低温干燥保存。主要作用是使细胞间的蛋白质水解，使细胞离散。胰蛋白酶的活性，是用其消化酪蛋白的能力进行测定，常用 1∶250（或 1∶500）等表示方法，即 1 份胰蛋白酶可以消化 250 份（或 500 份）酪蛋白。胰蛋白酶对细胞的分离作用与细胞的类型和细胞的性质有密切关系。不同的细胞株对胰蛋白酶溶液的浓度、温度和作用时间等的要求也不一样。

一般实验量都使用无钙镁离子的平衡盐溶液（cMF）配制胰蛋白酶溶液，即

NaCl	8.00g
KCl	0.20g
KH_2PO_4	0.02g
Na_2HPO_4	0.073g
葡萄糖	2.00g
酚红	0.02g

溶于 1000mL 水中。

染色体的 G 带核型实验中胰蛋白酶用生理盐水配制。

2. EDTA 溶液

又称 Versene，一般用其钠盐，因它的可溶性较好。有些组织需要 Ca^{2+}、Mg^{2+} 来保持其完整性，用 EDTA 来排除这些离子，可使细胞之间裂解，达到分散细胞的目的。它的作用比 Trypsin 缓和。使用的浓度为 0.02%，用 CMF（无 Ca^{2+}、Mg^{2+}）液配制。实验室内常用 Trypsin 和 EDTA 联合使用。提高消化效率，并减少死细胞数，而且细胞分散情况有很大的改善。EDTA 不被血清抑制，所以必须彻底清洗，否则细胞脱落。EDTA 对成纤维细胞作用很差。

（三）抗生素液

青、链霉素（双抗）：取青霉素 100 万单位，链霉素 100 万 μg，溶于 100mL 灭菌的 Hank 液中，浓度为每毫升含青霉素 1 万单位和链霉素 1 万 μg。使用浓度为 100mL 培养基内加 1mL，则培养基内的最终浓度为每毫升含 100 单位青霉素和 100μg 链霉素。

（四）肝素抗凝集

有两种用法：

1. 肝素注射液 1 支（12 500 单位），溶于 25mL 生理盐水，即成每毫升 500 单位使用液。使用最终浓度为每毫升营养液含 12～20 单位。

2. 称量 0.2g 肝素，溶于 100mL 生理盐水中，55.2kPa 15min 高压灭菌，使用时每毫升营养液内加 0.01～0.02mL。

附录6

常用缓冲溶液的配制方法

由一定物质组成的溶液，在加入一定量的酸碱时，其氢离子浓度改变甚微或几乎不变，此种溶液称为缓冲溶液，溶液内所含物质称为缓冲剂。缓冲剂的组成，多为弱酸以及这种弱酸与强碱所组成的盐，或弱碱及这种弱碱与强酸所组成的盐。调节二者的比例可以配成各种pH的缓冲液。常用的缓冲液及其配置方法如下。

1. 甘氨酸-盐酸缓冲液（0.05mol/L）

xmL 0.2mol/L 甘氨酸＋ymL 0.2mol/L HCl，加水稀释至200mL。

pH	x/mL	y/mL	pH	x/mL	y/mL
2.2	50	44.0	3.0	50	11.4
2.4	50	32.4	3.2	50	8.2
2.6	50	24.2	3.4	50	6.4
2.8	50	16.8	3.6	50	5.0

注：甘氨酸，M_r=75.07，0.2mol/L 甘氨酸溶液含15.01g/L。

2. 邻苯二甲酸氢钾-盐酸缓冲液（0.05mol/L，20℃）

xmL 0.2mol/L 邻苯二甲酸氢钾＋ymL 0.2mol/L HCl，加水稀释至20mL。

pH	x/mL	y/mL	pH	x/mL	y/mL
2.2	5	4.670	3.2	5	1.470
2.4	5	3.960	3.4	5	0.990
2.6	5	3.295	3.6	5	0.597
2.8	5	2.462	3.8	5	0.263
3.0	5	2.032			

注：邻苯二甲酸氢钾，M_r=204.23，0.2mol/L 邻苯二甲酸氢钾溶液含40.85g/L。

3. 甘氨酸-氢氧化钠缓冲液（0.05mol/L）

xmL 0.2mol/L 甘氨酸＋ymL 0.2mol/L NaOH，加水稀释至200mL。

pH	x/mL	y/mL	pH	x/mL	y/mL
8.6	50	4.0	9.6	50	22.4
8.8	50	6.0	9.8	50	27.2
9.0	50	8.8	10.0	50	32.0
9.2	50	12.0	10.4	50	38.6
9.4	50	16.8	10.6	50	45.5

注：甘氨酸，M_r=75.07，0.2mol/L 甘氨酸溶液含15.01g/L。

4. 磷酸氢二钠-柠檬酸缓冲液

pH	0.2mol/L Na_2HPO_4/mL	0.1mol/L 柠檬酸/mL	pH	0.2mol/L Na_2HPO_4/mL	0.1mol/L 柠檬酸/mL
2.2	0.40	19.60	5.2	10.72	9.28
2.4	1.24	18.76	5.4	11.15	8.85
2.6	2.18	17.82	5.6	11.60	8.40
2.8	3.17	16.83	5.8	12.09	7.91
3.0	4.11	15.89	6.0	12.63	7.37
3.2	4.94	15.06	6.2	13.22	6.78
3.4	5.70	14.30	6.4	13.85	6.15
3.6	6.44	13.56	6.6	14.55	5.45
3.8	7.10	12.90	6.8	15.45	4.55
4.0	7.71	12.29	7.0	16.47	3.53
4.2	8.28	11.72	7.2	17.39	2.61
4.4	8.82	11.18	7.4	18.17	1.83
4.6	9.35	10.65	7.6	18.73	1.27
4.8	9.86	10.14	7.8	19.15	0.85
5.0	10.30	9.70	8.0	19.45	0.55

注：Na_2HPO_4，M_r=141.98，0.2mol/L 溶液含 28.40g/L；
$Na_2HPO_4 \cdot 2H_2O$，M_r=178.05，0.2mol/L 溶液含 35.61g/L；
柠檬酸 $C_6H_8O_7 \cdot H_2O$，M_r=210.14，0.1mol/L 溶液含 21.01g/L。

5. 柠檬酸-柠檬酸钠缓冲液（0.1mol/L）

pH	0.1mol/L 柠檬酸/mL	0.1mol/L 柠檬酸钠/mL	pH	0.1mol/L 柠檬酸/mL	0.1mol/L 柠檬酸钠/mL
3.0	18.6	1.4	5.0	8.2	11.8
3.2	17.2	2.8	5.2	7.3	12.7
3.4	16	4.0	5.4	6.4	13.6
3.6	14.9	5.1	5.6	5.5	14.5
3.8	14.0	6.0	5.8	4.7	15.3
4.0	13.1	6.9	6.0	3.8	16.2
4.2	12.3	7.7	6.2	2.8	17.2
4.4	11.4	8.6	6.4	2.0	18.0
4.6	10.3	9.7	6.6	1.4	18.6
4.8	9.2	10.8			

注：柠檬酸 $C_6H_8O_7 \cdot H_2O$，M_r=210.14，0.1mol/L 溶液含 21.01g/L。
柠檬酸钠 $Na_3C_6H_5O_7 \cdot 2H_2O$，$M_r$=294.12，0.1mol/L 溶液含 29.41g/L。

6. 柠檬酸-氢氧化钠-盐酸缓冲液

pH	Na^+浓度 /(mol/L)	柠檬酸 ($C_6H_6O_7 \cdot H_2O$)/g	氢氧化钠 (NaOH) (97%)/g	盐酸 (HCl) /mL	最终体积* /L
2.2	0.20	210	84	160	10
3.1	0.20	210	83	116	10
3.3	0.20	210	83	106	10
4.3	0.20	210	83	45	10
5.3	0.35	245	144	68	10
5.8	0.45	285	186	105	10
6.5	0.38	266	156	126	10

*使用时可每升中加入1g酚，若最后pH有变化，再用少量50%氢氧化钠溶液或浓盐酸调节，置冰箱中保存。

7. 乙酸（醋酸）-乙酸钠缓冲液（0.2mol/L，18℃）

pH	0.2mol/L NaAc/mL	0.2mol/L HAc/mL	pH	0.2mol/L NaAc/mL	0.2mol/L HAc/mL
3.6	0.75	9.25	4.8	5.90	4.10
3.8	1.20	8.80	5.0	7.00	3.00
4.0	1.80	8.20	5.2	7.90	2.10
4.2	2.65	7.35	5.4	8.60	1.40
4.4	3.70	6.30	5.6	9.10	0.90
4.6	4.90	5.10	5.8	9.40	0.60

8. 邻苯二甲酸氢钾-氢氧化钠缓冲液

50mL 0.1mol/L 邻苯二甲酸氢钠 xmL 0.1mol/L 氢氧化钠，加水稀释至100mL。

pH	x/mL	pH	x/mL	pH	x/mL
4.1	1.3	4.8	16.5	5.5	36.6
4.2	3.0	4.9	19.4	5.6	38.8
4.3	4.7	5.0	22.6	5.7	40.6
4.4	6.6	5.1	25.5	5.8	42.3
4.5	8.7	5.2	28.8	5.9	43.7
4.6	11.1	5.3	31.6		
4.7	13.6	5.4	34.1		

9. 磷酸盐缓冲液

（1）磷酸氢二钠-磷酸二氢钾缓冲液（1/15mol/L）

pH	(1/15mol/L) Na_2HPO_4/mL	(1/15mol/L) KH_2PO_4/mL	pH	(1/15mol/L) Na_2HPO_4/mL	(1/15mol/L) KH_2PO_4/mL
4.92	0.10	9.90	7.17	7.00	3.00
5.29	0.50	9.50	7.38	8.00	2.00
5.91	1.00	9.00	7.73	9.00	1.00
6.24	2.00	8.00	8.04	9.50	0.50
6.47	3.00	7.00	8.34	9.75	0.25
6.64	4.00	6.00	8.67	9.90	0.10
6.81	5.00	5.00	8.18	10.00	0
6.98	6.00	4.00			

注：$Na_2HPO_4 \cdot 2H_2O$，M_r=178.05，1/15mol/L 溶液含 11.876g/L；
$Na_2HPO_4 \cdot 12H_2O$，M_r=358.22，1/15mol/L 溶液含 23.88g/L；
KH_2PO_4，M_r=136.09，1/15mol/L 溶液含 9.078g/L。

(2) 磷酸氢二钠-磷酸二氢钠缓冲液 (0.2mol/L)

pH	0.2mol/L Na_2HPO_4/mL	0.2mol/L NaH_2PO_4/mL	pH	0.2mol/L Na_2HPO_4/mL	0.2mol/L NaH_2PO_4/mL
5.8	8.0	92.0	7.0	61.0	39.0
5.9	10.0	90.0	7.1	67.0	33.0
6.0	12.3	87.7	7.2	72.0	28.0
6.1	15.0	85.0	7.3	77.0	23.0
6.2	18.5	81.5	7.4	81.0	19.0
6.3	22.5	77.5	7.5	84.0	16.0
6.4	26.5	73.5	7.6	87.0	13.0
6.5	31.5	68.5	7.7	89，5	10.5
6.6	37.5	62.5	7.8	91.5	8.5
6.7	43.5	56.5	7.9	93.0	7.0
6.8	49.0	51.0	8.0	94.7	5.3
6.9	55.0	45.0			

注：$Na_2HPO_4 \cdot 2H_2O$，M_r=178.05，0.2mol/L 溶液含 35.61g/L；
$Na_2HPO_4 \cdot 12H_2O$，M_r=358.22，0.2mol/L 溶液含 71.64g/L；
$NaH_2PO_4 \cdot H_2O$，M_r=138.01，0.2mol/L 溶液含 27.6g/L；
$NaH_2PO_4 \cdot 2H_2O$，M_r=156.03，0.2mol/L 溶液含 31.21g/L。

10. 磷酸氢二钠-氢氧化钠缓冲液

50mL 0.5mol/L 磷酸氢二钠＋xmL 0.1mol/L NaOH，加水稀释至 100mL。

pH	x/mL	pH	x/mL	pH	x/mL
10.9	3.3	11.3	7.6	11.7	16.2
11.0	4.1	11.4	9.1	11.8	19.4
11.1	5.1	11.5	11.1	11.9	23.0
11.2	6.3	11.6	13.5	12.0	26.9

11. 磷酸二氢钾-氢氧化钠缓冲液（0.05mol/L，20℃）

xmL 0.2mol/L 磷酸二氢钾＋ymL 0.2mol/L NaOH，加水稀释至 20mL。

pH	x/mL	y/mL	pH	x/mL	y/mL
5.8	5	0.372	7.0	5	2.963
6.0	5	0.57	7.2	5	3.500
6.2	5	0.86	7.4	5	3.950
6.4	5	1.26	7.6	5	4.280
6.6	5	1.78	7.8	5	4.520
6.8	5	2.365	8.0	5	4.680

12. 巴比妥钠-盐酸缓冲液（18℃）

pH	0.04mol/L 巴比妥钠溶液/ml	0.2mol/L 盐酸/mL	pH	0.04mol/L 巴比妥钠溶液/mL	0.2mol/L 盐酸/mL
6.8	100	18.4	8.4	100	5.21
7.0	100	17.8	8.6	100	3.82
7.2	100	16.7	8.8	100	2.52
7.4	100	15.3	9.0	100	1.65
7.6	100	13.4	9.2	100	1.13
7.8	100	11.47	9.4	100	0.70
8.0	100	9.39	9.6	100	0.35
8.2	100	7.21			

注：巴比妥钠，M_r＝206.18，0.04mol/L 溶液含 8.25g/L。

13. Tris-盐酸缓冲液

50mL 0.1mol/L 三羟基甲基氨基甲烷（Tris）溶液与 xmL 0.1mol/L 磷酸混匀后，加水稀释至 100mL。

pH	x/mL	pH	x/mL
7.1	45.7	8.1	26.2
7.2	44.7	8.2	22.9
7.3	43.4	8.3	19.9
7.4	42.0	8.4	17.2
7.5	40.3	8.5	14.7
7.6	38.5	8.6	12.4
7.7	36.6	8.7	10.3
7.8	34.5	8.8	8.5
7.9	32.0	8.9	7.0
8.0	29.2	9.0	5.7

注：三羟基甲基氨基甲烷（Tris），M_r＝121.14，0.1mol/L 溶液为 12.114g/L。Tris 溶液可从空气中吸收二氧化碳，保存时注意要密封。

14. 硼砂-盐酸缓冲液（0.05mol/L 硼酸根）

50mL 0.025mol/L 硼砂+xmL 0.1mol/L 盐酸，加水稀释至100mL。

pH	x/mL	pH	x/mL	pH	x/mL
8	20.5	8.4	16.6	8.8	9.4
8.1	19.7	8.5	15.2	8.9	7.1
8.2	18.8	8.6	13.5	9	4.6
8.3	17.7	8.7	11.6	9.1	2

注：硼砂 $Na_2B_4O_7 \cdot 10H_2O$，M_r=381.43，0.25mol/L 溶液含 9.53g/L。

15. 硼酸-硼砂缓冲液（0.2mol/L 硼酸根）

pH	0.05moL/L 硼砂/mL	0.2mol/L 硼酸/mL	pH	0.05moL/L 硼砂/mL	0.2mol/L 硼酸/mL
7.4	1.0	9.0	8.2	3.5	6.5
7.6	1.5	8.5	8.4	4.5	5.5
7.8	2.0	8.0	8.7	6.0	4.0
8.0	3.0	7.0	9.0	8.0	2.0

注：硼砂 $Na_2B_4O_7 \cdot 10H_2O$，M_r=381.43，0.05mol/L 溶液（=0.2mol/L 硼酸根）含 19.07g/L，硼砂易失去结晶水，必须密闭保存；

硼酸 H_3BO_3，M_r=61.84，0.2mol/L 溶液含 12.37g/L。

16. 硼砂-氢氧化钠缓冲液（0.05mol/L 硼酸根）

xmL 0.05mol/L 硼砂+ymL 0.2mol/L NaOH，加水稀释至200mL。

pH	x/mL	y/mL	pH	x/mL	y/mL
9.3	50	6.0	9.8	50	34.0
9.4	50	11.0	10.0	50	43.0
9.6	50	23.0	10.1	50	46.0

注：硼砂 $Na_2B_4O_7 \cdot 10H_2O$，M_r=381.43，0.05mol/L 溶液含 19.07g/L。

17. 碳酸钠-碳酸氢钠缓冲液（0.1mol/L）

Ca^{2+}、Mg^{2+} 存在时不得使用。

20℃时 pH	0.1mol/L 碳酸钠/mL	0.1mol/L 碳酸氢钠/mL	37℃时 pH	0.1mol/L 碳酸钠/mL	0.1mol/L 碳酸氢钠/mL
9.16	1	9	8.77	1	9
9.40	2	8	9.12	2	8
9.51	3	7	9.40	3	7
9.78	4	6	9.50	4	6
9.90	5	5	9.72	5	5
10.14	6	4	9.9	6	4
10.28	7	3	10.08	7	3
10.53	8	2	10.28	8	2
10.83	9	1	10.57	9	1

注：无水碳酸钠，M_r=105.99，0.1mol/L 溶液含 10.60g/L；

碳酸氢钠，M_r=84.01，0.1mol/L 溶液含 8.40g/L。

18. 碳酸氢钠-氢氧化钠缓冲液（0.025mol/L 碳酸氢钠）

50mL 0.05mol/L 碳酸氢钠+xmL 0.1mol/L NaOH，加水稀释至 100mL。

pH	x/mL	pH	x/mL	pH	x/mL
9.6	5.0	10.1	12.2	10.6	19.1
9.7	6.2	10.2	13.8	10.7	20.2
9.8	7.6	10.3	15.2	10.8	21.2
9.9	9.1	10.4	16.5	10.9	22.0
10.0	10.7	10.5	17.8	11.0	22.7

注：碳酸氢钠，M_r=84.01，0.1mol/L 溶液含 8.40g/L。

19. 氯化钾-氢氧化钠缓冲液

25mL 0.2mol/L KCl+xmL 0.2mol/L NaOH，加水稀释至 100mL。

pH	x/mL	pH	x/mL	pH	x/mL
12.0	6.0	12.4	16.2	12.8	41.2
12.1	8.0	12.5	20.4	12.9	53.0
12.2	10.2	12.6	25.6	13.0	66.0
12.3	12.8	12.7	32.2		

注：KCl，M_r=74.55，0.2mol/L 溶液含 14.91g/L。

附录7

检测表

χ^2 检测表

N	概率										
	0.90	0.80	0.70	0.50	0.30	0.20	0.10	0.05	0.02	0.01	0.001
1	0.016	0.064	0.15	0.46	1.07	1.64	2.71	3.84	5.41	6.64	10.83
2	0.21	0.45	0.71	1.39	2.41	3.22	4.61	5.99	7.82	9.21	13.82
3	0.58	1.01	1.42	2.37	3.67	4.64	6.25	7.82	9.84	11.34	16.27
4	1.06	1.65	2.20	3.36	4.88	5.99	7.78	9.49	11.67	13.28	18.47
5	1.61	2.34	3.00	4.35	6.06	7.29	9.24	11.07	13.39	15.09	20.52
6	2.20	3.07	3.83	5.35	7.23	8.56	10.65	12.59	15.03	16.81	22.46
7	2.83	3.82	4.67	6.35	8.38	9.80	12.02	14.07	16.62	18.48	24.32
8	3.49	4.59	5.53	7.34	9.52	11.03	13.36	15.51	18.17	20.09	26.31
9	4.17	5.38	6.39	8.34	10.66	12.24	14.68	16.92	19.68	21.67	27.88
10	4.87	6.18	7.27	9.34	11.78	13.44	15.99	18.31	21.16	23.21	29.59
11	5.58	6.99	8.15	10.34	12.90	14.63	17.28	19.68	22.62	24.73	31.26
12	6.30	7.81	9.03	11.84	14.01	15.81	18.55	21.03	24.05	26.22	32.91
13	7.04	8.63	9.93	12.34	15.12	16.99	19.81	22.36	25.47	27.69	34.53
14	7.79	9.47	10.82	13.34	16.22	18.15	21.06	23.69	26.87	29.14	36.12
15	8.55	10.31	11.72	14.34	17.32	19.31	22.31	25.00	28.26	30.58	37.70
16	9.31	11.15	12.62	15.34	18.42	20.47	23.54	26.30	29.63	32.00	39.25
17	10.09	12.00	13.53	16.34	19.51	21.62	24.77	27.59	31.00	33.41	40.79
18	10.87	12.86	14.44	17.34	20.60	22.76	25.99	28.87	32.35	34.81	42.31
19	11.65	13.72	15.35	18.34	21.69	23.90	27.20	29.14	33.69	36.19	43.82
20	12.44	14.58	16.27	19.34	22.78	25.04	28.41	30.41	35.02	37.57	45.32
22	14.04	16.31	18.10	21.34	24.94	27.30	30.81	33.92	37.66	40.29	48.27
24	15.66	18.06	19.94	23.34	27.10	29.55	33.20	36.42	40.27	42.98	51.18
26	17.29	19.82	21.79	25.34	29.25	31.80	35.56	38.89	42.86	45.64	54.05
28	18.94	21.59	23.65	27.34	31.39	34.03	37.92	41.34	45.42	48.28	56.89
30	20.60	23.36	25.51	29.34	33.53	36.25	40.26	43.77	47.96	50.89	59.70

t分布的分位数表

df	a（单侧）								
	0.25	0.2	0.15	0.1	0.05	0.025	0.01	0.005	0.0005
1	1.000	1.376	1.963	3.078	6.314	12.706	31.821	63.657	636.619
2	0.816	1.061	1.386	1.886	2.920	4.303	6.965	9.925	31.598
3	0.765	0.978	1.250	1.638	2.353	3.182	4.541	5.841	12.924
4	0.741	0.941	1.190	1.533	2.132	2.776	3.747	4.604	8.610
5	0.727	0.920	1.156	1.476	2.015	2.571	3.365	4.032	6.859
6	0.718	0.906	1.134	1.440	1.943	2.447	3.143	3.707	5.959
7	0.711	0.896	1.119	1.415	1.895	2.365	2.998	3.499	5.405
8	0.706	0.889	1.108	1.397	1.860	2.306	2.896	3.355	5.041
9	0.703	0.883	1.100	1.383	1.833	2.262	2.821	3.250	4.781
10	0.700	0.879	1.093	1.372	1.812	2.228	2.764	3.169	4.587
11	0.697	0.876	1.088	1.363	1.796	2.201	2.718	3.106	4.437
12	0.695	0.873	1.083	1.356	1.782	2.179	2.681	3.055	4.318
13	0.694	0.870	1.079	1.350	1.771	2.160	2.650	3.012	4.221
14	0.692	0.868	1.076	1.345	1.761	2.145	2.624	2.977	4.140
15	0.691	0.866	1.074	1.341	1.753	2.131	2.602	2.947	4.073
16	0.690	0.865	1.071	1.337	1.746	2.120	2.583	2.921	4.015
17	0.689	0.863	1.069	1.333	1.740	2.110	2.567	2.898	3.965
18	0.688	0.862	1.067	1.330	1.734	2.101	2.552	2.878	3.922
19	0.688	0.861	1.066	1.328	1.729	2.093	2.539	2.861	3.883
20	0.687	0.860	1.064	1.325	1.725	2.086	2.528	2.845	3.850
21	0.686	0.859	1.063	1.323	1.721	2.080	2.518	2.831	3.819
22	0.686	0.858	1.061	1.321	1.717	2.074	2.508	2.819	3.792
23	0.685	0.858	1.060	1.319	1.714	2.069	2.500	2.807	3.767
24	0.685	0.857	1.059	1.318	1.711	2.064	2.492	2.797	3.745
25	0.684	0.856	1.058	1.316	1.708	2.060	2.485	2.787	3.725
26	0.684	0.856	1.058	1.315	1.706	2.056	2.479	2.779	3.707
27	0.684	0.855	1.057	1.314	1.703	2.052	2.473	2.771	3.690
28	0.683	0.855	1.056	1.313	1.701	2.048	2.467	2.763	3.674
29	0.683	0.854	1.055	1.311	1.699	2.045	2.462	2.756	3.659
30	0.683	0.854	1.055	1.310	1.697	2.042	2.457	2.750	3.646
40	0.681	0.851	1.050	1.303	1.684	2.021	2.423	2.704	3.551
60	0.679	0.848	1.046	1.296	1.671	2.000	2.390	2.660	3.460
120	0.677	0.845	1.041	1.289	1.658	1.980	2.358	2.617	3.373
∞	0.674	0.842	1.036	1.282	1.645	1.960	2.326	2.576	3.291
df	0.5	0.4	0.3	0.2	0.1	0.05	0.02	0.01	0.001
	a（双侧）								